Angela Steidele

Ins Dunkel

Roman

Suhrkamp

Mehr zum Roman, zu seinen Figuren, den Chansons sowie den Filmen finden Sie unter: www.suhrkamp.de/steidele.

Erste Auflage 2025
Originalausgabe

Umschlaggestaltung: Lübbeke Naumann Thoben, Köln
Umschlagmotiv: Stefanie Naumann
Satz: Satz-Offizin Hümmer GmbH, Waldbüttelbrunn
Druck und Bindung: GGP Media GmbH, Pößneck
Printed in Germany
ISBN 978-3-518-43247-1

Suhrkamp Verlag GmbH
Torstraße 44, 10119 Berlin
info@suhrkamp.de
www.suhrkamp.de

Ins Dunkel

Wir sitzen im Dunkeln.

Auf der Leinwand sehen wir einen lichten, verschneiten Wald. Eine schlaksige Gestalt eilt durch das Bild, den Mantel fest gegürtet, die Hose in kniehohen Stiefeln, einen Hut mit breiter Krempe tief ins Gesicht gezogen. Mühelos springt sie über einen Busch, einen Graben hinunter und wieder hinauf. Als sie aus dem Wald heraustritt und auf die Landstraße blickt, wiehert ein Pferd, und ein Motor heult auf. Ein schnittiger weißer Wagen steckt in einer Schneewehe fest, die Hinterräder drehen durch. Eine Dame im Janker, ein Kopftuch unterm Kinn geknüpft, stemmt sich vergeblich gegen den Kofferraum. Die Gestalt aus dem Wald setzt eine Sonnenbrille auf und tritt hinzu. Wortlos schiebt sie mit an, die Räder greifen, und sogleich ist der Wagen wieder auf sicherem Grund. Die Dame mit dem Kopftuch will freudig danken, aber die Gestalt ist schon weitergeeilt. An einem halb zugefrorenen Flüsschen entlang passiert sie das Ortsschild *Klosters*. Vorbei an verwaisten Tennisplätzen, drei Garagen und einem Pferdestall erreicht sie das schlichte Haus *Fliana*. Drinnen nimmt die Gestalt auf der knarzenden Holztreppe zwei Stufen auf einmal. Im Obergeschoss klingelt sie bei *Viertel* und lässt sich, ohne abzuwarten, mit einem Schlüssel selbst ein.

»Salka?«, ruft sie. »Ich bin wieder da.« Ihre Stimme erinnert an ein warmes Cello.

»Greta?« Von etwas weiter weg ertönt eine dünne Kopfstimme. »Bin in der Stube.«

Im Flur sehen wir die Gestalt von der Seite. Ihre Brust hebt und senkt sich noch stark von ihrem raschen Gang. Sie legt den Mantel ab, dann den Hut, zuletzt die Brille. Wir erschrecken, ein wenig. Oder erstaunen. Oder beides.

Greta schüttelt ihre glatten graublonden Haare auf, reibt sich die klammen Hände und öffnet eine Tür. Wir sehen einen Couchtisch, ein Sofa, überladene Bücherregale, eine Kommode, die vielleicht einen Fernseher verbirgt. An den Wänden hängen, dicht an dicht, gerahmte Fotos in Schwarz-Weiß. Charlie Chaplin. Marlene Dietrich. Thomas Mann. Ist das Bert Brecht? Fast alle Fotos ziert eine Widmung. *For Salka devotedly* oder *Unvergesslich, unvergessen.*

Tief in einem Sessel versunken sitzt eine alte Dame, die weißen Haare wolkig aufgetürmt. »Hab mir schon fast Sorgen gemacht.« Sie legt ihr Buch auf der Armlehne ab, die Seiten offen nach unten. »Tee?« Mit etwas Mühe schenkt sie ein.

Greta lässt sich aufs Sofa nieder und umschließt die Tasse mit beiden Händen. »Kalt draußen.« Sie genießt den Duft, bevor sie trinkt. »Ah, gut wie immer.« Schelmisch lächelt sie Salka an. »Mit was drin würde er noch besser wärmen.«

»Im Buffet.« Salka deutet mit dem Kopf zur Seite. »Hat mir Orson geschenkt. Er war Silvester mal wieder da.«

Greta erhebt sich und öffnet die Anrichte. In einem verspiegelten Fach steht eine Flasche Whisky. Sie mustert das Etikett. »Er liebt dich immer noch.«

»Er will immer noch einen Film mit dir drehen.«

»Zu schade für den Tee.« Greta bringt auch zwei Gläser mit, schenkt ein und lässt sich ins Sofa zurückfallen. Sie prosten sich stumm zu. »Herrlich, der Schnee.« Greta nippt am Whisky. »Viele Skifahrer sind angereist.«

»Die Erika ist übrigens auch gekommen.«

»Welche Erika?«

»Na, die Mann.«

Greta holt aus der Brusttasche ihres Wollblazers ein schmales Etui und steckt sich eine Zigarette zwischen die Lippen. Da ihr Feuerzeug versagt, hilft sie sich am brennenden Stövchen. Gedankenvoll sieht sie dem Rauch nach. »Ach so, die Mann! Strahlt sie noch so – wie früher?«

»Witzig und charmant wie je. Bisschen dürr. Aber immer noch sportlich-elegant.« Salka legt ein Foto als Lesezeichen in ihr Buch. Kurz sehen wir das Porträt eines Mannes mit gut geschnittenen Gesichtszügen und dunklem Bartschatten. »Ist sie nicht genauso alt wie du? Sie ist übrigens nicht allein eingetroffen.«

»Sondern?«

»Mit einer anderen Frau. Ich hab ihr, also der Erika, von deiner früheren Wohnung hier erzählt, natürlich ohne dich zu nennen.« Salka verdeckt mit ihrem Buch eine abgewetzte Stelle der Armlehne. »Sie hatte mich nach einem *buen retiro* gefragt.«

»Buen retiro?«

»Sie lebt doch immer noch in Zürich mit ihrer Mutter zusammen. Und ihrem Bruder Golo. Ist so ein Konservativer. Historiker oder was. Haben viel Zores, den Andeutungen nach.«

»Ich wusste gar nicht, dass ihr noch Kontakt habt.« Greta greift zum Aschenbecher.

»Als sie die Briefe ihres Vaters herausgegeben hat, hat sie mich angeschrieben. Ob ich auch noch welche hab. So kam's. Letztes Jahr ist sie mit ihrer Mutter aufgekreuzt. Haben in Davos gekurt, Logis aber lieber hier genommen, wegen des *Zauberbergs*, du weißt schon. Mit ihrer« – Salka sucht nach einem Wort – »Bekannten ist sie jetzt vorerst im *Pardenn* abgestiegen.«

»Hm.« Greta nickt. Auf dem Fenstersims entdeckt sie halbwelke Alpenveilchen. Sie steht auf, zupft ein wenig an den Blättern und prüft die Erde. »Du hast wieder zu viel gegossen. An jedem zweiten Tag reicht sprechen.« Neben den Blumen bemerkt sie – einen blinden Handspiegel mit Griff? Greta nimmt ihn, dreht beherzt die Scheibe und blickt durch Sehschlitze. »Ein Lebensrad! Wo hast du denn das her?«

»Hat mir die Helene Weigel geschenkt, letztes Jahr in Berlin. Sie hatte mich zu der Festwoche eingeladen. Brecht wäre doch siebzig geworden.«

Greta kehrt mit dem Lebensrad zurück aufs Sofa und gibt der Scheibe nochmals Schwung. »Als kleiner Junge war ich süchtig nach diesen bewegten Bildern.« Sie lässt das Spielzeug sinken. »Sie haben dich also reingelassen?«

»Ich könnte in Ost-Berlin sogar leben, wenn ich wollte.«

»Eingesperrt hinter diesem ›antifaschistischen Schutzwall‹?«

»Hätte Dubček weitermachen dürfen, hätte der Prager Frühling auch in der DDR blühen dürfen, wäre ich vielleicht fast ins Grübeln gekommen. Aber jetzt, wo die Russen in die ČSSR einmarschiert sind?« Salka setzt ihre Tasse ab, klirrend.

»Hast du von dem Studenten gehört, der sich vor zwei Wochen mitten in Prag angezündet hat?«

Sorgenvoll nicken sich die beiden zu. Dann schenkt Greta Whisky nach und lehnt sich wieder zurück. »Soso, die Erika. Wie ist sie denn zu Fuß?«

»Bis zu ihrem Auto schafft sie's noch.«

Greta verengt nachdenklich die Augen. »Und die andere?«

»Ist wohl jünger. Sollen wir sie heute Abend treffen? In der *Grischuna*? Ich könnte den runden Tisch bestellen.«

Greta spitzt die Lippen. »Warum nicht. Und ich zahl auch, keine Sorge. Also für dich und mich.«

»Mein Vorschuss ist halt schon aufgebraucht.«

»Was macht denn dein Buch?«

»Es soll jetzt tatsächlich erscheinen. Im April. Ich hab mich für *The Kindness of Strangers* als Titel entschieden.«

»*The Kindness of Strangers?*« Greta sieht Salka perplex an. »Welche Fremden waren denn je nett zu dir?«

»Komm, doch, schon.«

»Und wer ist je nett zu Fremden?«

Salkas Blick streift die Fotos an der Wand. »Als ich nach dem Krieg, dem Ersten, die Buben von Wychylówka nach Dresden zu ihrem Vater gebracht habe, damit ich im Hamburger Schauspielhaus als Medea gastieren konnte, ist mir schon bald der Proviant und dann das Geld ausgegangen. Wir mussten viermal umsteigen, in Przemyśl, in Krakau, in Brünn und in Prag, jedes Mal hab ich neue Fahrkarten gebraucht, und da uns die Inflation vorausgereist ist, sind wir schließlich im Nirgendwo gestrandet. Da hat mir eine Frau einfach Geld zugesteckt. Und im Zug hat eine Bäuerin den ausgehungerten Buben dicke Scheiben von einem Laib Brot abgeschnitten und so viel Himbeermarmelade draufgelöffelt, dass sie wie Vampire im Blutrausch aussahen. So steht es um die Güte von Fremden, ich will und werde an sie glauben bis an mein Lebensende. – Du musst übrigens keine Angst haben. Was dich betrifft, bleibt alles so, wie du es das letzte Mal abgesegnet hast.«

Greta drückt die Zigarette aus. »Hm hm. Die Erika. Gott, ist das lange her.« Sie hält das Lebensrad noch einmal an die Augen und dreht die Scheibe. »Das war nach der Deutschland-Premiere von *Gösta Berling*. Ich war mit Moje eigens nach Berlin gefahren. Meine erste Auslandsreise. Was war ich aufgeregt. Ich war ja erst« – Greta rechnet – »achtzehn.«

Nacht in einer großstädtischen Straße. Eckige Automobile mit hellen Kugelscheinwerfern fahren vorüber, von links, von rechts. Eines hält vor einem Ecklokal. *Silhouette* leuchtet über dem Eingang und an den beiden Seiten. Wir hören Tanzmusik. Charleston. Ein Schriftzug blendet auf: *Berlin, August 1924*.

Aus dem Auto steigt – ja, das ist sie, die junge Greta. Erstaunt, fast ein wenig erschrocken weicht die robuste Türsteherin vor ihr zurück. Sie zieht sogar ihr Lederkäppi und winkt Greta beflissen durch, nicht ohne irritiert den großen schlanken Herrn neben ihr wahrzunehmen. Das muss dann wohl dieser Moje sein. Er bietet Greta den Arm und hält ihr die Tür auf.

Im schmalen Saal tost der Lärm und swingt die Musik. Die tanzenden Paare stoßen mit den Rücken aneinander. Moje reckt sich und weist Greta ein Tischchen, das auf einer Galerie frei wird. Er schiebt sie vor sich, und sie bahnt ihnen den Weg. Wer Greta erblickt, macht ihnen Platz, betört oder bestürzt, das ist nicht so genau zu sagen. Sie dankt mit niedergeschlagenen Augen. Fünf Stufen hoch, und sie nehmen den Tisch gleich an der Balustrade ein. Greta streift ihr Abendjäckchen ab, Moje seine Ballonmütze in Pfeffer und Salz. Seine Schläfen schimmern grau.

Die Kapelle wechselt zu einem Tango mit rhythmischer Ziehharmonika. Greta beobachtet die Tanzenden. Ihr fällt eine Frau mit dunklem Bubikopf auf, die, übers ganze Gesicht strahlend, nach einer mit Helmfrisur greift. Hüfte an Hüfte tanzen sie bis zu Gretas Platz an der Balustrade, drehen zackig die Köpfe, schlingen die Beine umeinander, wenden und schreiten wieder in die Menge. Greta wirft Moje einen Blick zu, halb überrascht, halb fragend. Er antwortet mit einem Lächeln. Als Greta den beiden weiter zusehen will, haben sich andere Paare vor sie geschoben.

»Na, zum ersten Mal hier?« Ein junger Mann grinst vom Nachbartisch herüber. Er trägt eine blaue Russenbluse, bis zum Hals geschlossen. Sein Gesicht ist weiß gepudert, lila Lidschatten betont seine Augen.

Moje rührt kaum den Kopf. »Guten Abend.«

»War's im *Eldorado* zu etabliert? Nicht, hier ist es gemütlicher. Mehr en famille.«

Ohne auf die Rede von nebenan zu achten, gibt Moje dem Kellner ein Zeichen.

»Klaus Mann, Schriftsteller.« Der mit der Russenbluse hält Moje die Hand hin. Moje betrachtet wie Greta die Tanzenden. Oder tut so. Klaus verharrt, bemerkt Mojes gut sitzenden Dreiteiler aus feinstem Tuch und reißt dann die Hand ganz hoch. »Frau Schwesting, Erika!« Fröhlich winkt er. »Pamela! Huhu!«

Vom Parkett grüßen die beiden Tangotänzerinnen zurück, die wieder aufgetaucht sind. Greta blickt rasch hin und her. Die Nase der Frau mit dem dunklen Bubikopf springt ähnlich vor wie die von Klaus. Dann ist sie Frau Schwesting Erika? Sie wirbelt Pamela mit der Helmfrisur herum und schmiegt sich im Takt lasziv an ihren Rücken.

Klaus stützt sich auf seinen Ellbogen und spricht gedämpft abermals Moje an. »Möchten Sie einen meiner Lyrik-Zyklen hören? Vielleicht die kesse *Romanze vom schönen Jüngling Sündebab*?« Klaus schiebt die Zunge in die Wange. »Oder meine *Visionen der Unzucht*, die sich gewaschen haben?«

Da tritt eine blonde Frau an Klaus' Tisch. Die Augenbrauen hat sie sich zu einem dünnen Strich gezupft. »Darf ich?« Noch ehe Klaus antworten kann, nimmt sie auf einem der beiden freien Stühle Platz. Sie scheint sich für das Orchester zu interessieren, schielt jedoch zu Greta. Wie wenn sie überlegen würde, woher sie sich kennen.

Klaus wirft ihr einen indignierten Blick zu und verrückt seinen Stuhl etwas, um Moje nochmals anzusprechen. »Von meinen Romanen und Novellen will ich nur *Die Jungen* erwähnen, und zwar wegen der darin ergreifend ausgedrückten, bitteren Wonne des Sich-selbst-Erniedrigens.«

»Wie bitte?« Die mit den Augenbrauenstrichen dreht sich zu Klaus um. »Du Jungchen? Romane? – In der Obersekunda?«

Klaus reckt etwas gekränkt die Schultern in der Russenbluse. »Die Schule kann mir nichts mehr beibringen. Ich habe diesen lästigen Umweg abgebrochen, um direkt ans Ziel zu kommen.«

»Sieh an. Und der wäre?«

»Der berühmteste deutsche Schriftsteller zu werden.«

»Na denn man zu.« So belustigt wie angetan reicht sie ihm die Hand. »Dietrich, Marlene. Angenehm.«

Ach – so jung haben wir sie gar nicht erkannt!

Klaus stellt sich gleichfalls vor.

Nebenan bestellt Moje eine Flasche Champagner. An Klaus' Tisch räumt der Kellner die Gläser ab und erkundigt sich nach weiteren Wünschen. Klaus zögert. »Dasselbe«, sagt er dann und schickt einen Luftkuss zu Moje. Im Gewimmel sucht er Erika und Pamela. Die beiden streiten sich, offenbar ist eine der anderen auf den Fuß getreten, wie Greta nicht entgangen ist. Klaus beordert sie eilig zu sich und trinkt pantomimisch ein Glas leer. Dann richtet er sich wieder an Marlene. »Mein jüngstes Drama, *Anja und Esther,* habe ich meiner Frau Schwesting und ihrer Freundin Pamela auf den Leib geschrieben.« Mit einer charmanten Geste deutet er auf die beiden, die soeben am Tisch eintreffen und verwundert einen Platz besetzt vorfinden. Klaus greift zu dem leeren Stuhl an Mojes Tisch. »Noch frei?« Er tippt mit der Zungenspitze an seine Oberlippe. Da entdecken Erika und Pamela Greta und verharren verblüfft. Greta wendet die Augen von Erika ab und verfolgt rasch wieder das Treiben im Raum.

Klaus rückt den Stuhl heran, die Hinzugekommenen setzen sich. Erika schüttelt Marlenes Hand. »Heiße Frau Motzknödel, bin Leberknödler, wohnhaft zu Breznhausen im Senftal.« Sie genießt die Verwirrung, dann lacht sie auf. »Mann, Erika. Und das ist Pamela Wedekind.« Stolz berührt sie deren Arm.

»Wedekind? *Der* Wedekind?«, wiederholt Marlene. »Ich hab mal in der *Büchse der Pandora* deines Vaters gespielt.«

»Ach, *du* hast die Lulu gespielt?« Pamela hält sich sehr gerade und spricht sehr deutlich, geradezu überprononciert. Passt zu ihrer Helmfrisur.

»Nee, nur die Steinherz, drei Sätze im zweiten Akt. War aber nicht schlecht, weil ich am selben Abend noch in *Der Widerspenstigen Zähmung* auftreten konnte. Kein Text, aber neben Elisabeth Bergner!«

Pamela und die Geschwister machen »Oho«.

»Vom Großen Schauspielhaus brauch ich nur sechs Minuten zu den Kammerspielen und schminke mich dabei um!«

Man lacht, anerkennend.

»Meine Frau Schwesting«, sagt Klaus, »wird demnächst die Hauptrolle in der Sensation der Saison spielen. Shaws *Heilige Johanna*, zum ersten Mal in deutscher Sprache.«

»Ach, und du kriegst die Hauptrolle?« Marlene macht große Augen.

»Also noch studiere ich ja nur. Bei Max Reinhardt. Und spiele vorerst nur garstig kleine Röllülein, aber immerhin.«

»Hast du denn die Aufnahmeprüfung bestanden?«

»Ich nehme Sprech- und Stimmunterricht.«

Marlene lächelt dünn. »Ich bin auch durchgefallen. Aber nur nich' unterkriegen lassen, wa?«

Der Kellner kommt zurück und lässt erst an Mojes, dann an Klaus' Tisch den Champagnerkorken ploppen.

»Haste denn auch schon was veröffentlicht?«, fragt Marlene Klaus, als sie mit ihm anstößt.

»Ja! Einen Artikel über das Landerziehungsheim im *8 Uhr-Abendblatt*. Dort bin ich soeben auch als zweiter Theaterkritiker angestellt worden. Deshalb benötige ich jetzt dringend eine bezahlbare Wohnung. – Weißt du was?«

»Eine Wohnung in Berlin? Und auch noch bezahlbar? Machst du Witze?« Marlene seufzt zur Decke. »Frag besser mal in deiner Redaktion, wimmelt's da nicht vor dicken Fischen?«

»Meine erste Rezension habe ich tatsächlich unter den Augen von Berthold Viertel höchstselbst verfasst.«

»Berthold Viertel? Der mit seiner *Truppe*? Die sind mir zu radikal.« Marlene zieht eine Grimasse. »Moderner Popanz. Ich bin ja mit Goethe groß geworden, er hat mich alles gelehrt, was ich weiß, und ich kriege immer noch Gänsehaut bei *Ihr naht euch wieder, schwankende Gestalten* –«

»Nein, nein, das ist vorbei!«, unterbricht Pamela. »Das Theater muss avantgardistisch sein. Es ist ja immer noch in biederen Stricken gefangen.« Sie spricht jedes T stark gehaucht.

»Aber wir brechen das Theater auf! Die Bühne hat ihre wahre Zukunft erst noch vor sich!« Erika strahlt ihren Bruder an. »*Anja und Esther* – dein bester Ausdach!« Schmeichelnd sieht sie zu Pamela, findet aber ihren Blick nicht, weil die gerade verstohlen zum Nachbartisch späht. Greta und Moje betrachten die Tanzenden und wechseln nur sporadisch ein Wort, das wir nicht hören können.

Die Musik wechselt zu orientalischen Klängen. Im Saal hält man inne und spendet Applaus. Auf einer Bühne erscheint eine hagere Bauchtänzerin. Knöchellanger Rock, der Gürtel mit Strass und Glitzer übersät. Mehr als ein Bustier aus dem gleichen Material trägt sie obenrum nicht. Bauch, Arme und Schultern sind nackt. Fast widerwillig richtet Marlene ihre Aufmerksamkeit weg von Gretas Wangenlinien und ihren langen Wimpern hin zu –

»Max Waldon. Der berühmte Damenimitator«, raunt Klaus Moje zu.

Marlene reckt den Hals, um seinen dreistufigen Kopfputz zu studieren sowie die langen Ohrringe. Ein Amulett hängt ihm in die Stirn, und drei Schnüre Perlen winden sich um seinen Hals.

»Was will der denn darstellen«, fragt Erika. »Eine altägyptische Tänzerin?«

»Eine der mageren Kühe Pharaos?«

Bis auf Marlene prusten alle los. Sie wirkt wie hypnotisiert.

»Was will man nur? Ist das Kultur,
dass jeder Mensch verpönt ist«,
singt Max Waldon mit unverstellt männlicher Stimme,
»der klug und gut, jedoch mit Blut
von eig'ner Art durchströmt ist?«

Als das Lied den Refrain erreicht, fallen fast alle ein.

»Wir sind nun einmal anders als die Andern,
die nur im Gleichschritt der Moral geliebt,«

Erika will mit Pamela singen, aber deren Augen weilen wieder bei Greta. Da hakt sich Klaus bei seiner Schwester ein.

»Wir lieben nur die lila Nacht, die schwül ist,
weil wir ja anders als die Andern sind.«

Im Rhythmus der Musik lässt der Damenimitator aufreizend die Hüften kreisen. Am Ende seiner nächsten Strophe feuert er das Publikum an, nochmals mitzusingen. Man brüllt fast.

»Bald haben wir das gleiche Recht erstritten,
wir leiden nicht mehr, sondern sind gelitten!«

Beifallsumtost geht Max Waldon ab.

»Also sündiger und widerlicher kann nichts mehr sein, oder?« Klaus zwinkert Moje zu.

Der streicht sich nachdenklich über sein Schnurrbärtchen. »Verzeihen Sie, aber Ihr Gespräch vorhin hat eine so bemerkenswerte Wendung genommen.« Moje spricht recht gut Deutsch, allerdings mit merkwürdigem Akzent. »Das Theater ist Geschichte. Die Zukunft ist der Film.«

»Der Film?« Klaus, Erika und Pamela entrüsten sich gleichermaßen. »Sie meinen, das Kino?«

»Ja, das Kino. Die Lichtspiele, wie Sie so schön auf Deutsch sagen.« Moje schlägt ein Bein über das andere.

»Ins Kino gehen wir doch nur zum Knutschen.« Jedes K knallt aus Pamelas Mund.

»*Wir*? Wer soll das jetzt sein?«, wundert sich Erika.

Pamela deutet ins Irgendwo. »Also ich bitte Sie. Der Film, dieses armselige Jahrmarktsflittersensatiönchen, kann doch mit dem Theater nicht mithalten! Das Schönste, das Edelste, das Erhabenste des Dramas wie der Dichtung geht dem Film nun einmal ab: die Sprache!«

»Wenn Sie die hörbare Sprache meinen: Nur noch ein wenig Geduld, bald ist die Tonspur da. Doch eigentlich irren Sie sich: Denn –«, Moje betrachtet die vier vom Nachbartisch leicht überlegen. »Nun, Sie waren ja noch gar nicht auf der Welt, als die Bilder laufen lernten. In Paris und hier in Berlin übrigens zur selben –«

»Eins der allerersten Filmtheater auf deutschem Boden wurde im Haus meines Onkels Willibald Felsing eröffnet, Unter den Linden 21«, fällt Marlene ein, stolz.

»Felsing?«, fragt Erika nach. »Der berühmte Uhrmacher?«

»Und Juwelier. Genau der.«

Erika schürzt die Lippen und nickt unmerklich Klaus zu.

Gretas Lider flackern für einen Moment nervös, wie Marlene auffällt. »So wie andere Kinder ins Kasperletheater bin ich ins Kino gerannt«, fährt sie fort. »Und ich spiel ja nicht nur Theater, sondern auch Geige. Im Ufa-Orchester in dem großen Kino am Nollendorfplatz war ich sogar mal Konzertmeisterin. Henny Porten liebe ich über alles. Sie ist die größte Filmschauspielerin aller Zeiten! Ich hab sie schon vor ihrem Haus abgepasst, hab ihr Rosen geschenkt, Cremeschnitten für sie gebacken und ein Gobelinkissen gestickt.«

»Cremeschnitten und Gobelinkissen?« Erika ist baff. »Echt jetzt?«

»Echter als in echt«, macht Moje weiter, »haben die ersten Fotografien in Bewegung auf die Zuschauer gewirkt. Sie –«

»Das stimmt!«, ruft Marlene. »Mein Onkel Willibald hat immer gern erzählt, wie am Anfang die Leute aus dem Saal gerannt sind vor Schreck, wenn auf der Leinwand eine Lokomotive frontal auf sie draufgefahren ist.«

Moje pflichtet ihr freundlich bei. »Mittlerweile haben wir jedoch gelernt, die Perspektiven zu wechseln. Es macht einen kolossalen Unterschied, ob Sie jemanden von vorne oder von hinten, über die Schulter oder von unten aufnehmen.« Leicht befremdet beobachtet er, wie Pamela aus der Handtasche einen Zettel holt, zwei Zeilen schreibt und dem vorbeieilenden Kellner zusteckt. »Und seitdem man Edisons perforierte Zelluloidstreifen schneidet und verschiedene Einstellungen aneinanderklebt, hat man eine spezifische Film*sprache* entwickelt, liebes Fräulein Pamela. Und so wurde die Kamera zum Erzähler und die schöpferische Montage der Einstellungen zur filmischen Kunst.«

Klaus verschränkt die Arme vor der Brust. »Verzeihen Sie, aber mit Kunst hat der Film nun wirklich nichts zu schaffen.« Er sucht und erhält den stummen Beifall seiner Schwester.

»Ich versteh nur Bahnhof«, sagt Pamela.

»Nein, das ist ganz einfach«, erläutert ihr Marlene. »Stell dir vor, du willst zeigen, wie ein Paar einen Nachtclub besucht. Erst baust du die Kamera draußen vor dem Eingang auf.«

Moje nickt ihr aufmunternd zu. »Wir sagen dazu Panorama oder Totale. So beginnt man immer eine Szene. Wie im richtigen Leben nähert man sich dem Geschehen von weitem.«

Marlene hält seinen Blick. »Dann setzen sich die beiden an einen Tisch und kommen vielleicht mit anderen Gästen ins Gespräch. Das filmt man aber von näher dran.«

»Am besten mit mehreren Kameras in der Halbtotalen.«

»Und dann die Darsteller abwechselnd, während sie reden, stimmt's?«

»Schuss und Gegenschuss, ganz recht. Und zusätzlich kann die Kamera in Nahaufnahme zeigen, wovon gerade nicht die Rede ist. Füßeln zwischen den beiden Tischen zum Beispiel.« Moje blickt Klaus tief in die Augen. »Und wenn die Kamera schwenkt oder auf Gleisen oder gar auf einem Kran fährt, zeigt sie uns, was zuvor verborgen war. Etwa, wie Fräulein Erika Fräulein Pamela den Rücken streichelt.«

Erika hält inne, wie erwischt. Pamela schüttelt mit einem Schulterzucken ihre Hand ab.

»Aber, aber –« Klaus sucht noch nach Worten, als am Eingang Unruhe entsteht. Eine Traube Menschen drängt herein, manche rückwärts. Sie umgeben in ihrer Mitte ein Paar. »Anita Berber! Ich sterbe!« Klaus springt auf. Das Orchester wechselt den Song. »Und jetzt auch noch der Morphium-Walzer«, ruft er erregt. Flink klettert er über die Balustrade und beginnt zu tanzen. So wild wedelt er mit den Armen, schüttelt er die Beine, dass man vor ihm zurückweicht und wir diese Anita Berber sehen können, im Frack. Kurz betrachtet sie Klaus' Faxen durch ihr Monokel, während sie ihre Glacéhandschuhe auszieht und in ihrem Zylinder ablegt. Marlene beobachtet genau, wie sie ihrer Begleiterin den Arm bietet und sie in ein Separee führt.

Da überreicht der Kellner Greta ein großes Bukett roter Rosen.

»Nein, wie schön!«, ruft Marlene.

Selig kehrt Klaus an den Tisch zurück. »Keine tanzt wie Anita Berber. Ekstase pur.« Erschöpft lässt er sich auf seinen Stuhl plumpsen.

»Hör jetzt mal auf«, zischt Pamela und rückt von Erika ab.

Moje wendet sich erneut an Klaus. »Beschäftigen Sie sich mit der Ästhetik des Films, junger Freund, Sie werden viel für Ihre Theaterstücke lernen. So wie umgekehrt der große David Wark Griffith viel aus der Literatur gelernt hat.« Den Namen spricht Moje hinten mit t aus. »Etwa, wie man zwei Geschichten gleichzeitig erzählt.« Zwei gut gebaute Matrosen, die das Lokal verlassen, lenken ihn kurz ab. »Im Film sprechen wir von einer Parallelmontage.«

Erika und Pamela reden flüsternd, aber heftig aufeinander ein. Greta schnuppert an den Rosen und blickt sich, ohne den Kopf zu bewegen, im ganzen Lokal um.

Moje leert sein Glas, enttäuscht, dass sich niemand für seine Ausführungen interessiert. »Nun, um es mit Ihrem Abgott Goethe zu sagen, liebes Fräulein Marlene: Zum ersten Mal in geschichtlicher Zeit entsteht eine ganz neue Kunstform, und wir können sagen, wir sind dabei gewesen.«

Das junge Volk schweigt, jetzt doch ein bisschen ergriffen.

»Darf ich fragen, wer Sie sind, mein Herr?« Klaus wirkt wider Willen beeindruckt.

»Stiller ist mein Name. Mauritz Stiller. Filmregisseur aus Stockholm. Diese bezaubernde junge Dame hier ist Greta Garbo. Sie hat die Aufnahmeprüfung an unserer Königlichen

Schauspiel-Akademie nicht nur bestanden, sondern erhält sogar eines der wenigen Stipendien. Sie hat in meinem jüngsten Film mitgespielt, *Gösta Berling*, nach dem Roman von Selma Lagerlöf. Wir sind zur Deutschlandpremiere nach Berlin gekommen.«

»Hab ich's mir doch gedacht!« Marlene schlägt sich vor die Stirn. »Ich war gestern im Mozartpalast! Die Schlittenfahrt über das Eis, von den Wölfen gejagt! Ich hab ins Taschentuch gebissen vor Angst um Sie!« Marlene sieht Greta freudestrahlend an, erntet aber nur ein Stirnflimmern. Hat Greta sie überhaupt verstanden? Marlene ist sich nicht sicher.

»Aber – warum haben Sie denn einen Roman verfilmt?«, fragt Klaus entgeistert. »Warum Worte in Bilder verwandeln?«

»Man will ja auch nicht umgekehrt einen Film als Roman aufschreiben«, ergänzt Erika.

Marlene wundert sich über die beiden. »Aber die Besprechungen von *Gösta Berling* sind doch hymnisch! – Ich will übrigens auch zum Film.«

»Du?« Pamela zieht das u lang. »So ein Quatsch. Mach lieber was aus deiner Geige!« Sie versucht, Gretas Blick zu fangen, und weist mit den Augenbrauen auf die Rosen.

»Aber, darf ich nun meinerseits fragen«, hakt Moje nach und richtet sich an Klaus. »Sie haben sich vorhin mit dem Namen ›Mann‹ vorgestellt. Doch nicht –?«

»Doch, genau der. Also der jüngere. Thomas, nicht Heinrich.«

»Wie?« Marlene schaut Klaus, aber auch Erika groß an. »Mann, Mann, ich hab mir vorhin gar nichts dabei gedacht. Ihr seid die Kinder von Thomas Mann? Ich liebe die *Buddenbrooks*.«

Greta scheint zuzuhören, beobachtet aber weiter den Saal. Sie entdeckt die Türsteherin, die von weitem schüchtern mit dem Lederkäppi grüßt.

»Und –« Moje deutet nonchalant auf das ganze Ambiente um sie herum. »*Der Tod in Venedig* –?«

»Alles Tarnung!«, sagt Klaus. »Unser Vater würde liebend gern ebenfalls hier sitzen, wird sich das aber nie trauen. Mit eisernem Willen, geschlossenen Augen und Phantasien von dem Zwillingsbruder unserer Mutter hat unser Vater sechs Kinder gezeugt. Wir sind die beiden ältesten.« Erika und Klaus wiehern laut los. Die anderen wissen nicht recht, wie sie gucken sollen.

Marlene rückt von den beiden ab. »Sagt mal, wie redet ihr denn über eure Eltern? – Das gehört sich doch nicht!«

Klaus streckt ihr die Zunge heraus.

»Und nichts gegen die Ehe! Ich bin ja auch verheiratet.«

Alle sehen Marlene verblüfft an.

Sie zeigt ihren Trauring vor. »Ich hab mir 'nen Aufnahmeleiter beim Film geschnappt. – Sieh zu, dass du auch einen findest, der dir bei deiner Karriere hilft«, sagt sie zu Erika. »Ohne wird das nüscht. – Mein Rudi hat schon für viele große Produzenten gearbeitet«, teilt sie Moje mit. »Wenn Sie also einen Aufnahmeleiter brauchen – Rudolf Sieber.«

»Besten Dank, wer weiß. Mein nächstes Vorhaben wird tatsächlich von einer Berliner Firma mitproduziert, der Trianon-Film AG. Noch ist jedoch nicht entschieden, ob wir in Babelsberg drehen oder bei uns in Råsunda. Für die Außenaufnahmen reisen wir nach Konstantinopel.«

»Konstantinopel? Menschenskind! Und wie wird der Film heißen?«

»*Die Odaliske von Smolny.* Greta wird eine adlige Russin darstellen, die vor der Roten Armee aus Odessa flieht, im Getümmel entführt und in einen Harem gezwungen wird. Sie kann sich jedoch nach Konstantinopel retten, wo sie dann ihrem verschollenen Geliebten wiederbegegnet.«

Marlene himmelt Greta fast an. »Das wird dein Durchbruch! – Aber sag, sind deine Wimpern eigentlich echt?«

Die Runde erstarrt. Greta blickt stur auf die Tanzfläche.

Moje räuspert sich. »Die spannendste Frage des Films wird sein, ob Greta ihren Entführer umbringen soll oder darf. Das Problem des Tyrannenmords, nicht wahr?« Er scheint die Knöpfe an Klaus' Russenbluse zu zählen.

»Ich liege Ihnen zu Füßen. Noch lieber würde ich allerdings vor Ihnen knien.« Klaus steht unvermittelt auf und macht vor Moje einen Diener. »Darf ich bitten? Ich kann aber nur folgen.«

Moje zögert kurz, dann nimmt er Klaus am Arm und führt ihn auf die Tanzfläche.

Marlene schaut ihnen nach. »Ist das auch so ein Krafft-Ebingscher?«, fragt sie Greta fassungslos. »Dann kannste deine Karriere vergessen!«

Greta bewegt leicht den Kopf, mehr noch die Augen, und sieht Marlene ins Gesicht.

Die muss schlucken. »Du brauchst – also das nächste Mal gehste ins *Romanische Café*, gegenüber der Kaiser-Wilhelm-Gedächtniskirche. Dort haben Rudi und ich übrigens geheiratet. – Im *Romanischen* flanierst du ans Ende des Nichtschwimmerbeckens, setzt dich an den Kükentisch und schielst ins Schwimmerbassin, bis einer mit 'ner dicken Zigarre auf dich aufmerksam wird. Je dicker, je besser, kapiert?« Sie befragt ihre zierliche Armbanduhr. »Jemine, ich muss zur Elektrischen. Die Mädels warten schon auf mich. Charell-Revue. Zehn Beine und ein Takt.« Sie kramt rasch Münzen aus ihrer Börse. »Müsste mein Anteil sein. War schön mit euch!«

Im Aufbruch zieht Marlene eine Rose aus Gretas Bukett. »Darf ich?«

Pamela entgleist das Gesicht, doch Greta lächelt. Wir möchten vor diesem Lächeln in die Knie gehen. Marlene schnuppert an der Rose, beugt sich vor und drückt Greta einen Kuss auf die Lippen. Am Ausgang zieht sie der verdutzten Türsteherin das Lederkäppi vom Kopf.

Hell – dunkel. Hell – dunkel. Wir sehen durch das Fenster eines Fahrstuhls. Es geht nach unten. Im Erdgeschoss öffnet sich die Tür, und wir treten in eine großzügige Hotellobby. Vor uns stehen zwei süße kleine Kinder. Traurig blicken sie zu uns hoch. Sie sehen – eine Frau mit ergrauendem Bubikopf, die sich spontan an den beiden freut. Das ist doch Erika Mann! Gealtert zwar, aber klar zu erkennen. Hinter den Kindern erspäht sie jemanden, die Dame mit dem Kopftuch, die zu Beginn das Auto angeschoben hat. Sie kniet neben einem schwarzen Flügel und spielt mit einem Dackel. Mal legt sie den Kopf auf die eine, mal auf die andere Schulter, stets spiegelt der Hund treuherzig ihre Bewegung. »Du bist ja ein ganz ein Lieber«, sagt die Dame und krault seine langen Schlappohren. »Wem gehörst du denn?« Suchend wendet sie sich um und entdeckt vor dem Fahrstuhl Erika mit den Kindern.

»Signe, stell dir vor, die Mami hat gesagt, der Aufzug sei kaputt und da könne man gar nichts machen!« Erikas Augen blitzen. »Das wollen wir doch mal sehen.« Sie öffnet die Tür und lädt die verlegen begeisterten Kinder ein, mit ihr einzutreten.

»Waldi?«, hört man irgendwo rufen. Der Dackel trollt sich. Die Frau mit dem Kopftuch, die also Signe heißt, steht mühelos auf, zupft ihr schwarz-weiß gewürfeltes Kostüm zurecht und verfolgt die Fahrt des Aufzugs über die Außenanzeige. Nervös sieht sie zur Uhr. Sie trägt Perlen in den Ohrläppchen, aber ihre Augenbrauen sind ungezupft. An einem opulenten Arrangement mit Amaryllis und Tannengrün vorbei schlendert sie zu dem offenen Kamin, in dem ein Feuer brennt. Scheu schielt sie zum Empfangschef. Er brütet über seinen Büchern.

Erika verlässt den Aufzug, ohne die Kinder. »Morgen kaufen wir Seifenblasen und Knetgummi«, ruft sie Signe quer durch die Lobby zu. »Gibt's in diesem Kaff so etwas?«, fragt sie den Empfangschef im Vorübergehen.

»Gewiss, Frau Mann. Probieren Sie's in der Bahnhofstraße. – Ihr Wagen steht bereit. Einen schönen Abend Ihnen beiden.«

Ein Page verbeugt sich, überreicht Erika den Autoschlüssel und öffnet die Tür. Draußen steigen sie in den weißen Wagen, den wir schon kennen.

Erika fährt durch einen kleinen Ort mit locker verstreut liegenden Häusern. Wird wieder dieses Klosters sein. Durch die Windschutzscheibe können wir im Licht der Scheinwerfer sehen, dass die Straße nur gewalzt und mit Steinchen gekiest, aber nicht geräumt ist.

»Ich kann es immer noch nicht fassen«, sagt Signe und schüttelt ungläubig den Kopf. »*Ich* soll mit Greta Garbo zu Abend essen! Bist du dir ganz sicher? Ich habe jeden ihrer Filme gesehen, als ich alt genug war. *Königin Christine* bestimmt fünf Mal.«

Erika sieht zärtlich zu ihr hinüber.

»Und sagst du mir noch mal, wer diese Frau Viertel ist?«

»Salka war die gute Seele Hollywoods. Ihr Mann Berthold war dort schon vor 33 Regisseur. In ihrem Haus in Santa Monica hat sie eine Art Salon geführt. Gute Gespräche gab's dort sowie den einzigen anständigen Apfelstrudel von ganz Kalifornien.«

»Pass auf!«, ruft Signe plötzlich.

Erika tritt heftig auf die Bremse. Fast berührt ihre Stirntolle das Lenkrad. Signe muss sich am Handschuhfach abstützen. Schlitternd kommt der Wagen zum Stehen. Erika wettert mit dem Arm. »Kruzitürken noch amol, blink doch, du Doidl! – Entschuldige bitte«, murmelt sie in Signes Richtung und reibt sich mit der Hand die Schläfe. »Ich hab irgendwie Kopfschmerzen heute.« Sie drückt die Kupplung, legt den ersten Gang ein, startet den Motor neu und fährt wieder an. Das dünne Lenkrad, die Innenverkleidung, auch die Sitze schimmern rot, soweit wir das im Licht der Straßenlaternen erkennen können.

»Und wie ist Frau Viertel in Klosters gelandet?«

»Einer ihrer Söhne hat das Skifahren hier für sich entdeckt, dem hat sie sich wohl mangels Alternativen angeschlossen. Aber mittlerweile kommt ja ganz Hollywood im Winter hierher. So trifft sie regelmäßig alte Bekannte. – Da wären wir.« Erika parkt geschickt rückwärts ein.

Wir sehen ein stattliches und doch uriges Gasthaus, zum Teil weiß verputzt, zum Teil mit verwittertem Holz verkleidet, die kleinen Fenster anheimelnd erhellt. Drei Stufen führen zum Eingang hoch. Rechts auf der Terrasse türmt sich der von der Treppe geräumte Schnee. Ein Kellner im schwarzen Anzug begrüßt Erika und Signe und hilft ihnen in der Garderobe beim Ablegen. Unter Signes Kopftuch erscheint noch blondes, glattes Haar, seitlich aus der Stirn gekämmt, am Hinterkopf vertikal eingerollt und festgesteckt. Erika ist ganz in Creme, feine Strickjacke und schmale Hose mit Bügelfalten.

Der Kellner führt sie in das holzvertäfelte Restaurant. Abgeschirmt von einer Pendeluhr und einer mächtigen, wie gedrechselten Säule, entdecken sie Salka mit den wolkig aufgetürmten Haaren, die ihnen erfreut winkt. Sie nickt Greta zu, die ihr gegenüber mit dem Rücken zum Eingang sitzt, jetzt aber aufsteht und Erika die Hand reicht. »Wie schön, Sie wiederzusehen!«

»Miss Garbo!« Erika strahlt. Wie früher. Blinzelnd weicht Greta leicht zurück, doch Erika schüttelt ihr unbeirrt kräftig die Hand. »Die Freude ist ganz meinerseits!« Sie tritt zur Seite. »Darf ich vorstellen: Signe von Scanzoni.« Sie sagt ›Singne‹.

Greta will auch ihr die Hand geben, doch Signe starrt sie nur fassungslos an. Greta lächelt, wissend.

»Aber, Sie – Sie haben uns doch heute Nachmittag geholfen!«, stammelt Signe. »Als wir mit dem Wagen im Schnee stecken geblieben sind!« Mit geweiteten Augen dreht sie sich zu Erika um. »Sie war es, die mitangeschoben hat!«

Erika bedankt sich mit einem spielerischen Kratzfuß. »Die Göttliche!«

»Schöner Wagen«, sagt Greta. »Aber keine Déesse!«

Erika tut empört. »DS – ich fahr doch keinen Citroën! Ein Ford Mustang. Ich nenne ihn das weiße Rauschen.«

»Setzt euch doch!«, ruft Salka. Erika und Signe nehmen sie auf der halbrunden Bank in die Mitte. Greta rückt ihren Stuhl zurecht. »Und Sie heißen Signe?«, spricht sie ihre Sitznachbarin an. »Är ni också svensk?«

»Nein, nein.« Signe fängt sich allmählich. »Kleiner nordischer Einfall meiner Mutter. Die meisten nennen mich Inge, Frau Mann gehört zu den wenigen, die meinen Vornamen dankenswerterweise korrekt aussprechen.« Sie ist mit Abstand die Jüngste, Anfang fünfzig vielleicht.

Der Kellner fragt, ob die Damen einen Aperitif wünschen.

»Champagner natürlich.« Erika legt den Kopf in den Nacken. »Was haben Sie denn da?«

»Dom Pérignon, Henriot, –«

»Haben Sie nichts Besonderes?«

»Wir hätten einen Comtes de Champagne, blanc de blanc, vom Hause Taittinger.«

»Den nehmen wir.« Erika blitzt übermütig in die Runde.

Kleine Verlegenheit, die vier suchen nach dem Anfang der Konversation.

»Haben wir nicht«, richtet sich Erika an Greta, »bei unserem ersten Kennenlernen auch Champagner getrunken? War das nicht in so einem verruchten Berliner Lokal?«

Greta stutzt. »War's nicht eher am Potsdamer Platz, wo Sie mir die erste Verkehrsampel –« Sie unterbricht sich, weil der Kellner den Champagner kredenzt.

»Kommt, lasst uns anstoßen!«

Die Gläser klingen. »Cheers, skål, Wohlsein.«

»Sie waren nach Berlin gekommen, um Ihren ersten Film vorzustellen, *Gösta Berling*, nicht wahr? Wir fachsimpelten gleich vom Film als *dem* Medium der Moderne. – Schnitt und Montage erlebte man ja als kongenialen Ausdruck der zersplitterten Gegenwart«, erläutert Erika Signe. Die zieht beeindruckt die Mundwinkel herunter.

»*Gösta Berling* wurde übrigens hier vor einiger Zeit nachts im Fernsehen gezeigt«, sagt Salka. »Darauf habe ich den Roman zum ersten Mal überhaupt gelesen – und den Film kaum wiedererkannt! Stiller hat die Frauenrollen viel stärker herausgearbeitet, auch deine«, sagt sie zu Greta.

»Ja, ich weiß. Moje fand den Roman ziemlich fad. Er handle nur von abgehalfterten Helden, die sich in Selbstmitleid ergehen.«

»Klingt ganz nach dem *Zauberberg*«, kichert Signe, etwas aufgedreht.

»Also jedenfalls kam es mir so vor, wie wenn Mauritz Stiller Lagerlöfs Roman schon in den zwanziger Jahren – wie sagt man heute? – feministisch erzählt hätte«, schließt Salka.

»Vergiss nicht«, ergänzt Erika, »es war damals die Hochphase der neuen Frau.« Sie sucht Gretas Augen. »Gott, was waren wir jung!«

Signe späht nach Gretas Spiegelbild in den Bleiglasscheiben, doch findet sie nur das warme Licht des Restaurants.

Der Kellner kommt mit den Speisekarten. Er öffnet jede, bevor er sie mit gemessener Haltung überreicht. »Als Besonderheit hätten wir heute Abend Lobster aus Maine, serviert in einer Orangenkruste mit Ingwer-Orangen-Sauce, karamellisierten Knoblauchmöhrchen und Portulakblüten.«

»Ach Amerika«, seufzt Erika, als er wieder gegangen ist. »Sie wohnen in New York, nicht, Miss Garbo?«

Greta senkt die Lider.

»Ich fahr übrigens auch bald mal wieder hinüber«, sagt Salka rasch. »Zur Premiere meines Buchs.«

»Wie, Salka? Erzähl!« Erika beugt sich erwartungsvoll vor.

Signe betrachtet erst ihr eigenes Gedeck, dann verstohlen das von Greta. Als sie aufblickt, schaut sie direkt in Gretas Augen. Sofort vertieft sie sich in die Speisekarte.

»Ich habe meine Memoiren geschrieben«, erklärt Salka. »*The Kindness of Strangers.* Der Verlag organisiert eine Buchpremiere, im April in New York.«

»*The Kindness of Strangers* –? Ach geh. In welcher Welt lebst du denn? Mit dem Titel verkaufst du keine hundert Stück. *Inside Hollywood* muss das heißen!«

Salka nippt an ihrem Champagner.

»Oder *She who knew everybody in Hollywood.* Oder« – Erikas Stirn hellt sich auf, und sie grinst Greta an – »*Salka Viertel talks.*« Erika merkt nicht, dass nur sie lacht.

»Ich möchte aber nichts Reißerisches«, sagt Salka.

»Oder packst du gar nicht aus?«

»Mir gefällt das Humane, Humanistische an dem Titel. Manche Menschen werden tatsächlich freundlicher, wenn man ihnen unterstellt, sie seien nett.« Salka setzt ihre Lesebrille auf.

»*Salka Viertel: Hollywoods größtes Herz*.« Erika klingt liebevoll ironisch.

»Das wäre eine Anspielung auf Mercedes' Memoiren, und das möchte ich auch vermeiden.« Salka sieht kurz zu Greta.

»Welche Mercedes? Benz?«, fragt Signe arglos.

Salka blättert in der Speisekarte. Greta zieht ihr Etui hervor, aber ihr Feuerzeug zündet wieder nicht.

Erika reicht ihr Feuer. »Also auf jeden Fall Gratulation! Wird das Buch denn auch auf Deutsch erscheinen?«

Salka hebt die Schultern.

»Das muss auf Deutsch erscheinen!«, insistiert Erika. »Die Alt-Nazis müssen wissen, was mit uns geschehen ist. Wen sie aus ihrem Nazideutschland vertrieben haben.«

Signe berührt Erikas Arm. »Nicht so heftig.«

Erika schüttelt Signes Hand ab. »Sei bloß still.«

Betretenes Schweigen.

Der Kellner erscheint wieder. »Haben die Damen gewählt?«

Salka bestellt Tafelspitz, Signe Forelle. Erika nimmt den Lobster. »Aber bleiben Sie mir mit den Knoblauchmöhren weg.«

Greta bittet um Blattsalate. »Dazu geraspelte Möhren, rote und gelbe Paprika. Kein Kohl. Und bitte kein Dressing.«

»Mit einem leichten Kräuterquark vielleicht, Miss Brown?«

»Ja, danke.«

Salka bemerkt, dass Signe sich wundert. »Und was machen Sie so, Frau von Scanzoni?«, fragt sie in verbindlichem Ton, nachdem der Kellner gegangen ist.

»Radio. Beiträge über klassische Musik.«

»Nicht so bescheiden, meine Liebe«, übernimmt Erika. »Signe hat auch schon Bücher geschrieben. Über die Wiener Oper zum Beispiel.«

»*Wege und Irrwege* lautet der Untertitel.«

»Aber eigentlich und im Herzen ist sie immer noch Sängerin«, sagt Erika. »Tiefer Alt. Eine Erda. Oder die Kastratenpartien von Händel.« Sie zündet sich ebenfalls eine Zigarette an.

»Oper also?«

»Wäre mein Traum gewesen. Eine langwierige Halsentzündung hat sich jedoch als Tuberkulose herausgestellt. In Davos« – Signe deutet mit dem Kinn in eine bestimmte Richtung – »hab ich mehrere Monate gelegen.«

»Aber dann –« Salka scheint Signes Alter zu schätzen. Sie tauscht mit Erika einen Blick.

»Danach war's aus mit der Gesangskarriere, und ich wurde Assistentin von Clemens Krauss –«

»*Dem* Clemens Krauss«, sagt Erika, zu Salka gewandt.

»Jawohl, *dem* Clemens Krauss«, bestätigt Signe. »Dem besten Richard-Strauss-Dirigenten dieses Jahrhunderts.«

»Richard Strauss!« Erika bläst den Rauch durch die Nase. »Du liebst auch immer noch Wagner.«

»Der war 33 schließlich schon lange tot und konnte sich nicht mehr wehren.«

Erika und Signe merken nicht, dass Salka und Greta ihnen interessiert zuhören.

»Strauss war uralt und hat nur noch für sein Werk gelebt«, meint Signe.

»Dein uralter Strauss war noch rüstig genug, um 33 diesen widerlichen Brief der ›Richard-Wagner-Stadt München‹ gegen meinen Vater zu unterzeichnen«, entgegnet Erika lebhaft. »Während wir alles verloren haben, hat er es sich gutgehen lassen und munter weiterkomponiert für die Mörder und

Verbrecher, ihnen eine Olympia-Hymne geschenkt und sich huldigen lassen.«

»Ihr habt nicht alles verloren«, widerspricht Signe. »Dein Vater hat noch überall eine feine Villa bezogen.«

»Willst du mir jetzt auch noch vorwerfen, dass wir im Exil nicht zugrunde gegangen sind?« Erika wird fast laut.

Gretas Rücken versteift sich. Sie lauscht, ob sie Aufmerksamkeit an den anderen Tischen erregen. Salka räuspert sich.

Signe wendet sich ihr zu. »Ich habe vor wenigen Jahren in München eine Ausstellung über Richard Strauss kuratiert. Es ging mir darum, die Fragwürdigkeit einer unter hochbrisanten politischen Umständen nur noch werkbezogenen Existenz wenigstens anschaulich zu machen.«

»Die Fragwürdigkeit – anschaulich zu machen?«

»Ja.«

»Aha.«

Schweigen.

»Wie gefällt Ihnen denn die Wohnung?«, erkundigt sich Greta.

»Sehr gut! Nochmals tausend Dank für den Tipp, Salka, Darling.« Erika ist wieder ganz Liebenswürdigkeit. »Das wird wunderbarst. Im Frühling, wenn dieser grässliche Schnee endlich weg ist, werden wir noch einen Pool im Garten ausheben lassen. Ohne Pool kann ich nun mal nicht.«

»Wir lassen gerade noch etwas renovieren«, ergänzt Signe.

»Und einen Gasherd installieren.« Erika streift die Asche ihrer Zigarette ab. »Wer will denn auf Elektro kochen?«

»Ach, wer kocht denn von euch zwei?«, fragt Salka.

Vier Kellner bringen gleichzeitig die Gerichte an den Tisch, die Teller von silbernen Hauben bedeckt.

Ihre Lichtreflexe blenden uns, aber nun stammen sie von einem verkehrsumtosten Uhrenturm. Erst blinken die Ecken blau, dann verlischt eine gelbe Lampe, und es leuchtet eine rote daneben auf. Von links fahren Motorradfahrer mit Lederkappen und Schutzbrillen an, drängeln sich an Automobilen mit Kotflügeln und dünnen Reifen vorbei. In der Gegenrichtung stößt eine Straßenbahn fast mit einem Pferdefuhrwerk zusammen. Ein Passant hechtet zu uns auf den Gehsteig, von wütendem Geklingel mehrerer Radfahrer gejagt.

»Halt!«, brüllt jemand entsetzt und hält eine Frau von hinten am Mantelärmel fest. »Sehen Sie nicht, dass wir Rot haben?«

Empört windet sich die Frau aus dem Griff – es ist die junge Greta Garbo. Ihr Stirnrunzeln weicht einem freundlichen Erkennen. »Oh! Du!«

»Na – das ist aber mal ein Zufall!« Erika glättet Gretas Ärmel, etwas verlegen. Sie deutet auf die Mitte der Kreuzung. »Wir dürfen erst bei Grün gehen.«

Greta bestaunt den Uhrenturm. »So etwas haben wir in Stockholm nicht«, sagt sie, langsam und überlegt.

»Ach – du sprichst ja doch Deutsch!«

»Mimi hat mit mir gelernt. – Meine Freundin«, fügt Greta hinzu.

Wieder zucken zunächst die blauen Signallichter auf, dann schaltet die Ampel auf Gelb. Alle beeilen sich, von der Kreuzung zu kommen. Die Kaltblüter eines Brauereiwagens voller Schultheiss-Fässer sind nicht so schnell. Der Schutzmann oben im Uhrenturm wartet, bevor er das Signal auf Grün stellt. Dann sieht er, wie Greta und Erika zwischen Autos, Motorrädern, Omnibussen und Straßenbahnen die Kreuzung queren.

»Bist du denn schon aus – wo war's? Konstantinopel zurück?« Erika stibitzt von einem entgegenkommenden Handkarren im Rücken des Markthändlers einen Apfel.

»Nein, es hat sich alles verzögert«, antwortet Greta mit ihrer tiefen Stimme. »Ich war bis vorgestern in Schweden.«

»Das war übrigens sehr nett von Herrn Stiller, dass er uns den Champagner da letztens in der *Silhouette* bezahlt hat.« Erika reibt den Apfel an ihrem Ärmel blank. »Ist er schon vorausgefahren, Drehorte ausfindig machen, Drehgenehmigungen einholen oder was man so machen muss?«

Greta verengt die Augen, dann hat sie verstanden. »Nein, wir fahren morgen alle zusammen, zwölf Personen. Gerade verhandelt Moje noch mit der Trianon und irgendwelchen Geldgebern.«

Erika deutet auf die Zeitung unter ihrem Arm. »Das *Tageblatt* schreibt, *Die Odaliske von Smolny* werde die teuerste Produktion des Jahres, mit Herstellungskosten von über 400 000 Reichsmark.«

»Ist das so?« Greta wirkt unglücklich.

Erika bietet ihr den Apfel an, aber Greta lehnt dankend ab. »Die Trianon bekommt für den Film einen Kredit ausgerechnet von der Berliner Wohnstätten GmbH. Statt Mietshäuser zu bauen, investieren die lieber in deinen Film. Klaus hat übrigens immer noch keine Bleibe.«

Greta hält kurz betroffen inne. »Aber dafür kann ich doch nichts! – An meiner Gage kann es nicht liegen. Ich weiß gar nicht, wie ich mir davon bessere Kleider kaufen soll.«

»Verlangen sie das von dir?« Erika beißt in den Apfel.

»Lieber würde ich noch weniger Geld bekommen, aber dafür in einem Sack herumlaufen dürfen.«

Sie lächeln beide über ein zerzaustes Mädchen, dem seine Mutter an einem Hydranten die Hände wäscht.

»Es liegt an dem Streik der Bauarbeiter«, sagt Erika. »Deshalb können die Berliner Wohnstätten gerade gar nicht bauen. Vermutlich parken die ihr Geld nur kurz in deinem Film.«

Greta atmet halb erleichtert auf.

Vor ihnen tritt eine Frau mit einem Eimer in der Hand aus einem Laden für Damenwäsche und spritzt das gesamte Spülwasser schwungvoll auf die Schaufensterscheibe. Greta und Erika machen einen Satz zurück. Mit einem Lappen wischt die Frau nach. Da fällt ihr erst das Plakat auf, das von der Innenseite an das Fenster geklebt ist. Greta und Erika sehen sich die Zeichnung ebenfalls an: Eine Tänzerin präsentiert ihre sehenswerten Beine in von Strapsen gehaltenen Strümpfen.

Erika pfeift. »Hat Herr Stiller übrigens die Sachen gelesen, die Klaus ihm geschickt hat? Hält er davon etwas für geeignet?« Sie gehen weiter.

»Ich – weiß es nicht. Er hat nichts erzählt. – Aber, haben denn die Proben für *Die heilige Johanna* schon angefangen?«

»Ja. Nur ohne mich.«

»Oh, das tut mir leid.«

»Elisabeth Bergner –. Dafür habe ich eine Rolle in Carl Sternheims neuem Stück ergattert, *Oskar Wilde. Sein Drama.*« Erika weicht einem Einbeinigen aus, der sich mit den Achseln auf Krücken stützt. »Und außerdem bereiten Klaus und ich eine ganze Tournee mit *Anja und Esther* vor. Die Uraufführung wird kein Geringerer inszenieren als Otto Falckenberg an den Münchner Kammerspielen. Zwei Tage später werden wir in Hamburg debütieren, wo sich ein Nachwuchsgenie in das Stück verliebt hat, Gustaf Gründgens mit Namen.«

Eine burschikose Frau mit Krawatte tritt ihnen in den Weg und zieht aus ihrer Briefträgertasche eine Zeitung. »Schon Mitglied im Bund für Menschenrecht?«

»Danke, wir sind im Gespräch.« Erika will weiter.

Greta zögert. »Bund für –?«

»Menschenrecht, ebent.« Die Burschikose sieht Greta ins Gesicht, macht einen Schritt zurück, wird blass und fängt an zu stammeln. »Also, ähem, dit hier sind die Dings, die *Blätter für Menschenrecht*, unsere offizielle Monatsschrift. Weil, es is' ja so, es gibt doch, also wir gehören ja alle, also nicht alle, aber wir Mitglieder, dem dritten Geschlecht an. Schon mal gehört? Dr. Magnus Hirschfeld und sein Wissenschaftlich-humanitäres Komitee? Nee? Also der BfM is 'ne echte Massenorganisation, wir ham schon über 40 000 Mitglieder. Aber eins, nee, zweie fehlen uns noch, und die seid ihr. Wenn ihr mir hier schön unterschreibt, dann schenk ick euch –«

»Hausieren und betteln verboten«, sagt Erika und zieht Greta am Arm weiter. Greta folgt ihr, auch weil ein Straßenkehrer gerade den Kehricht in einen eisernen Korb entleert.

Greta wirft noch einmal einen Blick über die Schulter. »Drittes Geschlecht?«

»Kesse Väter und warme Brüder, Urninge und Urninden, Sapphistinnen, Transvestiten, Conträrsexuelle und Homosexuelle, vom anderen Ufer, Garçonnes, Tribaden, alte Griechen – wer will das unterscheiden? Hirschfeld hat für uns ein drittes Geschlecht erfunden, warum nicht?« Erika deutet nach rechts. »Hier im Tiergarten sitzt sein Institut für Sexualwissenschaft.«

Greta sinniert ein bisschen. »Ich wollte immer ein Junge sein. Einmal habe ich heimlich die Hose meines Bruders angezogen und bin zum Schuhmacher am Ende unserer Gasse.« Sie verstellt ihre Stimme. »›Ich bin Gustafssons Jüngster‹, habe ich gesagt und wie der frechste Schlingel gepfiffen. – Ähm«, unterbricht sie sich, »ich heiße ja gar nicht Garbo, das ist der Name, den mir Moje gegeben hat. Alle haben gejohlt, auch der Schuhmacher. Das war der Beginn meiner Schauspielkarriere.«

Erika nickt. »Ich habe mit Klaus und unseren jüngeren Geschwistern Theater gespielt. Wir nannten uns *Laienbund Deutscher Mimiker*. Unser Vater musste die Kritiken in ein dickes Buch schreiben. – Aber sag, wo willst du eigentlich hin?«

»Zur Kaiser-Wilhelm-Gedächtniskirche.«

Erika lächelt. »Ach so. Ins *Romanische Café*.« Sie schaut sich um. »Da – die 1. Komm, wir steigen ein. Ich begleite dich ein bisschen, wenn ich darf.«

Ein doppelter Kraftomnibus hält. Sie springen hinten auf. Erika löst beim Schaffner zwei Fahrscheine, während Greta schon die steile Außenleiter erklimmt. Sie setzen sich auf zwei freie Plätze nebeneinander. Hier oben ist der Bus offen.

»Du hast auch eine Bande angeführt, wie ich, stimmt's?« Greta stupst Erika mit dem Ellbogen. Sie muss im Fahrtwind ihren Hut tiefer ins Gesicht ziehen.

»Die Herzogparkbande hießen wir. Wir haben es wirklich schlimm getrieben. Geklaut und gelogen. Über honorige Leute die übelsten Sachen erzählt. Frei erfunden. Herrlich! Bis Klaus und ich ins Landerziehungsheim mussten. Zur Besserung.«

Sie lachen beide und sehen sich in die Augen. Greta weicht zuerst aus. »Und was macht eigentlich die Marlene?«

»Die Marlene?« Erika schnaubt verächtlich durch die Nase. »Die macht gar nichts mehr. Ihr Aufnahmeleiter hat ihr 'n dicken Bauch gemacht, und jetzt ist alles vorbei. Zu viel Ehrgeiz, zu wenig Talent. Nach unserem Treffen in der *Silhouette* hat sie erst Gesangsstunden genommen, weil ja bald der Tonfilm kommt, und dann Englischunterricht, weil sie ja bestimmt bald nach Hollywood geht. – Aber jetzt geht sie nirgendwo mehr hin, mit einem Kind bist du abgemeldet.«

Greta wiegt zweifelnd den Kopf. »Ich mag Kinder. Man kann sehr vernünftig mit ihnen reden.«

»Ich liebe Kinder, natürlich, aber doch keine eigenen!«

Die Gründerzeithäuser mit ihren schnörkeligen Fassaden ziehen vorbei. Neben manchen Torbögen liest man *Holz u. Kohle*, anderswo *Kartoffeln*. An einer Eisenbahnbrücke, die sich über die Straße spannt, wirbt Leuchtreklame für *Odol*. Eine kantige Hochbahn rattert vorbei. Sieht fast wie heute aus. Auch der Bahnhof – wenn das nicht der Nollendorfplatz ist?

Greta betrachtet den behelmten Schutzmann, der hier den Verkehr regelt. »Ich hatte gestern dieses schreckliche Treffen mit einem Mann aus Hollywood. Der sagte zu *mir*, ich hätte einen dicken Bauch.«

»Wie?«, fragt Erika ungläubig. »Was erzählst du da?«

»Dass ich abnehmen soll. Weil die Amerikaner keine dicken Frauen mögen.«

»Ich versteh nicht.«

»Es ist ja auch nicht wichtig. Moje hat darauf bestanden, dass ich früher anreise, um mich mit Herrn Mayer zu treffen. Also Mejer, er spricht sich englisch aus.«

»Oder jiddisch.«

»Moje und er haben tatsächlich Jiddisch miteinander gesprochen, weil Moje kein Englisch kann und Herr Mayer kein Deutsch. Ich hab nur die Hälfte verstanden.«

»Und die wäre?«

»Na, dass ich zwanzig Pfund abnehmen soll.«

»Zwanzig?« Erika überfliegt Gretas Gestalt. »Aber du bist doch gar nicht zu dick.«

»Und er hat auch gesagt, dass ich mich besser anziehen soll.« Sie stöhnt auf. »Aber ich will ja ohnehin nicht nach Amerika.«

Erika wendet sich ihr ganz zu. »Greta, jetzt erzähl mal von vorne. Wo, wer, wann, was?«

»Moje hat das eingefädelt. Herrn Mayer gehört so ein Studio in Hollywood. Er raucht übrigens sehr dicke Zigarren.«

»Du meinst doch nicht etwa Metro-Goldwyn-Mayer?«

»Doch. In Rom dreht MGM gerade *Ben Hur*, und weil die Produktionskosten aus–, aus–«

»Ausufern?«

»– ist Herr Mayer nach Europa gekommen, nach dem Rechten zu sehen. Er hat seine Frau und seine beiden Töchter dabei, die sind so alt wie wir.«

»Machen wohl 'ne Grand Tour durch den alten Kontinent.«

»Ah – so? – Nun, Herr Mayer hat Filme von Moje gesehen und will ihm ein Angebot machen. Und so haben wir uns gestern im *Adlon* getroffen. Die ganze Familie hatte sich vorher *Gösta Berling* angesehen. Ich bin der Mutter und den Töchtern schon im Fahrstuhl begegnet. Die haben mich ganz pikiert angesehen.«

»Das kann ich mir nicht vorstellen.«

»Es ist ja auch egal. Ehrlich gesagt glaube ich, Moje verhandelt nur mit Mayer, um bei der Trianon bessere Bedingungen herauszuschlagen. Und einen Anschlussvertrag für weitere Filme hier. Deshalb habe ich in Schweden Deutsch gelernt.«

»Und dein Studium an der Königlichen Schauspiel-Akademie?«

»Hab ich sausen lassen. Oh Gott, hoffentlich werde ich das eines Tages nicht bereuen. – Weißt du, schon mit sieben habe ich mich abends immer von zu Hause weggestohlen und bin zum Künstlereingang eines kleinen Theaters in unserer Nachbarschaft, um die Schauspieler ankommen zu sehen, zuzuhören, wie sie sich einsprechen, und um den Duft der Schminke einzuatmen«, sagt Greta, verlegen. »Und jetzt –«

Erika strahlt sie kopfschüttelnd an. »Und *jetzt* willst du noch zum Kükentisch ins Nichtschwimmerbecken? Du schwimmst doch bald über den Großen Teich! Hör mal – das ist doch wohl dein Berliner Abschiedsabend. Wie wär's mit der *Monokel-Diele?*«

Wir sehen Gretas Blick von der Litfaßsäule zu Erika wandern.

»Wir sehen, wir sehen – du siehst vielleicht, ich seh' überhaupt nichts!« Wir hören Erikas Stimme, sehen aber ihren weißen Ford Mustang, der im Dunkeln bei dichtem Schneetreiben am Haus *Fliana* vorbeifährt. »Ach so, hier!« Der Wagen hält abrupt.

Die Beifahrertür öffnet sich, und Salka steigt mit etwas Mühe aus. Signe klappt die Lehne nach vorn, klettert vom Rücksitz nach draußen und spannt einen Schirm auf. Salka wehrt dankend ab, winkt und eilt zur Haustür. Signe grüßt noch mal, verstaut den Schirm, klappt die Beifahrerlehne zurück und steigt ein. Erika fährt wieder los.

Im Auto wartet Signe einen Moment, wie um sicherzugehen, dass Salka außer Hörweite ist. »Was für ein Abend! Was für eine Begegnung!«, platzt es dann aus ihr heraus. »›Miss Brown‹?!«

Erika zuckt mit den Schultern ein ›Was willst du?‹ und wischt mit ihrer behandschuhten Linken die beschlagene Windschutzscheibe frei.

Signe schüttelt den Kopf. »Sie ist immer noch unfassbar schön, findest du nicht? Diese Augen! Diese Wimpern! Wangen, Nase, Mund, Stirn –« Sie wischt auf ihrer Seite. »Wenn ich denke, dass sie seit bald dreißig Jahren keinen Film mehr gemacht hat. So eine Verschwendung an Talent und Können. Auf der Bühne hätte sie altern können. Die hätte Shakespeare spielen sollen, Ibsen, Tschechow.«

»Die Garbo? So ein Schmarrn. Die hat Shakespeare und

Ibsen nicht gebraucht. Die hätten sie nur gestört – und umgekehrt.«

»Blödsinn. Wie kommst du denn darauf?«

»Weißt du, was mein Vater immer gesagt hat? Schubert war besser, wenn er Müller vertont hat und nicht Goethe.« Erika beschleunigt die Scheibenwischer. Der Schnee wirbelt nur so heran.

»Versteh ich nicht.«

»*Wer rrreitet so spät durch Nacht und Wind?*«, singt Erika. »Der *Erlkönig* braucht nicht diese flatterige Klavierbegleitung und diesen aufgeregten Bariton. Alles ist schon in der Dichtung da an Drama und Musik. Und bei der Garbo war alles ihre Mimik in Großaufnahme, gerade in mediokren Filmen, in denen es eigentlich nur um ihr Gesicht ging.«

»Nicht alle ihre Filme waren mittelmäßig. *Ninotschka. Die Kameliendame.* – Aber du meinst, ihr Gesicht war selber das Drama? Das Kunstwerk in seiner reduziertesten, klassischen Form?«

»Eine Athene.«

»Sicher keine Venus.«

Sie kichern.

»Hast du's auch bemerkt?«, fragt Signe. »Sie trägt keinen Büstenhalter.«

»Na, viel zu halten gibt's da ja auch nicht.«

Signe schüttelt nochmals den Kopf. »Das war heute wie in *Königin Christine.* Erst hilft sie inkognito, eine Kutsche, die im Schnee stecken geblieben ist, anzuschieben, und später kommt dann heraus, wer sie wirklich ist. Ich muss ein Gesicht gezogen haben wie ihr spanischer Liebhaber da in dem Film, als er begreift, mit wem er die Nacht verbracht hat.«

Erika lächelt sie von der Seite an, konzentriert sich aber gleich wieder auf die nächste Kurve.

Signe betrachtet die runden Anzeigen, die am Armaturenbrett chromfarben schimmern. »Du weißt schon, dass du etwas garstig zu mir warst. Mit Clemens Krauss und Richard Strauss und so.«

»Ich weiß. Entschuldige, Mümmelin. Das liegt an diesen Kopfschmerzen, die machen mich reizbar.« Erika nimmt die rechte Hand vom Steuer und legt sie auf Signes linke.

Signe drückt sie kurz und führt sie dann zum Lenkrad zurück. Sie deutet mit dem Kopf nach hinten. »Waren die eigentlich mal ein Paar?«

»Oder sind sie es noch? – Es hat immer Gerüchte gegeben. Die Garbo kommt regelmäßig nach Klosters, um mit Salka zusammen zu sein.«

»Aber Frau Viertel ist doch um einiges älter.«

»Ja und? Die hat zu ihrer Zeit nichts anbrennen lassen.«

»Ach nein?«

»Weißt du, wie Salkas Memoiren wirklich heißen müssten? *I welcomed them all.*« Erika lacht zweideutig.

»War sie nicht verheiratet?«

»Ihr Mann war genauso. Waren andere Zeiten.«

»Und wo wohnt die Garbo hier?«

»Keine Ahnung.« Erika blinzelt durch das Schneetreiben.

»Schade, dass wir sie nicht auch nach Hause bringen durften. – Frau Viertels Haus macht ja nicht viel her, soweit ich das erkennen konnte.«

»Ich weiß nicht, wovon sie überhaupt lebt.«

»Vielleicht unterstützt die Garbo sie ja.« Signe guckt Erika herausfordernd an. »Hat sie dich eigentlich nie gereizt? So als Frau?«

»Die Garbo? Wen hätte die nicht gereizt? Aber ich hab sie doch kaum gekannt. Du dagegen, mein Erdbeben –« Erika erkennt den leuchtenden Schriftzug des Hotels *Pardenn* und hält noch etwas entfernt am Straßenrand. Kaum schweigen die Scheibenwischer, schneit die Windschutzscheibe zu. Erika küsst Signes Hand. »Lust auf eine Höhlennacht?«

Signe funkelt sie an. »Venus erwartet Tannhäuser in ihrer Grotte im Hörselberg. – Aber trödel ein bisschen. Der Empfangschef hat uns vorhin so blöd einen schönen Abend gewünscht. Pass auf, dass dich im Flur keiner sieht. Und vergiss nicht, dein eigenes Bett zu zerwühlen, damit sich das Zimmermädchen morgen früh nicht wundert.«

Erika legt Signes Hand auf den kugeligen Getriebeknauf, schaltet mit ihr in den ersten Gang und fährt an.

Von weitem nähern wir uns einem dreigeschossigen Fabrikgebäude. In seinem Anbau ganz aus Glas erkennen wir gezimmerte Stellwände, mit trostlosen Häuserreihen bemalt, die lange Schatten auf Kopfsteinpflaster werfen. Daneben die Kulisse einer ärmlichen Wohnstube. Hier sitzt die junge Greta Garbo an einem Tisch und wartet. Eine dunkelgelockte Frau in einem Bademantel quert eilig das Bild. Greta folgt ihr nur mit den Augen.

Da betritt Marlene Dietrich die Szene und winkt Greta fröhlich zu. »Entschuldige, dass ich zu spät bin, aber der olle Regisseur hat uns nochmal und nochmal von links nach rechts getrieben. – Zwanzig Minuten hab ich nur. Aber hier, wie versprochen, ich hab uns was mitgebracht.« Marlene hebt ihre Tasche, zögert dann aber. »Können wir denn hier futtern? Wo sind denn alle?«

»Die drehen gerade in dem Puff, hier bleibt's erst mal ruhig.«

»Knorke!« Marlene packt zwei Henkelmänner mit jeweils drei übereinandergestapelten Schüsselchen aus. »Königsberger Klopse. Direkt aus der Kochkiste, müsste noch heiß sein.«

Greta verfolgt freudig ihr Hantieren.

»Das hier kennste wahrscheinlich nich, Leipziger Allerlei. Ist gesund.« Marlene reicht Greta Besteck und streut aus einer Extradose frische Petersilie über Gretas Kartoffeln. »Mahlzeit!«

»Mh, ist das gut!«, staunt Greta, nachdem sie probiert hat.

Marlene prüft ihren ersten Bissen kritisch. Dann hellt sich ihr Gesicht auf. »Schön locker. Hack halb-halb, mit 'ner eingeweichten Schrippe und zwei Eigelb. Wie bei Muttern, nich?«

»Besser!« Greta scheint ihr spontaner Ausruf unangenehm. »Äh, also – mein Vater ist ja schon lange tot, und meine Mutter hat uns fast allein –«

»Musst nichts sagen, Kindchen, ich versteh schon. Ihr habt's nich dicke, muss sich keiner für schämen.« Marlene gestikuliert mit dem Messer. »Aber jetzt wirste ja bald reich und berühmt! Wann kommt denn die *Odaliske von Smolny* in die Kinos?«

»Nie.«

»Wie?« Marlene lässt die Gabel sinken.

»Es ist ein einziges Desaster.«

»Seid ihr nicht nach Konstantinopel?«

»Doch. Aber wir haben nie gedreht.«

»Oh. – Was ist denn passiert?« Marlene isst weiter.

Greta kaut erst zu Ende. »Eigentlich hätte es mir schon das letzte Mal in Berlin dämmern müssen. Moje, also Herr Stiller, musste bis zur Abfahrt übers Geld verhandeln. Im Zug hat er sich dann die ganzen drei Tage eingeschlossen, um am Drehbuch zu arbeiten.« Sie wirft Marlene einen vielsagenden Blick zu. »In Konstantinopel hat dann erst eine bestimmte Kamera gefehlt, die noch aus Stockholm geschickt werden musste, dann ein Streufilter, dann die Erlaubnis –. Moje hat nie begriffen, wen er hätte bestechen müssen.« Greta zerquetscht eine halbe Kartoffel in der Sauce. »Was ist denn das Grüne?«

»Kapern. Mit Zitrone und Weißwein abgeschmeckt. Von dem fehlt uns jetzt ein Gläschen. – Ja und die Stadt?«

»Köstlich. – Also der Basar war faszinierend, aber einmal habe ich mich verirrt und hätte fast nicht mehr herausgefunden. Und das Ungeziefer dort – schlimmer als bei uns in Södermalm!«

Marlene muss beim Essen kurz pausieren und ihren Ekel abschütteln.

Greta betrachtet verstohlen Marlenes Hände. »Und es war kalt und hat die ganze Zeit geregnet. Und ich hatte nichts zu lesen! Erst zu Weihnachten hat mir meine Freundin Mimi Bücher geschickt. Nie habe ich mich einsamer gefühlt, so ohne sie, meine Geschwister und meine Mutter.« Sie schiebt mit dem Messer Erbsen auf die Gabel. »Weil das Geld ausging, ist Moje dann zurück nach Berlin, und ich musste allein auf die Bälle in der schwedischen und deutschen Botschaft zu Silvester und Neujahr. Das war das Schlimmste.«

Marlene schluckt rasch. »Aber das ist doch so was wie das Schwimmerbecken im *Romanischen*!«

»Ich habe doch nichts zum Anziehen! – Bis Ende Januar musste ich in diesem sündhaft teuren Hotel ausharren und hatte furchtbare Angst, auf der Rechnung sitzenzubleiben. Dann kam endlich ein Telegramm von Moje, ich solle sofort wieder hierherkommen, Herr Pabst werde meine Rechnung in diesem *Pera Palace* bezahlen und auch die Rückreise, wenn ich hier diese Rolle spiele.« Greta wischt das Messer an der Gabel ab und steckt sie in den Mund. »Für nichts und wieder nichts haben wir ein Vermögen ausgegeben. Alle streiten sich jetzt vor Gericht, und es heißt, die Berliner Wohnstätten hätten von dem Geld, das jetzt verloren ist, mehr als zweihundert Dreizimmerwohnungen bauen können. Ich schäme mich so!«

»Aber nicht doch. Auf gar keinen Fall schämen! Im Gegenteil. Wo hat dich der Pabst untergebracht?« Marlene gießt den Saucenrest über ihre Kartoffeln.

»Im *Esplanade*. Potsdamer Platz.«

Marlene zieht anerkennend die Mundwinkel hinunter. »Rudi hat mich mal in den Kaisersaal dort ausgeführt. Junge Junge. – Aber du musst jeden Tag frische Blumen auf dem Zimmer verlangen! Damit die wissen, wer du bist!« Sie leckt ihren Löffel ab.

»Aber ich bin doch niemand.«

»Also hör mal, mit Asta Nielsen zu spielen in einem Film von Georg Wilhelm Pabst ist doch nicht nichts!«

»Ich habe nicht einmal eine gemeinsame Szene mit ihr.«

Marlene betrachtet die Kulissen. »Um was geht's eigentlich?«

»Um das Elend, das hier in der *Freudlosen Gasse* herrscht, wie der Film heißt. Es soll Wien sein, könnte aber auch in Berlin oder in Stockholm-Södermalm spielen. Es ist wie überall: Die Männer haben keine Arbeit, saufen, brüllen oder lesen nur noch Zeitung wie mein Vater im Film. Die Frauen versuchen verzweifelt, ihre Familien zu ernähren. Ich bin eigentlich ein ordentliches Mädchen und könnte einen netten amerikanischen Soldaten heiraten, aber mein Vater macht mit seinem dummen Stolz alles kaputt, sodass ich mich fast prostituieren muss.«

»Hm. Wird bestimmt große Filmkunst.« Marlene zieht ein Taschentuch mit Monogramm hervor und tupft sich die Lippen.

»Herr Pabst ist nett, aber ich kann nur mit Moje arbeiten. Jede Szene probe ich mit ihm, bevor ich mich hierher ins Atelier traue. Wegen dieses Fiaskos in Konstantinopel kann Moje nun aber weder in Schweden noch in Deutschland Filme machen, und deshalb muss er tatsächlich nach Hollywood, und ich soll leider mit. Er will *Die Odaliske von Smolny* jetzt dort drehen.«

»In Hollywood? Und du sollst *leider* mit?« Marlene steht der Mund offen. »Hast du denn einen Vertrag?«

»Ja, mit der MGM.«

»Du heilige Unschuld! Du hast eine Einladung nach Hollywood und willst nicht hin? Natürlich willst du! Ernst Lubitsch ist schon dort, bald auch der Jannings und der Murnau. – Was sollst du denn verdienen, wenn ich fragen darf?«

»400 Dollar pro Woche im ersten Jahr, und wenn sie meinen Vertrag verlängern, jährlich mehr bis 1250 Dollar pro Woche im vierten Jahr.«

Marlene fallen die Augen aus dem Kopf.

Greta kratzt ihre Schüssel aus. »Aber ich bin ja eh zu dick. Und ich kann mich auch nicht besser anziehen.«

»Das sind doch keine Probleme!« Marlene zeigt auf ihre Henkelmänner. »Also, heute Abend nichts mehr, ganz einfach. Und –« Marlene presst die Lippen leicht aufeinander. »Hm, etwas mehr Eleganz könnte tatsächlich nicht schaden.«

»Eleganz?«

»Elegant ist, was eine persönliche Note verrät und selbstbewusst getragen wird, verstehst du?«

»Nein.«

»Es kommt weniger auf das Was als auf das Wie an.«

»Mir ist egal, was ich anhabe, Hauptsache, ich friere und ich schwitze nicht.«

»So wirst du nie ein Star, Kindchen.«

»Vielleicht geh ich auch einfach zurück an die Schauspielschule. Wenn die mich überhaupt wieder nehmen. – Willst du nicht lieber was mit deiner Geige machen? Statt hier in den Kulissen von links nach rechts zu hetzen?«

»Acht Stunden am Tag die Partiten von Bach zu üben ist wesentlich schlimmer! Ich liebe die klassische Musik, aber in mir steckt nicht die Sologeigerin, die sich meine Mutter erhofft. – Ich bin halt kein Zauberlehrling.«

»Zauberlehrling?«

»Von Goethe. Musste mal lesen.«

Die dunkelgelockte Frau im Bademantel von Beginn der Szene eilt wieder vorbei.

»Leni!«, ruft Marlene ihr hinterher. »Kommst du am Sonnabend zum Boxen?«

Die Frau im Bademantel dreht sich um. »Marlene! Was machst du denn hier? Bist du nicht im falschen Film?«

»Ja, aber du doch auch, oder?«

»Ich mach bei *Wege zu Kraft und Schönheit* mit, deshalb fehlt mir gerade die Kraft zum Boxen.«

»Leni und ich boxen im selben Club«, erläutert Marlene.

Leni reicht Greta die Hand. »Riefenstahl.«

»Garbo.«

»Vielleicht willst du auch mal kommen«, fährt Marlene fort. »*Studio für Boxen und Leibeszucht* am Kurfürstendamm. Da gibt's auch eine ›Teestunde am Ring‹: Eine Boxrunde lang darf, wer will, über ein Thema seiner Wahl reden. So boxen die Kaffeetrinker aus dem *Romanischen*!« Marlene lacht. »Wir steppen vorher aber vor den Sandsäcken, nicht, Leni?«

»Diesen Sonnabend wirklich nicht. Dieser Film – wir tanzen und turnen, einzeln und in Formation, und alles« – sie deutet in ihren Ausschnitt – »splitternackt! Da kann ich mir keinen blauen Fleck von der süßen Faust einer Marlene Dietrich erlauben.« Leni wendet sich ganz an Greta. »Die Marlene will nämlich immer richtig boxen, aber Gott sei Dank erlaubt Herr Mahir keine Faustkämpfe unter Damen.« Fröhlich verabschiedet sie sich.

Greta sieht ihr nach. Plötzlich schlägt sie sich die Hand vor die Stirn. »Ich habe noch gar nicht nach deinem Kind gefragt! Entschuldige! Sag, was ist es denn überhaupt?«

»Ein Prachtmädchen, vier Monate jetzt, und so ein Wonneproppen. Das Beste, was ich je gemacht habe. Maria heißt sie, aber wir nennen sie nur Heidede.«

»Und – dein Ring?«

Wie eine Schülerin bei der Sauberkeitsinspektion hält Marlene ihre ringlosen Hände vor sich, die Handflächen nach unten, nach oben. »Rudi hat 'ne russische Tänzerin. So wie deine Odaliske. Tamara. Blutjung, sehr hübsch. Unser Kindermädchen. Aber ich will mich nicht beschweren. Nur gleiches Recht für alle.« Marlene blickt Greta in die Augen. »Heute Nacht schläft die Heidede bei meiner Mutter.«

Greta schweigt. Marlene kramt aus ihrer Tasche eine Illustrierte hervor. Nach kurzem Blättern schlägt sie eine Seite mit Fotografien von engen Trikothöschen auf, aus denen Frauenbeine in kunstseidenen Feinstrümpfen wachsen. »Da kiekste, wa?« Sie fängt an zu singen.

»Nach meine Beene is ja janz Berlin varrückt.«

Greta versenkt sich in die Abbildungen.

»Und zeig ick meine Beene voller Intellijenz,
dann schlag ick aus dem Felde jede Konkurrenz.«

Greta applaudiert. »Ich hab auch schon Werbung gemacht. Für Hüte und Kleider. Als ich im PUB Verkäuferin war. Das ist das größte Kaufhaus in Stockholm.«

»War das deine erste Stelle?«

»Mh. Sag – warum lasst ihr euch nicht scheiden?«

»'s is viel besser, verheiratet zu sein. Kommt keiner auf dumme Gedanken. Auch nicht die Tami, sonst müsste Papilein sie ja heiraten. Aber die hat ja noch weniger als ich!«

Eine koboldhafte Kindfrau mit Knopfaugen schleicht sich von hinten an Marlene heran und hält ihr die Augen zu. »Wer?« Die Stimme hat sie spaßhaft tief verstellt.

»Meine Lisl«, antwortet Marlene beschwingt und ohne zu zögern. Die beiden begrüßen sich mit einem Kuss auf den Mund.

Lisl beugt sich über die Illustrierte. »Wenn ich so schön wäre wie der Poll, wüsste ich mit meinem Talent nichts anzufangen.«

»Machst du dich wieder über meine Entennase lustig?«

»Deine Nase ist völlig in Ordnung, meine Süßeste. Fällt sowieso nicht auf, weil man nur auf deine Beine starrt.«

Marlene lächelt. »Darf ich euch zwei bekannt machen? Elisabeth Bergner – Greta Garbo aus Schweden. Dreht mit dem Pabst. Und der Asta.«

»Hab schon gehört. Angenehm.« Elisabeth schüttelt Greta die Hand.

»Poll?«, fragt Greta Marlene.

»Wie Paul uff Französisch. In meiner Familie nennen mich alle so«, erklärt Marlene. »Meine Mutter hat so'n französischen Fimmel, den hat sie mir vererbt. Ach wie war das schlimm, als der dumme Krieg ausbrach und uns meine heißgeliebte Französischlehrerin sofort verlassen musste. Seitdem bin ich gegen den Krieg. Mein Stiefvater, ein Offizier, hat dagegen Hurra geschrien und ist auf dem Feld der Ehre geblieben. Das hat er nun davon.«

»Und dein richtiger Vater?«, fragt Greta.

»War der schönste Polizist von ganz Berlin, bevor ihn die Lustseuche hingerafft hat. Also –«, Marlene blickt zwischen

Greta und Elisabeth hin und her, »immer schön sauber bleiben.«

Elisabeth hat während Marlenes Rede gebannt Gretas Gesicht studiert. Jetzt gibt sie sich einen Ruck. »Leider hab ich keine Zeit, ich muss weiter.« Unvermittelt packt sie Marlene an beiden Schultern. »Ich esse dich, ich rieche dich, ich schmiere dich, ich pudere, öle und salbe dich«, raunt sie ihr hastig ins Ohr, aber so, dass man es hören kann und soll. Sie richtet sich auf und sieht Greta herausfordernd an. »Und was ich vergessen hab, weiß ich allein.« Brüsk wendet sie sich um und eilt davon.

Marlene tut verlegen. »Die Lisl hat mir diese Statistenrolle in ihrem Film verschafft. Vielleicht legst du bei Herrn Pabst auch ein gutes Wort für mich ein?«

»Ja, sicher.« Greta überlegt kurz. »Da müssen immer ein paar hungrige Frauen vor der Metzgerei warten, und der Schlachter ist ein solcher Sadist, er –«

»Danke, du bist ein Schatz!« Marlene stapelt die Schüsseln übereinander. »So, ich muss zum Nollendorfplatz. Mein Orchester probt eine neue sinfonische Musik für so 'n Russenfilm. *Panzerkreuzer Potemkin,* solltest du dir unbedingt angucken. – Hast du eigentlich heute Abend schon was vor?«

»Moje ist mit einem Rechtsanwalt verabredet.«

»Kennst du schon das *Monbijou des Westens*?«

Greta zögert. »Erika hat mich letzten Herbst wo hingeschleppt. Dort gab es einen Busenwettbewerb.«

»Ah, der *Toppkeller*!«

»Genau. Immer zwei Frauen gegeneinander, wer gewinnt, tritt gegen eine andere Gewinnerin an, und so weiter, bis schließlich die Siegerin feststeht.«

»Und, haste mitgemacht?«

»Natürlich nicht. Aber Erika ist ganz schön weit gekommen.«

Marlene blickt an Greta herab und gluckst. »Na, wir zwei würden schon in Runde eins ausscheiden.«

»Und was, wenn wir gegeneinander antreten würden?«

Milchiges Licht dringt hinter Vorhängen in ein Schlafzimmer. Wir sehen ein Bett. Dieselben beschirmten Nachttischlämpchen rechts und links. In weißer Bettwäsche liegen zwei Frauen eng umschlungen. Eine regt sich, löst sich vorsichtig aus der Umarmung und streckt sich. Die andere will sie ins Kissen zurückziehen. Doch die Erste setzt sich auf und streicht sich die halblangen Haare aus der Stirn. »Guten Morgen, Muckerl.« Signe beugt sich über Erika. »Doch noch etwas geschlafen? Geht's wieder?«

Erika legt den Handrücken über die Augen. »Ich glaub schon. Komisch, war heftiger als sonst. Aber wenn du mich hältst –« Sie schmiegt sich an Signe.

Sind die beiden nackt?

Signe legt den Arm um Erika. »Was meinst du: Haben wir unser Niemandshaus gefunden?«

»Ich denke doch.«

»Ich hab Angst, Muckerl.« Signe küsst Erikas grau melierten Schopf.

»Angst? Warum denn?«

»Weil ich doch noch nie mit jemandem gelebt habe. Aber – ach, es wäre so schön. Ich habe diese Hotels so satt.«

»Das *Pardenn* ist doch ganz anständig.«

»Und wie kommst du gleich ungesehen über den Flur?«

»Wie immer. Außerdem ist man in solchen Häusern das Wegsehen gewohnt. Dafür bezahlt man ja auch.«

»Ich bin trotzdem froh, wenn wir endlich in der Wohnung sind. Vielleicht schaffen wir's zu unserem Sechsjährigen?« Signe spielt mit Erikas Stirntolle. »Obwohl – seit gestern Abend weiß ich gar nicht, ob ich überhaupt hierher passe. Wie hat Frau Viertel gesagt? *Hollywood on the rocks?*«

»Aber Lichthäuptchen, wir werden nur mit denen verkehren, die uns zusagen. Auch deswegen ziehen wir doch her! Keine faulen Kompromisse mehr.« Erika bohrt den Zeigefinger in Signes Arm und wechselt den Ton. »Sollen wir unsere Höhlennacht noch um einen Höhlenmorgen verlängern?«

Signe nickt schelmisch, greift zum Telefonhörer und bestellt ein großes Frühstück. »Ja, Kaffee bitte. Ach, und zusätzlich ein Kännchen Schokolade, warum sich entscheiden, nicht wahr? Danke.« Sie legt auf.

»Wie gut du flunkern kannst«, sagt Erika vergnügt. »Fast so gut wie ich.«

Signe sucht und findet im Bett einen dunkelblauen Pyjama mit weißer Paspel an Kragen, Knopfleiste und Manschetten. Erika schlüpft in einen gestreiften Herrenbademantel und schaut aus dem Fenster. »Dieser vermaledeite Schnee. Wir sind ja ganz eingeschneit. Und ich hab keine Schneeketten dabei.« Als es klopft, verschwindet sie ins Bad.

Signe lässt sich das Frühstück im Bett servieren und gibt großzügig Trinkgeld. Ohne hochzublicken, verlässt der Kellner wieder den Raum. Erika huscht ins Bett zurück und schenkt Kaffee aus der silbernen Kanne aus.

Signe buttert eine Brötchenhälfte. »Ich wusste gar nicht, dass ihr euch schon aus Berlin kennt. Ich dachte, das wäre später gewesen, als deine Eltern nach Los Angeles gezogen sind.«

»Du meinst die Garbo?« Erika greift zu der Zeitung, die der Kellner ebenfalls gebracht hat.

»Hm-hm.« Signe lässt Erika von dem Brötchen abbeißen.

»Wir hatten uns auch zwischenzeitlich mal wiedergesehen, aber da war sie schon weltberühmt. Und hatte diese Affäre mit John Gilbert, über die damals die ganze Welt sprach.« Erika überfliegt die Schlagzeilen.

Signe runzelt die Stirn. »John Gilbert? War das nicht ihr Liebhaber in *Königin Christine*?«

»Ja, aber ich rede noch von der Stummfilmzeit. Rudolph Valentino war doch plötzlich gestorben und John Gilbert auf einmal der begehrteste Leinwandliebhaber Hollywoods. – Hier, schau mal.« Erika weist Signe mit der Kaffeetasse einen Artikel in der Zeitung. »Dass die Studenten demonstrieren, ist überfällig und zu begrüßen. Aber was findet die Jugend bloß an diesem zwar enorm gescheiten, doch besonders im Menschlichen so lädierten Knirps?«

Signe betrachtet das abgebildete Foto. »Du meinst Adorno?«

»Er und Horkheimer haben Golos Berufung auf einen Lehrstuhl in Frankfurt hintertrieben. Mit perfiden Andeutungen.« Erika zieht eine Braue hoch. »Hätten Sie mich doch bloß von der komplizierten Menschlichkeit meines kleinen Bruders befreit! Ohne ihn käme ich mit unserer pauvre maman besser zurecht.« Sie liest weiter.

»Aber das hat ja nun bald ein Ende.« Signe köpft ein Ei. »Und wann hast du die Garbo also wiedergesehen?«

Erika verlangt einen Löffel vom Ei. »Muss – Silvester 27 gewesen sein, als ich mit Klaus diese Weltreise gemacht habe.«

»Diesen Haschischtrip nach Marokko?«

»Nein, der war später. Die Weltreise, das war wegen Pamela und GG und dem ganzen Schlamassel.«

»GG? Greta Garbo?«

»Nein, ich spreche von Gustaf Gründgens, dem Arschloch.«

»Jetzt erzähl doch mal ordentlich, Muckerl.«

Erika lässt die Zeitung sinken. »Wir haben doch alle vier damals Klaus' Stück *Anja und Esther* uraufgeführt. Die Kritiken waren vielleicht nicht ganz freundlich, es folgten aber trotzdem haufenweise Einladungen, nach Wien, Berlin, Halberstadt, weiß Gott wo.« Erika schenkt Kaffee nach. »Danach konnten wir für Klaus' nächstes Stück eine ganze Tournee zusammenstellen. *Revue zu Vieren* – die vier waren natürlich wieder Pamela und ich, Gustaf und Klaus. Das war alles so aufregend, und wir waren ja noch so jung – hör mal, ich war zwanzig, Klaus neunzehn –, wir waren berauscht von der Aufmerksamkeit, ich war nach Pamela verrückt, Klaus nach Gustaf und –«

»Moment«, unterbricht Signe. »Klaus und –?

»Mais bien sûr. – Und deshalb haben Gustaf und ich geheiratet. Pamela meinte, es sei nach außen das Klügste. Schau nicht so blöd.«

»Ich schau gar nicht blöd. Ich habe mich immer gefragt, wann du es mir mal erzählst. Ich wollte aber nicht neugierig sein, um dich nicht zu quälen.«

»Schon gut. – Aber gib mir erst noch von den Trauben da.«

Signe greift zu einem Zweig schwarzglänzender Weinbeeren und lässt ihn vor Erikas Mund kreisen. »Woher die die mitten im Februar nur haben? Italien?«

Erika pflückt eine Beere mit den Lippen. »Spanien?« Sie kaut genüsslich. »Weißt du, auch Gustaf wollte es so sehr. Eine Verbindung mit dem Hause Mann konnte seiner Karriere schließlich nur nützen. Oh Gott, war unsere Hochzeitsfeier peinlich. In der *Kaiserin Elisabeth* in Feldafing am Starnberger See. Mein Vater bewahrte wie immer Haltung, aber meine Mutter war mir ernstlich bös. Leider haben uns unsere Eltern immer in allem gelassen. Dabei hätte ich ein Verbot ihrerseits gern als

Vorwand benutzt, um aus dieser Nummer wieder herauszukommen! Die Flitterwochen verbrachten Gustaf und ich dann im Kurgartenhotel in Friedrichshafen, wo ich exakt vier Wochen früher mit Pamela gewesen war. Sie hatte sich als ›Herr Wedekind aus München‹ in die Kurliste eingetragen. Kein Mensch nahm Gustaf und mir den Ehestand ab.«

»Und habt ihr überhaupt je miteinander –?« Signe traut sich nicht zu fragen, was wir jetzt alle wissen wollen.

»Na ja, mit seinem zweiten Stück wollte Klaus dann zu viel. *Revue zu Vieren* vermischte Politik, Kunst, Geschichte, Ästhetik und Erotik und kommentierte sich auch noch selbst in allzu durchsichtiger Selbstironie – das musste scheitern. Es hagelte Verrisse. Und da beging dann der große Gustaf Gründgens Fahnenflucht. Er würde sich seine Karriere nicht von Klaus' Schwachsinn ruinieren lassen. Heute wissen wir ja, welche Karriere er gemacht hat, der gewissenlose Hund. Na, und Pamela knutschte dann auf einmal im Kino mit Carl Sternheim, in dessen *Oskar Wilde* ich gespielt hatte, dabei war der so alt wie mein Vater! Und inmitten dieser Scherereien zogen Klaus und ich dann die Reißleine. Am 7. Oktober 1927, ich weiß das Datum noch ganz genau, sind wir von Rotterdam nach New York gefahren, unsere erste Atlantiküberquerung.«

»Hattet ihr denn Geld?« Signe stippt ein Hörnchen in heiße Schokolade.

»Nein. Aber das hatten wir hier ja auch nicht. Wir glaubten, so berühmt, wie wir in der Heimat gerade waren, könnten wir mit Berichten von einer Weltreise genügend verdienen. Als wir in New York ankamen, lief dort zum Beispiel der allererste Tonfilm, *The Jazz Singer.* Und am Broadway hatte ein Stück nur mit Schwarzen Premiere, *Porgy.*«

»Aprikose oder Kirsche?«

»Pflaume.«

»Gibt's nicht.«

»Was ist denn das für ein schäbiges Hotel?«

Signe reicht Erika eine Hörnchenhälfte ohne Marmelade. »Erzählst du weiter?«

»Eine Vortragsagentur arrangierte uns dann eine Lecture Tournee. Die fotografierten uns als Zwillinge mit kessen Mützen, beide einen angebissenen Apfel in der Hand, und priesen uns als die ›literary Mann twins‹ an, das wurde unsere liebste Lüge. Der Klaus und ich, wir haben uns ja wirklich wie Zwillinge gefühlt.« Erika verstummt und versinkt in sich.

Signe stupst sie sacht mit dem Ellbogen. »Ich warte immer noch auf dein Wiedersehen mit der Garbo.«

»Ach so, ja. Wir tingelten also durch große Teile der USA, sprachen in New York an der Columbia University, in Princeton und in Harvard –«

»So habt ihr also auch einmal eine Universität von innen gesehen«, wirft Signe zärtlich maliziös ein.

Erika holt zum Klaps aus – und schmunzelt. »Wenn ich bedenke, wir konnten ja kaum Englisch! Es ging aber trotzdem irgendwie. Und so kamen wir auf unserem Weg rund um die Welt eben auch nach Hollywood. Weihnachten und Silvester 1927. Dort hielten wir einen Vortrag im Friday Morning Club. Hinterher gab es Tee, und jemand steckte uns ein Röllchen Papiers zu, mit rosa Band zierlich umwunden. Ich hielt es für einen kleinen, wertlosen Dank für einen ebenso kleinen und wertlosen Vortrag, vielleicht ein Starfoto oder eine Landkarte für Automobilisten. Aber dann erwies es sich als Aktien der kalifornischen Wasserwerke im Wert von 1000 Dollar! So konnten wir Fahrkarten kaufen, erst ins paradiesische Hawaii und dann ins abgrundhässliche Tokio. Nach China zu reisen, erwies sich leider politisch als nicht ratsam, also sind wir nach Korea und von dort durch Sibirien nach Moskau, Warschau, Berlin, voilà: Einmal ganz rundum! Mit gerade einundzwanzig Jahren.« Erika strahlt.

Signe schweigt eine Weile beeindruckt, dann lächelt sie spitzbübisch. »*Willst* du mir eigentlich nicht von deiner Begegnung mit Greta Garbo in Hollywood damals erzählen?«

Erika macht eine wegwerfende Geste. »Es gibt da gar nicht viel zu erzählen, wir waren nur ganz kurz in Los Angeles, und, wie gesagt, wir kannten uns vorher ja kaum. Und sie war mittlerweile ein unnahbarer Weltstar. Asta Nielsen, Henny Porten, Lillian Gish, falls die dir was sagen, waren von heute auf morgen altes Eisen, es gab nur noch Greta Garbo.«

»Und wie war denn nun euer Wiedersehen?«

»Das war auf der Silvesterfeier bei ihrem Gewandmeister vom Studio, Adrian mit Namen. Sie hatte übrigens stark abgenommen und war tatsächlich noch schöner geworden. Ist dir aufgefallen, dass ihr Kinn ganz leicht gespalten ist? Sie hat einem schon den Atem verschlagen.«

»Habt ihr denn nicht miteinander gesprochen?«

»Nein. Was hätte ich denn sagen sollen? ›Entschuldigen Sie – kennen wir uns nicht?‹«

»Na, zum Beispiel.«

»Ach geh. Nein. Sie wirkte sehr traurig an dem Abend. Vielleicht war was mit dem besagten John Gilbert. Der war vielleicht *zu* verrückt nach ihr.«

»War sie denn auch verrückt nach ihm?«

»Die ganze Welt glaubte es, wegen ihrer Liebesszenen. So etwas hatte man damals noch nicht gesehen.«

»Jetzt ahne ich, warum mich mein Stiefvater als Kind nie ins Kino mitgenommen hat.«

»Weißt du, sie machte nicht die Augen zu und wartete darauf, geküsst zu werden, sondern umgekehrt. *Sie* nahm sich ihren Geliebten.« Erika stellt ihre heiße Schokolade auf dem Nachttisch ab. »Sie senkte die Lider mit diesen ewig langen Wimpern und betrachtete, schwer atmend, seinen Mund. Vor dem Kuss öffnete sie sogar die Lippen leicht.«

Signe macht es Erika nach. Sie kichern.

»Und dann packte sie richtig zu. Das war von Anfang an ihr Markenzeichen.« Erika umarmt Signe heftig. »Zuweilen legte sie sich auch noch auf ihn! Sie und John Gilbert waren das erste Liebespaar auf der Leinwand in der Horizontalen. Hätte gerade noch gefehlt, dass sie sich ausziehen.« Erika knöpft Signe das Pyjamaoberteil auf.

Sie küssen sich. Erika legt sich auf Signe.

Es klopft an der Tür.

Wir hören es noch einmal klopfen, aber anders, scheppernd. Danach erst sehen wir ein offenes Automobil mit Reserverad an der Seite durch dichten Verkehr gleiten. Im hellen Sonnenschein glänzt der schwarze Scheitel des Manns hinterm Lenkrad. Noch einmal klopft er mit der linken Hand gegen die Fahrertür. »Ohne einen Wagen kommen Sie hier nicht zurecht. Am besten, Sie kaufen sich sofort einen, Viertel.« Der schwarz Gescheitelte sieht über die Schulter zu dem Griesgram, der schräg hinter ihm sitzt.

»Aber Herr Lubitsch, ich kann doch gar nicht fahren«, antwortet der mit wienerischem Einschlag. Mürrisch betrachtet er die Gebäudezeilen entlang der breiten Straße. Ihre zwei oder drei Geschosse entbehren der Fassadenschnörkel, die wir zuletzt in Berlin gesehen haben.

»Wir sind doch hier im Land der unbegrenzten Möglichkeiten!«, lacht der am Steuer, der also Lubitsch heißt. Er spricht mit dröhnender Stimme und ist gut zu verstehen.

»Ein Chauffeur tut es auch«, meint der Herr auf dem Beifahrersitz. Sein schmales Gesicht wirkt etwas blasiert. Eine Gardenienblüte schmückt sein Revers.

Der Sauertöpfische im Fond wirft der Frau neben sich einen Blick zu. Ihre Haare türmen sich wolkig auf. Das muss – doch, das ist Salka, vielleicht so Ende dreißig.

»Sie müssen sich vorstellen, vor fünfzig Jahren war das hier noch ein Dorf«, fährt Lubitsch fort. »Ein paar Mexikaner, ein paar Chinesen, mehr nicht. War ja Wüste hier. Dann kamen Bewässerungsanlagen, schon gab's Orangenplantagen, die Eisenbahn, den Hafen. Aber richtig los ging's hier erst, als Öl gefunden wurde. Sie werden die Fördertürme in der Stadt ja schon bemerkt haben.« Er biegt in die 6th Street ein, wie wir am Straßenschild erkennen. Hier ragen die Häuser höher auf, acht Stockwerke und mehr. Angewidert betrachtet Salkas Mann – heißt er nicht Berthold? – ein himmelwärts strebendes Gebäude mit schwarz-goldener Fassade.

»Soll das da oben drauf die Spitze des Eiffelturms sein?«, fragt Salka mit ihrer Kopfstimme. Sie strahlt in jüngeren Jahren Temperament aus. Und hat viel Lippenstift aufgetragen.

»Nein, ein Ölförderturm«, sagt der mit der Gardenie.

Berthold verzieht die Mundwinkel.

Zweimal rechts abgebogen, und sie fahren die 5th Street entlang. »Hier übrigens die Bibliothek.« Wir passieren einen wuchtigen Art-déco-Baukörper. »Und das hier ist das *Biltmore*, auch erst vor wenigen Jahren eröffnet, das größte Hotel westlich von Chicago.« Lubitsch hält am Straßenrand.

»Und das Geschmackloseste«, ergänzt sein Beifahrer. Er betrachtet die lange Reihe aus doppelten Säulen und Halbpilastern, die die drei vielstöckigen Blocks zu ebener Erde miteinander verbindet. »Pseudo-korinthisch«, schnaubt er angewidert.

»À propos.« Salka rutscht etwas nach vorne. »Herr Murnau, erinnern Sie sich eigentlich? Sie waren mal mein griechischer Krieger, den ich mit Rosen bekränzt habe. Als wir beide Komparsen in Reinhardts Inszenierung der *Penthesilea* waren.«

Murnau lächelt gezwungen.

Lubitsch zieht die Handbremse an und wendet sich an die Viertels im Fond. »Vor zwei Jahren hat Louis B. Mayer, der Chef von MGM, hier im Kristl Ballruhm eine Akademie gegründet.«

Kristl Ballruhm?

Er winkt einen Jungen herbei. Aus dem Augenwinkel bemerkt er, wie neugierig Salka sein krauses Haar und seine dunkle Haut betrachtet. Lubitsch drückt ihm eine Dollarnote in die Hand, und der Junge verschwindet in einem Drugstore.

»Eine Academy of Motion Picture Arts and Sciences«, erläutert Murnau den Viertels. Sein Akzent ist nicht schlecht. »Sie vergibt jetzt sogenannte Academy Awards.«

Lubitsch hat sich so herumgesetzt, dass er mit allen im Auto bequem reden kann, den linken Arm lässig auf dem Lenkrad abgelegt. »Unser Emil Jannings war der Erste, der so einen Oscar als bester Hauptdarsteller bekommen hat. Zu schade, Murnau, dass du die Viertels nicht früher hast kommen lassen. Da war der Jannings so viele Jahre hier, und nun ist er ausgerechnet nach Hause, wenn Sie herkommen.«

»Er hat halt Angst vor dem Tonfilm. Bei seinem Akzent.«

Der Junge kommt mit vier Flaschen Coca Cola zurück. Lubitsch holt ein Taschenmesser aus der Jackentasche, entfernt die Kronkorken und reicht die Flaschen weiter. »Se rest is for you, my boy.« Der Junge dankt freudig und rennt weg. Lubitsch prostet allen zu. »Das macht der Jannings sehr schlau, für sein Debüt mit der Tonspur nach Deutschland zurückzukehren und nicht erst abzuwarten, ob er hier durchfällt.«

»Auf seinen Wunsch hat die Ufa den Sternberg ebenfalls zurückgeholt.« Murnau trinkt etwas ungeschickt aus der Flasche.

»Ich weiß«, sagt Lubitsch. »Er hat ja zuerst *mich* für die Regie angefragt. – Jetzt macht dem Jannings aber die weibliche Hauptrolle größte Sorgen. Er hat mir gerade geschrieben. Die endlich gefundene Dame sei gänzlich unbekannt und habe keine Spur von Talent. Aber der Sternberg sei verrückt nach ihr.«

»Um was geht es denn?«, erkundigt sich Salka. Ihre Flasche ist schon leer.

»*Professor Unrat*. Die Verfilmung des Romans von Heinrich Mann. Dem Bruder von Thomas«, erklärt Lubitsch. »Bei Probeaufnahmen habe sie lachen und weinen sollen, brüllen, heulen, schmachten, das übliche Zeug halt. Und sie? Zieht wohl immer dasselbe Gesicht, hehe! Eigentlich soll sie ganz hübsch sein, aber auf Zelluloid hässlich. Und deshalb hat der Jannings jetzt Angst, dass ihm diese Null seine Karriere ruiniert.«

»Dann kommt er schneller wieder zurück.« Murnau scheint beim Trinken Sorge um seinen Anzug zu haben.

»Man könnte ihn hier ja erst einmal als Deutschen besetzen.« Lubitsch bemerkt, dass Berthold seine Flasche unberührt zwischen den Knien hält. »So wie die Garbo in ihrem ersten Tonfilm eine Schwedin spielen wird, damit das Publikum ihren Singsang akzeptiert.« Er gestikuliert mit seiner Cola. »Eine Adaption von Eugene O'Neills Theaterstück *Anna Christie*. Jahrelanger Erfolg am Broadway, Pulitzerpreis und so weiter. Passt ja auch sehr gut zu ihr. Nördlich, Hafen, Seefahrt, raues Meer. Greta ist selig, weil sie Rollkragenpullover und Hosen tragen darf. Sie drehen gerade.«

»Rollkragen und Hosen? Hat sie sich mit Adrian verkracht?« Murnau tupft sich die Lippen mit seinem Taschentuch.

»Sie hat von Mayer abermals bessere Rollen verlangt. Sie will keine Garderobenständer mehr spielen, hihi! Sie erkennt absolut keinen Sinn darin, sich aufzudonnern, um nichts anderes zu tun, als Männer zu verführen!« Lubitsch lacht dröhnend. »Ich habe sie übrigens ebenfalls auf ein Glas Milch später bei mir eingeladen, aber wie immer hat sie weder zu- noch abgesagt. – So, dann wollen wir mal mit unserer kleinen Stadtrundfahrt weitermachen.«

Lubitsch setzt sich wieder ordentlich auf den Fahrersitz und reicht Murnau seine ausgetrunkene Flasche. Der weiß nicht, wohin damit. Salka nimmt ihm beide Flaschen ab. Ihrem Mann flüstert sie lautlos ›Greta Garbo‹ zu und hebt bedeutungsvoll die Augenbrauen.

Er imitiert sie ebenso lautlos: ›Glas Milch?‹

Sie greift auch zu seiner Flasche und trinkt sie in einem Zug leer.

Lubitsch legt den Gang ein und fährt los. »Nach den Farmern und den Ölmagnaten kamen dann vor fünfzehn Jahren die Filmleute.« Er biegt erneut zweimal ab und fährt die 7th Street ohne Hast entlang. »Als Erster hat Di Dabbelju Griffis hier gedreht. Weil es ihm in New York zu viel geregnet hat!« Lubitsch weist mit der Hand zum Himmel. »Mehr Sonne, mehr Drehtage. – Die Amerikaner nennen ihn den Vater des Films, weil sie nicht wissen, was in Europa vorher schon alles geschaffen wurde. Die haben hier noch Kurzfilme gemacht, als die Italiener bereits Monumentalschinken produziert haben. – Die Parallelmontage will er sich übrigens von Dickens abgeschaut haben.« Den letzten Satz sagt er mehr zu Murnau.

»D. W. Griffith«, übersetzt der diskret den Viertels mit korrektem th.

Mittlerweile ist die Bebauung niedriger geworden, links und rechts säumen hohe Palmen die Straße. »Als Nächster kam unser schwäbischer Landsmann Carl Laemmle. Er hat in Hollywood eine Hühnerfarm gekauft und dort Studios für seine Juniwörschel gebaut.«

Berthold wendet sich mit Grauen von einer Eisdiele in Form einer riesigen Eiswaffel ab. »Aber warum kehrt man jetzt nicht nach New York zurück, wo wir doch mittlerweile so leistungsstarke Generatoren für elektrisches Licht haben?«, fragt er in seinem Wienerisch. »Los Angeles hat ja nicht einmal ein Theater.«

»Dafür ein schönes Umland.« Lubitsch holt mit dem Arm aus. »Sie müssen maximal achtzig Meilen weit fahren, um mit der Kamera die Illusion jeder Weltgegend einzufangen. Berge, Strand, Inseln, Wälder, Felder, Weingärten, Wüste, alles.«

»Es liegt aber auch an den niedrigen Steuern und den fahrlässig wenigen Vorschriften hierzulande«, sagt Murnau über die Schulter zu den Viertels. »Keine Gewerkschaften.«

»Und außerdem pfeift man auf Edisons Patentrechte hier im Wilden Westen.« Sagt Lubitsch das mit Bedauern oder schlitzohrig?

Im Fond tauschen die Viertels einen Blick.

Eine Weile versiegt das Gespräch. Ruhig gleitet der Wagen durch den Verkehr. Berthold späht zwischen Fahrer- und Beifahrersitz nach vorne. Schnurgerade bis zum Horizont verläuft die Straße. Er schließt kopfschüttelnd die Lider.

»So, da kommt mein berufliches Zuhause«, ruft Lubitsch schließlich. Sportlich umrundet er einen Springbrunnen und hält vor einem Triumphbogen, den ein geschwungener Schriftzug schmückt: *Paramount Pictures*. Der Portier erkennt den Wagen und will schon das schmiedeeiserne Tor öffnen, doch Lubitsch lehnt ab. »Not today, my friend.«

»Oh, schade«, entfährt es Salka.

Wie vorhin dreht Lubitsch sich auf seinem Fahrersessel allen zu. »Ist gerade eine einzige Baustelle. Die leichten Ateliers aus Glas sind für Tonfilme nicht mehr zu gebrauchen. Der Schallschutz verlangt festere Studiobauten, damit sich die verschiedenen Sets, auf denen gleichzeitig aufgenommen wird, nicht gegenseitig akustisch stören.«

Murnau stöhnt auf. »Was das kostet!«

»Und es müssen ja nicht nur die Studios umgerüstet werden, sondern auch die Kinos!« Lubitsch holt eine Kiste mit Zigarren aus dem Handschuhfach und bietet an. Die Herren greifen zu, Salka nicht. Sie paffen eine Weile, bis jede brennt. Dann zeigt Lubitsch mit der Zigarre auf Berthold. »Und Sie wollen hier also Kunst schaffen? Filmisches Drama? Hat Freund Murnau Ihnen das versprochen? Hahaha!«

»Also zunächst einmal wird mir Herr Viertel in der Drehbuchabteilung der Fox zuarbeiten«, teilt Murnau Lubitsch mit. »Er ist ein ganz begabter Kollege.«

Im Fond schürzt Berthold die Lippen.

»So.« Lubitsch zieht an seiner Zigarre. »Dann lassen Sie mich alten Hasen mal erklären, wie das hier läuft. Egal, für welches Studio Sie arbeiten: In Hollywood geht es um Unterhaltung am Fließband, und ich bitte die Worte ›Unterhaltung‹ und ›Fließband‹ stets im Gedächtnis zu bewahren. Wenn man nichts anderes erstrebt, lebt es sich hier sehr gut im Schtetl unter Palmen. Man kann sogar *gehobene* Unterhaltung machen.« Er deutet auf den Torbogen. »Also: Das Studio ist eine Fabrik, im wahrsten Sinne des Wortes. Industrielle Herstellung in minutiöser Arbeitsteilung, nach Stechuhr.«

»Hat die Garbo auch eine Stechuhr?«, fragt Salka.

»Punkt neun Uhr morgens hat sie, wie alle, drehfertig in

den Kulissen zu stehen, im Kostüm, geschminkt, die Haare wie verlangt. Montag bis Sonnabend.«

Salka staunt ungläubig.

Lubitsch grinst. »Auch Metro-Goldwyn-Mayer wurde *nicht* gegründet, um künstlerisch wertvolle Filme hervorzubringen. Die Firma besaß ursprünglich nur etliche Vaudeville-Theater und Kinos, die gewinnbringend bespielt werden sollten, verstehen Sie? Vor fünf Jahren hat man dann die Goldwyn Studios ein paar Meilen von hier in Culver City aufgekauft, um selber für den kontinuierlichen Strom an neuen Filmen zu sorgen. *Content* zu kreieren, wie die hier sagen.«

»Ein besonderer Hohn ist daher deren Trademark«, ergänzt Murnau. »Über dem brüllenden Löwen das Spruchband: *ars gratia artis*.«

Er und Lubitsch grunzen durch die Nase. Im Fond will sich Salka mit Berthold verständigen, doch der betrachtet den Springbrunnen.

»Wer aus Europa rüberkommt, muss also scharf darauf achten, dass es ihm nicht so ergeht wie weiland Mauritz Stiller.«

»Ach – ja?« Salka rutscht besorgt auf die Kante der Rückbank.

»Ja. Stiller, Greta Garbos, tja, wie nennen wir ihn nun?« Lubitsch sieht Murnau fragend an.

»Entdecker?«, schlägt der vor.

»Meinetwegen«, antwortet Lubitsch. »Greta kommt ja aus ganz proletarischen Verhältnissen. Musste schon mit vierzehn Geld nach Hause bringen. Kunden einseifen bei einem Barbier.« Er macht eine vielsagende Pause, die Salka versteht. »Sie verdankt Stiller alles. Er hat ihr beigebracht, so ungemein subtil zu spielen: ein leichter Schatten über der Stirn, ein Lächeln im Augenwinkel, ein Hauch Spannung in den Lippen – und wir lesen in ihrem Gesicht wie in einem offenen Buch.

Niemand kann Gedanken und Gefühle so minimalistisch verständlich machen wie sie. Sie hat die Schauspielerei im Film revolutioniert. Ich würde sehr gerne einmal mit ihr arbeiten, aber ein Regisseur von der Paramount, eine Schauspielerin von MGM, das ist ein Ding der Unmöglichkeit.« Lubitsch winkt ab.

»Hier drüben wollte Stiller dann endlich seine berühmt berüchtigte *Odaliske von Smolny* drehen«, übernimmt Murnau. »Er wollte die ethische Frage des Tyrannenmords verfilmen – in Hollywood!« Murnau keckert sarkastisch. »Wurde natürlich nichts daraus. Und bei Gretas amerikanischem Debüt durfte er nicht einmal Regie führen.«

Lubitsch ascht auf den Gehsteig. »Es wurde schnell deutlich, dass man *sie* geholt hatte, nicht *ihn*. Ihren zweiten Film für MGM, *The Temptress,* durfte er dann zwar inszenieren, aber er hat gearbeitet, wie er es in Schweden gewohnt war: Mit einer ungefähren Vision im Kopf hat er was ausprobiert, die Kamera mal hier, mal da, das Licht mal so, mal anders, denn seine Filme entstanden erst im Schnittraum, bei der Montage, wenn Sie mich verstehen.«

»In Hollywood dürfen die Regisseure aber ihre Filme gar nicht selber schneiden«, erklärt Murnau den Viertels. »Unser Freund Lubitsch ist die absolute Ausnahme. Hier wird lange vor den Dreharbeiten eine *Shotlist* und ein *Storyboard* erstellt.« Murnau deutet vage auf das Studio. »Die Größe jeder Einstellung, der Kamerawinkel und so weiter sind längst festgelegt, bevor der Regisseur den Schauspielern sagt, was sie tun sollen.«

Lubitsch kichert. »Bei Stillers Arbeitsweise ist dem *Studio Production Manager* heiß und kalt geworden. – Herr Viertel, auch dabei genauestens Obacht: So ein Typ bricht das Drehbuch in Viertelstunden-Einheiten herunter und errechnet, wie lange welche Szene beim Dreh gemäß der besagten *Shotlist* brauchen wird. Beziehungsweise brauchen *darf*. Abends hält er in einem Formular fest, ob man im Plan ist oder etwa überzieht und was das für das Budget bedeutet.«

»Steht in dem Formular auch, wie kreativ der Tag war?«, fragt Berthold.

»Ich sehe, Sie fangen an zu verstehen, Viertel. – Na ja, nach drei Wochen hat Mayer Stiller gefeuert, denn der hatte gerade mal die Exposition im Kasten, dabei ist hier ein Film üblicherweise in vier Wochen abgedreht. Stiller hatte den Fehler gemacht zu glauben, das sei *sein* Film – aber es war Mayers Geld, und also Mayers Film.«

»Und was ist mit Herrn Stiller dann passiert?« Salka ist ganz Anteilnahme.

Lubitsch blickt kurz zu Murnau. »MGM brachte ... Gerüchte in Umlauf. Gerüchte, die ... die verhindern sollten, dass sein Visum verlängert wird. So hoffte man, ihn ohne Regressforderungen wieder loszuwerden. Hat ja auch geklappt. Herr Viertel, daher, ich bitte Sie herzlich: Sie sind hier immer der Schwächere, seien Sie also klug und geben Sie nach.«

Es hupt. Ein Wagen möchte das Studiogelände verlassen. Lubitsch grüßt, klemmt seine Zigarre zwischen die Zähne, setzt sich wieder richtig hin, umkreist nochmals den Brunnen und fährt weiter. Erst an der Mauer des Studiogeländes vorbei, dann an einem parkähnlichen Friedhof. Junge und mittelalte Frauen gehen scharenweise in dieselbe Richtung, einzelne rote Rosen, Sträuße, ganze Buketts im Arm. Mit leeren Händen und hängenden Köpfen kommen ihnen andere entgegen.

»Rudolph Valentino.« Lubitsch deutet mit dem Kopf nach links. »Den Hollywood Boulevard kennen Sie doch aber schon, oder? Grauman's *Itschiptschän Siäter*? Und sein *Tschainies Siäter*?«

Salka und Berthold nicken.

»Na, dann fahren wir jetzt zu mir.«

Im Fond äfft Berthold stumm ›ganz begabter Kollege‹ nach.

Wir sehen das Auto wieder von weitem. Links und rechts hohe Palmen, Rasenflächen vor einstöckigen Wohnhäusern. Mal eine Tankstelle, mal ein Diner, mal ein Hotdog-Stand in Dackelform. Die Nebenstraßen münden alle rechtwinklig und ebenfalls schnurgerade ein. Irgendwann tauchen rechter Hand Bretterverschläge auf, auch Zelte. Lubitsch verlangsamt, weil bettelnde Kinder auf die Straße treten. Salka stutzt, dann zückt sie ihr Portemonnaie und reicht Berthold ein paar Münzen, die er in vorgestreckte Mützen fallen lässt. Lubitsch und Murnau tun es ihr nach. Männer in zerrissenen Hemden nehmen das Geld sofort an sich. Nach ein paar hundert Metern Elend herrschen wieder adrette Einfamilienhäuser vor. Salka und Berthold sehen sich betreten an. Doch da biegt Lubitsch rechts ab und fährt auf gewundener Straße ein schönes Tal hinunter. Eukalyptusbäume, Zypressen und knorrige Eichen säumen nun den Weg. Nur hier und da ahnt man hinter hohen Mauern eine weißgetünchte Villa mit Terrakottadach. Im Talgrund begleitet das Auto einen Bach, der ins Meer münden wird. Das muss dann ja wohl der Pazifische Ozean sein, der hinter der kreuzenden Autobahn leuchtet. Davor ein breiter Sandstrand. Lubitsch biegt auf die Ocean Avenue ein. Er deutet nach links. »Dort, im *Miramar*, hat Greta übrigens die ersten drei Jahre gewohnt, in einem kleinen Apartment, bis Mayer darauf bestanden hat, dass sie ein Haus mietet, weil ein Weltstar nicht so bescheiden leben kann.«

Salka betrachtet das schlichte Gebäude. Als sie sich wieder nach vorne dreht, entdeckt sie etwas. »Da draußen, auf dem Meer! Ist das ein Rummel?«

»Das ist der Santa Monica Pier«, sagt Lubitsch.

»Können wir einen Moment aussteigen? Es ist so schön hier! Das Meer, der Strand, die Klippen.« Salka sieht sich begeistert um.

»Die Amis können's nicht verstehen, aber die Europäer in Hollywood ziehen alle hierher.« Lubitsch hält, und die vier steigen aus. Ein Blick auf aller Schuhe lässt sie vom Strandspaziergang Abstand nehmen. So schlendern sie über die Holzplanken des Landungsstegs. Salka hakt sich bei ihrem Mann ein und atmet freudig tief ein und aus. Lubitsch, hinter ihnen, studiert Salkas Po. Murnau geht für sich. Der Steg überbrückt erst den Strand und dann die Brandung. Vom Rummel an seinem Ende weht Drehorgelmusik herüber.

»Oh, schau doch, Berthold«, ruft Salka auf einmal und deutet nach vorn. »Das wär was für unsere Buben!«

Auf der Plattform steht, beschützt eingehaust, ein Karussell mit holzgeschnitzten Pferden, an Stangen aufgepflanzt, bunt bemalt, in drei Reihen angeordnet.

»Warum nur für eure Buben?« Schon hat Lubitsch Fahrkarten gelöst und lädt gutgelaunt alle ein, Platz zu nehmen. Murnau runzelt die Stirn, steigt dann aber auf ein graues Pferdchen mit rotem Sattel und grüner Satteldecke. Lubitsch hilft Salka auf einen weißen Mustang. Wegen ihres schmalen Rocks muss sie wie im Damensattel sitzen. Lubitsch selbst schwingt sich auf den Rappen neben ihr. Berthold bleibt am Rand.

»Komm schon!«, ruft Salka. »Im Prater gibt's auch so eins.«

Er setzt sich finsteren Gesichts in einen Schlitten.

»Greta liebt dieses Karussell«, sagt Lubitsch. »Aber schon nach dem ersten Film konnte sie nicht mehr herkommen. Ihre Fans kennen keine Grenzen.«

»Auf unserem Hinweg, in New York, hätten wir fast ihren

letzten Film nicht sehen können. Leute ab Mitte der Schlange wurden weggeschickt.« Salka streichelt die Mähne ihres Pferdchens.

»Ja, sie bricht jeden Rekord«, sagt Murnau. »Landauf, landab.« Er sitzt überraschend lässig im Sattel.

»Na, auf dem Land vielleicht nicht ganz so«, meint Lubitsch. »Da bekommen ihre Filme manchmal keine Freigabe für Kinder, wegen der Liebesszenen. *Adults only*, höhö.«

»Das treibt die Erwachsenen dafür mehrfach in denselben Film, das gleicht sich dann aus.«

Die Drehorgel erklingt lauter, das Karussell setzt sich in Bewegung, und die Pferde traben davon.

»Huch!«, kreischt Salka auf, weil sich ihr Schimmel hebt. Fest hält sie die Stange umschlungen.

Lubitschs Pferd teilt sich den Mechanismus mit Salkas und hebt sich, als ihres sich wieder senkt. Sie lachen sich zu.

»Greta ist übrigens der einzige Kerl mit Eiern hier.« Lubitsch feuert sein Pferd mit imaginären Zügeln an. »Sie hat Mayer schon mehrfach das Fürchten gelehrt. ›I tink I go home‹, sagt sie in ihrem schwedischen Singsang, wenn die Verhandlungen nicht in ihrem Sinne laufen. Und es wäre ihr wirklich egal, wenn er sie wieder nach Hause schicken würde. Das kann er nicht fassen, aber so hat sie ihn in der Hand. Dabei lügt oder pokert sie nie! Sie sagt einfach, was sie denkt, und damit kommt er nicht zurecht.«

»So jung sie ist, hat sie sich schon ein Mitspracherecht bei ihren Rollen, Drehbüchern und Regisseuren ausgehandelt, von ihrer Gage ganz zu schweigen«, ergänzt Murnau. »Sie sagt, das Einzige, was ihr Hollywood erträglich macht, ist der Scheck, den sie ihrer Mutter jeden Monat schicken kann.«

Berthold wendet sich unvermittelt an ihn. »Herr Murnau, warum haben Sie mich kommen lassen? Was soll ich hier?«

»Zur Abwechslung mal Geld verdienen?«, entfährt es Salka, die letzten Worte schon nur noch raunend.

Murnau gibt seinem Pferd gespielt die Sporen. »Herr Viertel, hier wird zwar keine Kunst gemacht, aber schon etwas sehr Ähnliches. Wo wir von der Garbo sprechen: Gerade bei ihr geht es weniger um den einzelnen Film als um das Gesamtkunstwerk. Die Marketingabteilung von MGM will sie als göttlich anpreisen? Also gibt man einem Film den Titel *The Divine Woman*. Greta Garbo und John Gilbert haben die Liebesaffäre des Jahrhunderts? Dann muss ihr nächster Film *Love* heißen, damit die Kinos plakatieren können: ›Greta Garbo und John Gilbert in *Love!*‹ Verstehen Sie?« Murnau zieht einen Colt aus der Gürteltasche und lässt ihn um den Zeigefinger rotieren. »Beim nächsten Film wusste das Publikum nicht, ob die Affäre noch andauert oder nicht. Greta schweigt ja grundsätzlich gegenüber der Presse. Also lautete ihr nächster Film: *The Mysterious Lady*. Mittlerweile hatte sich Gilbert öffentlich darüber beklagt, dass sie ihn nicht heiraten will, also hieß ihr nächster Film: *A Woman of Affairs*.«

Salka hat sich an das Hoch und Runter gewöhnt und hört fasziniert zu. Berthold gähnt.

»Um den Leuten klarzumachen, dass sie sich tatsächlich von Gilbert getrennt hatte, kam schließlich *The Single Standard*.« Murnau zielt mit ausgestrecktem Arm. »Aus dem Film stammt übrigens ihr berühmter Zwischentitel: ›*I'm walking alone because I want to walk alone*.‹ – So kommuniziert MGM filmübergreifend mit dem Publikum und schafft in industrieller Arbeitsteilung dann doch große Geschichten – wenn auch ganz andere, als wir erwarten würden.« Murnau schießt. »Peng!«

Lubitsch tut so, als sei er in der Brust getroffen. Er stirbt ergreifend und fällt fast vom Pferd. »Der Clou kommt aber jetzt, mit ihrem nächsten Film«, sagt er, wieder quicklebendig im Sattel. »Am O'Neill-Titel *Anna Christie* kann das Studio nichts ändern, aber die Ankündigung wird einfach genial: *Garbo talks!* Damit hat sich das Studio selbst übertroffen. Denn das meint eben nicht nur, dass sie im Film zum ersten Mal spricht. Sondern auch: Die Frau, die doch nie ein Interview gibt, packt jetzt aus! *Garbo talks*. Mehrdeutig, anspielungsreich, prägnant, kurzum: große Kunst!« Lubitsch zieht mit großer Geste den Hut, den er nicht aufhat.

Salka lacht und sieht ihren Mann aufmunternd an. Das Karussell kommt zum Stehen. Berthold erhebt sich etwas steif und geht. Lubitsch hilft Salka vom Pferd. Sie lässt es sich gern gefallen.

Wir sehen alle vier kurz darauf wieder, als Lubitschs Automobil in ein gepflegtes Grundstück mit Agaven und Dattelpalmen einbiegt und vor einem Bungalow hält. Sogleich eilt eine Frau in weißer Schürze aus der Haustür. Beim Aussteigen rempelt Lubitsch Berthold an, weil der unvermittelt stehen bleibt und sie eingehend betrachtet. »Der Jannings hat mich wegen Bessie nie besucht«, murmelt Lubitsch ihm zu. »Haben Sie etwa auch Vorbehalte gegen Schwar–«

»Your guest is already here«, teilt Bessie leise Lubitsch mit. Er macht den anderen eine stumme Andeutung. Sie folgen ihm ins Haus.

»Greta, willkommen! Bleib sitzen und geh nie wieder weg!«

Greta springt auf. »Ernst, hallo!« Sie bietet Lubitsch die Wange zum Kuss. Nun bleibt Salka erstaunt stehen. Berthold hebt die buschigen Augenbrauen.

Greta klopft Murnau zu Begrüßung auf den Arm. »Murr.«

»Wir haben kein bisschen über dich geredet. Und das nur gut«, sagt Murnau.

»Hm.« Greta tut unzufrieden.

Lubitsch stellt ihr die Viertels vor. »Wir sind so spät, weil Frau Viertel am Santa Monica Pier unbedingt Karussell fahren wollte.«

Gretas Gesicht leuchtet bei ›Karussell‹ auf. »Sie sind Bühnenschauspielerin, hat Ernst erzählt? Mein alter Traum.« Sie hält Salkas Hand lange in der eigenen. Dezent weist sie mit dem Kopf auf Lubitsch und Murnau. »Hat einer Sie schon engagiert?«

Salka senkt verlegen die Lider.

»Setzt euch doch«, fordert Lubitsch die Runde auf. »Wem darf ich ein Glas Milch anbieten?«

Murnau und Greta nehmen dankend an. Berthold lässt sich auf einen der Art-déco-Sessel in Würfelform nieder, schwarzes Leder, Chrom. Salka auf dem dazu passenden Sofa. Greta setzt sich neben sie. »Für die beiden auch eine Milch«, ruft sie Bessie zu.

Berthold sieht sie entgeistert an. Sein Blick verweilt auf ihren Hosen und dem leichten Sweater. Verstohlen schaut er noch einmal hin. Sie trägt keinen Büstenhalter.

Bessie bringt auf einem Tablett eine Schale Erdnüsse, wuchtige Gläser sowie eine Karaffe Brandy. Wir sehen Berthold zum ersten Mal an diesem Tag verblüfft. Er kann sogar lächeln.

»Skål, zum Wohl, cheers«, prostet die Runde.

Greta wendet sich mit gesenkter Stimme nur an Salka. »Ich wollte zur Bühne, noch bevor ich wusste, was eine Bühne ist.«

Salka nickt wissend, offenbar war es bei ihr genauso.

»Ich hätte so gern einmal die heilige Johanna gespielt. Und den Hamlet. Aber ich fürchte, ich könnte den Bogen gar nicht mehr über einen ganzen Abend halten.«

»Ich stelle mir umgekehrt das Spielen im Film sehr schwer vor«, bekennt Salka. »Immer nur zwei Sätze, wenn überhaupt – und schon heißt es ›Schnitt‹!«

»Üblicherweise ja«, bestätigt Greta. »Aber gerade nicht. – Ernst«, richtet sie das Wort auch an Lubitsch, »stell dir vor, der Regisseur hat uns erlaubt, meine allererste Szene in *Anna Christie* wie auf der Bühne durchzuspielen, ohne Unterbrechung, zehn Minuten lang. Das war vielleicht schön.« Greta lächelt Salka an. »Wir drehen sogar in der Szenenreihenfolge des Stücks. Damit wir uns ganz auf das Sprechen konzentrieren können.«

»Was für ein Rückschritt!« Murnau schluckt rasch und stäubt Salz von den Fingern. »Da waren wir schon so weit – und jetzt das! Es ist kein Wunder, dass ihr für deinen ersten Sprechfilm ein Theaterstück abfilmt. Das liegt an diesem idiotischen Mikrophon, das euch zwingt, wie festgeschraubt an einem Ort zu verharren. Und, noch schlimmer, die Kamera muss jetzt ebenfalls wieder starr und vor allem weitab vom Geschehen platziert werden« – er schiebt die Erdnussschale weit weg von der Brandykaraffe –, »damit ihr Knattern nicht auf die Tonspur kommt. Das lässt sich bei einer Bühnenvorlage vielleicht kaschieren. Aber dafür haben wir doch nicht den Film als Kunst entwickelt!«

»Soso, bester Murr. Hast du nicht zuletzt in Deutschland *das* deutsche Drama schlechthin verfilmt?« Lubitsch kippt sich eine ganze Handvoll Erdnüsse in den Mund.

»Mein *Faust* ist ein Kampf von Licht und Schatten. Das ist bewegte Malerei, das Licht modelliert die Form.«

»Wir waren ja übrigens bei der Premiere in Berlin.« Berthold spielt mit seinem leeren Glas. »Reichskanzler Marx schien recht pikiert, dass Sie nicht da waren.«

»Aber Außenminister Stresemann war stolz, dass Sie eben schon nach Hollywood abgereist waren«, ergänzt Salka.

»Mit Sprechtheater hat mein *Faust* nichts zu tun. Wer Mephisto plaudern lässt, hat das Böse nicht begriffen. Dialoge und endloses Gequatsche – das hat auf der Bühne seine Berechtigung und vielleicht noch im Roman, aber doch nicht im Film, der Kunst der bewegten Bilder!«

Eine kleine Unbehaglichkeit stellt sich ein. Lubitsch schenkt allen nach und klappt den Deckel einer Zigarrenkiste einladend hoch. Dieses Mal greift nur er zu.

»Und Sie haben also das Karussell am Santa Monica Pier für sich entdeckt?«, fragt Greta Salka.

»Eigentlich für unsere Söhne.«

»Oh, wie schön, Sie haben Kinder?«

»Hans, Peter und Thomas, zehn, neun und vier. Wenn wir uns hier zurechtfinden sollten, lassen wir sie nachkommen.«

»Wir waren auch drei«, erzählt Greta. »Aber jetzt ist meine Schwester –« Über ihr Gesicht huscht ein Schatten. Sie wechselt den Ton. »Wo waren Sie denn zuletzt engagiert?«

»In Berlin hatte wir unsere eigene Truppe, *Die Truppe*.«

»Ach, *Sie* waren das mit der *Truppe*?« Greta setzt sich auf.

»Ja! Haben Sie uns gesehen?«

»Nein, leider nur von Ihnen gehört. Erika und Klaus Mann haben sehr von Ihnen geschwärmt. Von Ihrer Art Theater. Das sei die Zukunft, haben sie gesagt.«

»Die Dichterkinder haben gut von uns gesprochen? Das ist ja geradezu rufschädigend.« Berthold erhebt fast die Stimme. »Ich hatte ja das Vergnügen, Kläuschens erste Theaterkritiken lektorieren und kürzen zu müssen. Aus dem Knaben blubbern die Wörter wie aus einem zerborstenen Abwasserkanal! Und seine eigenen Stücke erst! *Anja und Esther* hieß eines, *Revue zu Vieren* ein anderes. Was für ein Sendungsbewusstsein bei kolossaler Selbstüberschätzung. Großspurige Ideen dramaturgisch ungeschickt in papierenem Deutsch verniedlicht. Klaus Mann behauptet, für seine Generation zu schreiben, dabei ahnt er nicht einmal, was seine Altersgenossen umtreibt. So jung und keine Fragen. Nur Antworten, ja Anweisungen. Ein kindlicher Greis!«

Salka legt Berthold mäßigend die Hand auf den Arm. »Klaus und Erika haben uns mit ihrer jugendlichen Respektlosigkeit auch gefallen«, erklärt sie der Runde, »in ihrer, wie soll ich sagen, verzweifelten Fröhlichkeit.«

Berthold winkt ab. »Während *wir* mit unserer Truppe betteln und hausieren gehen mussten, bekamen *die* Einladungen in die allerbesten Theater, aber nicht, weil sie so gut, sondern weil sie so schlecht *und* zugleich die Kinder von Thomas Mann waren. Die Intendanten haben sich die Hände gerieben, weil sie mit diesem Skandal ihre Häuser vollbekamen. Und Klaus erzählt mir in der Redaktion des *Abendblatts* dann vollmundig von seinen Erfolgen. Unerträglich! Altklug, borniert, anmaßend, arrogant, verzogen, schnöselhaft, hochtrabend, steif, dünkel–«

»Sch-sch«, begütigt Salka ihren Mann.

»Hehe, ihr seid sie dann ja bald losgeworden.« Lubitsch pafft eine dicke Rauchwolke aus. »Die Geschwister sind doch schnurstracks hierher nach Hollywood gekommen, um ›entdeckt‹ zu werden! Sie als Schauspielerin, er als Autor und Tänzer. Verteilten kesse Fotos von sich als Zwillingen und schlugen mir vollmundig ein riesengroßes Geschäft vor, namentlich die Verfilmung der *Königlichen Hoheit* ihres Vaters. Wehe mir!«

»*Königliche Hoheit*?«, fragt Murnau nach. »Thomas Manns Operettenscherz über seine eigene Ehe?«

»Richtig! Wer soll sich hier für so einen Quark interessieren? Das erste Mal kamen sie zu Weihnachten und blieben mehrere Wochen. Als niemand Notiz von ihnen nehmen wollte, sind sie erst einmal abgezogen, nur um es zu Ostern noch mal zu versuchen. Jannings hat sich aus unerfindlichen Gründen ihrer erbarmt. Die haben ihm sogar 1000 Dollar aus der Tasche geleiert.«

»Wahrscheinlich wollte er da schon *Professor Unrat* spielen und hat sie für die Kinder von Heinrich gehalten.« Murnau leert sein Glas und betrachtet unschlüssig die Zigarren.

»Und wisst ihr, was sie mit den 1000 Dollar gemacht haben?«, fragt Lubitsch weiter. »Sind schnurstracks zum Reisebüro und haben sich Fahrkarten nach Japan gekauft, aber erster Klasse bitte schön. Erster Klasse! Dabei konnten sie ihre Hotelrechnung hier nicht bezahlen! Am Kai gab es noch unschöne Szenen. Ich weiß nicht, wer die rausgehauen hat.«

»Das nenne ich gauche caviar.« Berthold verschränkt die Arme vor der Brust. »Gegen die Ungerechtigkeit der Welt wettern, aber Dienstmädchen und Gepäckträger um ihren Lohn prellen.«

»Der Vater bekommt ja dieser Tage den Nobelpreis, vielleicht begleicht *er* jetzt die Schulden seiner Kinder.« Salka nimmt ein oder zwei Nüsschen und bietet die Schale Greta an. Die zögert, schluckt und lehnt dankend ab.

»Kennen Sie das Buch, das sie über ihre Reise geschrieben haben?«, fragt Berthold. »Kläuschen hat es mir selber geschenkt, *Rundherum* lautet der Titel. Das liest sich so, als hätten sie von Anfang an eine Weltreise machen wollen.«

»Na, sie mussten doch ihren Misserfolg in Hollywood kaschieren.« Lubitsch geht zum Bücherregal und zieht ein schmales Bändchen heraus. »Die Erika geht ja noch. Aber Kläuschen! – Murnau, das musst du mir jetzt verzeihen.« Er legt die Zigarre ab, wirft sich in Pose, Standbein, Spielbein, eine Hand an der Hüfte, den andern Arm im Ellbogen abgewinkelt, und liest affektiert vor. »*Los Angeles ist abstoßend hässlich, und das Negerproblem, die Sensationspresse, die Prohibition und der primitive Geschmack* –«

»Halt ein, Ernst«, bittet Murnau.

»Wenigstens kurz über Anwesende!« Lubitsch blättert weiter nach hinten. »Hier.« Er räuspert sich. »*Diesen Abend war auch Greta Garbo dabei*« – Greta wendet ihren Blick von den Erdnüssen ab hin zu Lubitsch, ohne den Kopf zu bewegen –, »*mit tiefer Stimme und unwahrscheinlichen Augen. Man hörte sie kaum etwas anderes sagen, als dass sie so furchtbar müde sei, aber sie hatte auch anderes nicht nötig* –«

»Ja, ja, ist jetzt gut«, unterbricht Murnau abermals. »Wir haben verstanden.«

Doch Lubitsch macht weiter, weil sich Berthold amüsiert. »*– denn sie kannte die tödlich sichere Wirkung ihrer nixenhaften und beunruhigend kalten Schönheit.*« Er linst zu Greta. »Nixe? Beunruhigend kalt? *Du*? Hast du Klaus abblitzen lassen oder Erika? Oder etwa alle beide?«

Greta richtet sich wieder an Salka, aber wir verstehen nicht, was sie sagt.

Lubitsch blättert weiter. »Hier, abschließend den noch: *Ernst Lubitsch ist ein Kleiner, Intensiver mit einem starken und eindringlichen Blick. Er konversierte höflich und gescheit.*« Er und Berthold prusten gleichzeitig los. »Und jetzt hier: *Murnau lebt in faszinierender Zurückgezogenheit und hat nur eine Passion – die Arbeit.*« Lubitsch wiehert. »Hörst du, Murnau? *– Man kriegt ihn fast nie zu sehen – aber Meisterwerke kommen dabei heraus. Wenn man ihn sieht, ist er riesengroß, prachtvoll an-*

gezogen, schweigsam und verehrungswürdig. Wie sein Film Sunrise *zeigt, gehört er zu den wenigen, die die Möglichkeiten des Filmes als neue Kunstform bestätigen und beweisen.*« Lubitsch klappt das Büchlein zu. »Da hast du dein Abschlusszeugnis, bester Friedrich Wilhelm. Setzen, Eins.«

Berthold schüttelt angeekelt den Kopf.

Salka kreischt hell auf. Überrascht sehen die Herren zu ihr und Greta. Salka hält sich entschuldigend die Hand vor den Mund. »Fräulein Garbo hat mir gerade ihre Technik erklärt, wie sie in den Liebesszenen die Männer verführt.«

Langes Schwarz. Wir hören ›plop‹ – ›plop‹ – ›plop‹ – ›plop‹. Ein Tennisball im gleichbleibenden Rhythmus, bis es ›plop-plop‹ macht und jemand »Gopfridstutz« brüllt, von weit weg. Nun sehen wir eine graublonde Frau von hinten, in dunklen Strumpfhosen und kurzer Turnhose. Sie hat die Arme auf einem Orientteppich lang ausgestreckt und findet gerade wieder in den Kniesitz zurück. Ansonsten stehen in dem hellen Raum nur ein schlanker Sessel, 1960er Jahre, ein Tisch, ein Stuhl. Fast ein wenig kahl.

»Du Gwaggli du«, ruft eine andere Stimme laut, ebenfalls von weit weg. Dann wieder ›plop‹ – ›plop‹ – ›plop‹ – ›plop‹.

Es ist Greta Garbo, die jetzt die Unterarme auf dem Teppich ablegt, Ellbogen nach außen. Sie schmiegt den Scheitel dicht an ihre gefalteten Hände und will gerade zum Kopfstand aufsteigen, da klingelt das Telefon. Viermal hält sie aus, dann gibt sie auf, erhebt sich und nimmt ab, ohne sich zu melden. Kurz lauscht sie, dann antwortet sie freudig, »Oh! Hi boy!

Wieder zurück in Paris? – – – Ach, in St. Moritz? Oh.« Sie blickt durch das gekippte Fenster. »Ah, danke. Ja. Aber heute? Nein, heute geht nicht. – – – Morgen? Was weiß ich, was morgen ist. – – – Jetzt frag nicht so blöd rum. Bist du im *Kulm* abgestiegen? – – – Schön. Na dann erhol dich gut. Ich melde mich. – – – Vielleicht. Ja, ja, wir hören voneinander. Bye. – – – Ja. Bye.« Stirnrunzelnd legt Greta auf und schließt das Fenster. Das ›plop‹ – ›plop‹ ist kaum mehr zu hören. Sie greift wieder nach dem Hörer und wählt per Drehscheibe eine dreistellige Nummer. Lange muss sie das Freizeichen abwarten. Endlich meldet sich jemand. »Salka, hallo, ist was? Warum brauchst du so lange zum Telefon? – – – Nichts? Dann ist ja gut. Sag, ist bei dir am Haus geräumt? Es hat ja unglaublich geschneit. – – – Ah, gut. Brauchst du denn heute etwas, soll ich für dich einkaufen? – – – Nein? Na, gut. – – – Ist schon in Ordnung, danke nicht mir, sondern meinem Vermieter hier. Der hat meinen Scheck wieder nicht eingelöst. Er hält meine Unterschrift für wertvoller als die Miete. – – – Ich geh gleich mit Erika und ihrer Freundin spazieren. – – – Ja, fand ich auch. Sag, wie lange, schätzt du, sind die schon zusammen? – – – Na, weil sie noch sehr verliebt wirken, aber, wie soll ich sagen, auch ein bisschen explosiv? – – – Aha. Also doch schon ein paar Jahre. Na ja, sich selten zu sehen hält natürlich die Liebe jung. – – – Richtig. Aber sag, die andere, wie heißt die noch mal? Von Scan-? – – – Du meinst, so verarmter Adel, wie in *Gösta Berling*? – – – Hm. Und du brauchst also nichts? Wie du meinst. Ich hab übrigens bald wieder Earl Grey für dich. Cécile ist wieder im Land, sie hat gerade angerufen. – – Also, ich melde mich später noch mal bei dir. Mach's gut. Ade.«

Greta schaut auf die Uhr. Einen Medizinball sanft vor sich herkickend, verschwindet sie im Nachbarzimmer.

Wir sehen sie wieder, als sie das Haus verlässt, ein unscheinbares Gebäude für vier Parteien. Morsche Holzbalkone, auf denen sich der Schnee türmt, rahmen den Schriftzug *Chött*. Den Mantel fest gegürtet, die Hose in kniehohen Stiefeln, den Hut tief ins Gesicht gezogen, eilt sie auf einem Trampelpfad durch den Schnee an drei Garagen vorbei sowie einem Pferdestall – hier waren wir doch schon einmal? Sie überquert eine Brücke, die das halb zugefrorene Flüsschen überspannt, und geht leicht bergan, an den locker beieinanderstehenden Chalets vorbei. Überall räumt man Schnee. Nach einer Linkskurve bleibt Greta stehen. Eine Dame mit Kopftuch wartet vor einer Kirche mit spitzem Giebel. Signe erkennt Greta sogleich, geht auf sie zu und erklärt ihr etwas, das wir aber nicht verstehen können, wir sind noch zu weit weg. Greta nickt verständnisvoll, zögert nur kurz und schlägt dann mit einer Armbewegung vor, in unsere Richtung zu spazieren. Um nebeneinander gehen zu können, bleiben sie auf der Straße. Es fährt ohnehin kein Auto. In Signes Gesicht arbeitet es. Weiß sie nicht, was sagen?

»Und Sie sind also beim Radio?«, fragt Greta.

»Als Freie. Meist Bayerischer Rundfunk, zuweilen auch Schweizer oder Österreichischer. Wenn Sie spätnachts das Radio andrehen, laufen meine Sendungen. Sachen über klassische Musik für Liebhaber. Komponistenporträts oder Vergleiche verschiedener Einspielungen ein und desselben Werks. Manchmal hab ich einen Studiogast.« Unsicher schielt sie zur Seite, ob Greta sich langweilt. Anscheinend nicht. »Gerade habe ich einen Beitrag über eine phantastische junge Sängerin aus den USA gemacht, Jessye Norman. Hat letztes Jahr den Ersten Preis beim Internationalen Musikwettbewerb der ARD in München gewonnen. Demnächst debütiert sie an der Deutschen Oper in West-Berlin in Richard Wagners *Tannhäuser*.

Und zwar nicht als Venus, wie man erwarten würde, sondern als Elisabeth.«

Greta blickt Signe fragend an.

»Jessye Norman ist schwarz. Stammt aus Georgia. Gewisse Kreise wollten sie daher allenfalls als Tannhäusers, ähem, Gespielin besetzen und nicht als Heilige. Aber Lorin Maazel traut sich was, zu Recht. Jessyes Stimme und Art zu singen« – Signe schüttelt den Kopf –, »eine Offenbarung.«

Sie biegen rechts ein und passieren ein Sportgeschäft, einen Lebensmittelladen, die Post. »Ich höre solche Sendungen oft«, sagt Greta. »Ich schlafe ja so schlecht. Ich liebe Musik, auch wenn ich nicht viel davon verstehe. Früher, beim Filmen, habe ich mich in der Garderobe mit Schallplatten immer in die jeweilige Stimmung versetzt. Am letzten Drehtag von *Queen Christina* habe ich immer wieder

Nur wer die Sehnsucht kennt –«

Greta deutet das Lied an, Signe fällt mit einer überraschend vollen Altstimme ein:

»– weiß, was ich leide,
allein und abgetrennt von aller Freude.«

Sie lachen.

»Beim Stummfilm gab es sogar Streicher direkt im Atelier, während der Aufnahmen, nur für die Atmosphäre. Mit dem Tonfilm wurde denen leider ersatzlos gekündigt.«

»Dafür wurden vermutlich jede Menge Tontechniker eingestellt. Die sind bei uns in den Sendern die eigentlichen Meister.«

»Am Anfang konnte die keiner leiden. Etwas, das doch bis dahin gut funktioniert hatte, veränderte sich mit einem Mal.«

»Was technisch machbar ist, wird ausprobiert«, meint Signe. »Und immer, bevor sich irgendjemand Gedanken über die Konsequenzen gemacht hat. Das ist wie bei Goethes *Zauberlehrling*. Kennen Sie den?«

»*Die Geister, die ich rief, ich werd sie nicht mehr los!*«

Signe nickt beeindruckt. Sie lächeln sich an.

Wintersportler zwingen sie zum Ausweichen. Sie strömen aus dem Bahnhof heraus, die Ski geschultert, Bergstiefel an den Füßen, Pudelmützen auf dem Kopf, die Damen wie die Herren in Keilhosen.

»Fahren Sie auch Ski?«, fragt Greta.

»Nicht mehr«, antwortet Signe. »Erika bremst mich da ein bisschen aus. Früher war sie auch eine große Skifahrerin.«

Greta zögert ein wenig, dann deutet sie mit dem Kopf zum Bahnhofsgebäude. »Da drin gibt es einen Kiosk, der vielleicht so ein Feuerzeug hat, wie ich es gerne habe. So was ganz Billiges zum Wegwerfen. Cricket heißt es. Kommt aus Frankreich. Ob Sie sich für mich erkundigen wollten? Anders als alle anderen hier ist der Inhaber immer etwas aufdringlich.«

»Aber sicher! Cricket, sagen Sie? Kleinen Moment.« Signe ist schon unterwegs. Im Bahnhofsgebäude findet sie sogleich den Kiosk. Wir sehen sie fragen, der Inhaber hakt nach, sie wiederholt, erntet jedoch nur herabgezogene Mundwinkel und Kopfschütteln. Im Gehen bemerkt sie am Tresen weißrote Wimpel mit blauem Dreieck sowie Seifenblasen und Knetgummi. Sie überlegt, eilt dann aber wieder hinaus. Bedauernd hebt sie die Schultern, Greta winkt dankend ab. Sie folgen den Skifahrern zur benachbarten Talstation der Seilbahn und lehnen sich an eine Brüstung. Unter ihnen schäumt der Fluss.

»Es muss unglaublich interessant gewesen sein in der Traumfabrik«, greift Signe den Faden wieder auf, »gerade auch, weil Sie den Übergang vom Stumm- zum Tonfilm mitbekommen haben – ach was, mitbekommen, *geprägt* haben.«

»Traumfabrik?« Greta seufzt. »Für mich ein Albtraum. Sehen Sie, ich bin ja nur als Gepäckstück von Mauritz Stiller nach Hollywood gekommen, der aber bald grundlos gefeuert wurde. Mitten in den Dreharbeiten! Ich war noch ganz konsterniert, da überreicht man mir in der Kulisse ein Telegramm, meine Schwester sei gestorben! Meine geliebte Schwester, kaum älter als ich. Lymphdrüsenkrebs. Ging ganz schnell. Ich breche zusammen – und erwache in der Garderobe neben einer Flasche Brandy mit Louis B. Mayers eigenhändigen Zeilen: *The show must go on.* Eine Fabrik darf nicht stillstehen.«

Signe schweigt betroffen.

»Bei Stillers Tod war es dasselbe.« Greta setzt sich wieder in Bewegung. »Er ist als gebrochener Mann nach Schweden zurückgekehrt und sehr bald gestorben. Und wieder stehe ich im Atelier und spiele, und wieder reicht man mir ein Telegramm –. Und wieder muss ich am nächsten Morgen um neun Uhr, geschminkt, im Kostüm, die Haare wie verlangt –« Sie bricht ab. Schweigend gehen sie die Bahngleise entlang.

»Das war sicher sehr schwer, das kann ich mir vorstellen«, versucht es Signe. »Vielleicht gerade auch, weil *Sie* so großen Erfolg in Hollywood hatten und *er* nicht –? Es gibt Schuldgefühle ohne eigentliche Schuld, nicht wahr?«

Greta horcht auf, überrascht, berührt. »Anders als Mayer hat mir Lillian Gish damals Blumen und ein paar tröstliche Worte geschickt. Sie hatte – hat – ja auch eine Schwester. Als ich mich bedanken ging, hat sie mich einfach in den Arm genommen. – Jetzt sagen Sie nicht, dass Sie Lillian Gish nicht kennen?«

Peinlich betreten deutet Signe an, den Namen nicht ganz einordnen zu können.

»Lillian Gish hat mir alles beigebracht. Ich hatte die großen Filme von D. W. Griffith mit ihr gesehen, *Die Geburt einer Na-*

tion und so weiter, und durfte ihr in Hollywood dann bei der Arbeit zusehen. Sie hat Theater gespielt, bevor sie Filme gemacht hat, und kannte den Unterschied in der Schauspielerei genau. Wo die letzte Reihe im Parkett eine große Armbewegung braucht, genügt der Kamera ein Augenaufschlag.«

»Auf der Opernbühne ist es noch mal anders. Da verdirbt einem eine Bewegung zu viel den Ton.«

»Da ist die Bewegung in der Musik, nicht?«

Signe nickt nur. Greta weist einen Weg nach rechts, der sie wieder zu der Kirche mit dem spitzen Giebel führt. Sie wirkt zu klein neben dem hohen Turm aus grauem Stein, der aus älterer Zeit zu stammen scheint. Signe entdeckt oben neben dem Ziffernblatt ein auf Putz gemaltes Bild. Greta folgt ihrem amüsierten Blick. Ein nackter Mann bewacht die Uhr, nur um seine Lenden und den Kopf hat er grünes Laub geschlungen.

»Dem muss doch kalt sein«, meint Signe.

»Nein, nein, das ist das Wildmännli, der ist hier zu Hause.« Greta legt die Hand auf die Klinke des Törchens zum Friedhof. »Wollen wir eintreten?«

»Gern. Ich bin nicht abergläubisch.«

»Ich liebe Friedhöfe. Ich kenne jeden hier in der Gegend«, sagt Greta. »Auch die kleinen in Davos, bei den ehemaligen Sanatorien. Der schönste befindet sich in Monstein. Ist überhaupt mein Traum vom Glück.«

Signe scheint unsicher zu sein, wie das zu verstehen ist.

»Mit den Toten bist du nie allein. Ich unterhalte mich gern mit ihnen.« Greta geht an den verschneiten Gräbern entlang. Nur der Hauptweg ist geräumt. »Mit Mauritz Stiller etwa bespreche ich den Gang der Welt. Er war ja Kosmopolit, Jude, kam aus Helsinki, das damals noch zu Russland gehörte.« Greta dreht sich zu Signe um. »Ihn frage ich, wie man die Sowjetunion einschätzen muss, den Einmarsch in die ČSSR letztes Jahr, das Ende des Prager Frühlings. Wie er zur schwedischen Sozialdemokratie steht, und dazu, dass man sich auf Schwedisch nicht mehr siezt.«

Signe sinnt Gretas Worten nach. Oder fürchtet sie, Greta könne aufhören zu erzählen?

»Mit Murnau rede ich auch noch manchmal. Wenn mich ein neuer Film beeindruckt, frage ich ihn, warum. Also weshalb er gelungen ist. Ich hole dann sogar seine Totenmaske aus dem Schrank. Murnau kennen Sie aber doch? Großer deutscher Regisseur. *Nosferatu. Der letzte Mann. Faust. Sunrise. Tabu.* Ich hätte so gern einen Film mit ihm gemacht, aber dann – na ja, gehen wir weiter.«

Greta schaufelt mit beiden Händen Schnee von einem Grabstein und formt ihn zum Ball. Sie zielt auf Signe, wirft sanft und trifft.

Signe errötet. Greta wartet auf den Gegenschuss, aber er bleibt aus. Schweigend verlassen sie den Friedhof und gehen wieder die Hauptstraße hinunter.

»Sagen Sie, Miss Brown –«

»Harriet.«

Signe schaut Greta verblüfft an.

Die lacht. »Na gut, Greta. – Darf ich Signe sagen?«

»Aber selbstverständlich.« Sie lächeln sich wieder an. Etwas lang vielleicht? »Sagen Sie, wollen Sie nicht Ihre Memoiren schreiben? Wie Salka? Sie haben ja so viel zu erzählen!«

»Nein.«

»Sie müssten sie nicht selber schreiben. Sie können sie schreiben lassen.«

»Alles, was über mich geschrieben wird, ist falsch«, sagt Greta. »Da hat doch einer unlängst behauptet, Georg Wilhelm Pabst hätte mich entdeckt. Nur gut, dass Moje das nicht mehr lesen muss. Und dann hätte ich Pabst in Hollywood abgewiesen, als er nach der Machtergreifung der Nazis einen Film mit mir habe drehen wollen. Ich soll also schuld daran sein, dass Pabst zurück in Deutschland für die Nazis Filme gemacht hat. Ich! Dabei hat Ihr Kollege gar keine Ahnung, wie das damals mit dem Studiosystem in Hollywood war. Bis ich endlich mit Ernst Lubitsch von der Paramount arbeiten durfte, war meine Karriere schon fast vorbei! Und ich hätte Pfauen –« Greta unterbricht sich, weil sie ein Modegeschäft bemerkt. »Wollen Sie mir helfen, einen Pullover zu finden?«, fragt sie in gänzlich anderem Tonfall. »Mein ganzes Leben suche ich den richtigen.«

Als Antwort öffnet Signe unternehmungslustig die Ladentür. Die Inhaberin erkennt Greta Garbo mit einem Blick, sagt nur freundlich »Grüezi« und widmet sich wieder den neu angekommenen Herrenhosen.

Greta geht zu dem Tisch mit Wollpullovern. »Ihr Kollege da behauptet auch, ich hätte meinen Text von Tafeln ablesen müssen – dabei konnte ich an Drehtag eins nicht nur meinen eigenen Text, sondern auch den meiner Mitspieler!« Sie zieht aus dem Stapel einen schwarzen Pullover heraus. »Der könnte was sein, oder?«

Signe schürzt die Lippen. »Blauäugige sollten Dunkelblau tragen, nicht Schwarz.«

»Halten Sie mich für blauäugig?«

Signe räuspert sich. »Nehmen Sie sich doch einen Ghostwriter.« Sie hält Greta einen dunkelblauen Pullover vor. Greta sieht ihr ins Gesicht, während Signe prüft, wie er ihr steht. »Fast alle Sängerinnen und Sänger und Dirigenten machen das so. Auch Elisabeth Bergner habe ich im Verdacht. – An Ihnen schaut einfach alles gut aus, es ist egal, was Sie anziehen.«

Greta legt den Pullover zurück und sucht weiter.

»Sie lassen sich bequem interviewen, beim Kaffee, das Tonband läuft mit, später lesen's Sie durch, ändern, was Sie wollen, und mit wenig Mühe veröffentlichen Sie dann Ihre Wahrheit. An der kann dann keiner mehr vorbei.«

»Wie können Sie glauben, in Memoiren stünde die Wahrheit?«

»Aber Sie würden ein Millionenpublikum finden.«

»Bemühen Sie sich nicht. Ich habe selbst Jacqueline Kennedy Onassis einen Korb gegeben, die mich zu einer autorisierten Biographie überreden wollte.«

»Aber Ihnen tun diese Falschdarstellungen doch weh! Sie könnten endlich alles richtigstellen. Wie Marlene Dietrich.«

»Ach ja?« Greta mustert die Mützen neben den Pullovern.

»Kannten Sie sich eigentlich?«

»Fragen Sie, weil Sie mein Ghostwriter werden wollen?«

Signe wird abermals rot. »Daran habe ich ehrlich nicht gedacht. Ich bin schon einmal gefragt worden, von Clemens Krauss, dem Dirigenten. Ich habe aber abgelehnt, weil ich lieber meine eigenen Sachen mache. Erika habe ich schon mehrfach abblitzen lassen.«

»Was wollte Frau Mann denn von Ihnen?«

Wegen Gretas zweideutigem Ton stockt Signe leicht. »Dass ich sie bei der Ausgabe der Briefe ihres Vaters unterstütze. Aber das ist so undankbare Arbeit, Personen identifizieren, Geschehnisse rekonstruieren. Unendlich aufwändig, das bezahlt einem keiner. Außerdem so verlogen.«

»Verlogen?« Greta greift zu einer geringelten Bommelmütze.

»Na, Thomas Mann halt.« Signe blickt sich um. Niemand sonst im Laden. »Wissen Sie, er hat im kleinen Kreis selbst zugegeben, dass seine demokratische Attitüde nie recht wahr gewesen ist und nur die Nazis ihn zeitweise zum *demokratischen Wanderredner* gemacht haben – seine Worte. Er fand seinen reaktionären Trotz in den *Betrachtungen eines Unpolitischen* selber viel interessanter und der Plattitüde ferner – aber das muss heutzutage natürlich unter den Teppich gekehrt werden.« Signe merkt, wie gespannt Greta ihr zuhört. Oder skeptisch? Hastig spricht sie weiter. »Na ja, jetzt soll ich Erika bei einem Auswahlband der Werke ihres Vaters helfen. Und mit der Produktionsfirma verhandeln, die seine Romane so falsch verfilmt. Und ihr bei den Prozessen beistehen wegen *Mephisto*, dem Roman ihres Bruders.«

»Klaus?«

»Ja. Der ist doch verboten. Wegen Ehrverletzung und Verunglimpfung von Gustaf Gründgens. Aber den Schriftwechsel mit den Rechtsanwälten zu führen, das habe ich auch abgelehnt. Ich muss schließlich mit meiner Arbeit Geld verdienen.«

Gretas Mine zeigt, dass sie das für selbstverständlich hält und gern noch mehr hören möchte.

Signe zögert. »Sie wundern sich vielleicht, dass ich von Scanzoni heiße und trotzdem arbeiten gehen muss.« Sie vergewissert sich, dass sie immer noch allein sind, und spricht leiser. »Aber ich bin nur ein Bastard. Meine hochadelige Mutter hatte zwischen ihren Ehen eine Liebschaft mit einem Schauspieler. Die von Scanzonis gönnen mir nichts, nicht einmal ihren Namen. Ich hab's mit dem Gesang versucht, aber die Stimme war nicht groß genug. Die Bühne wäre meine Rettung gewesen.« Signe atmet tief ein und resigniert aus.

Greta stellt sich neben sie. Schulter an Schulter betrachten sie die offenen Laden mit den Socken. »Ich verstehe Sie besser, als Sie meinen«, sagt Greta gedämpft. »Als Kind bin ich immer auf den Hof unserer Mietskaserne geflüchtet und habe mir vorgestellt, auf dem Bauernhof meiner Großeltern zu sein. Der Gestank – kam in meiner Einbildung von den süßen Ferkeln dort. Den Dreck machte ich zu dem Gemüsebeet, das ich jedes Jahr bepflanzen durfte. – Das war der Beginn meiner Schauspielkarriere.«

Sie sehen sich an.

Dann wirft Greta einen lustlosen letzten Blick auf das Sortiment des Ladens. »Vielleicht würde ich in Davos einen Pullover finden. Dort gibt es einen Schweizer Armeeladen. Aber ich komme ja nie hin, so ganz ohne Auto.«

»Aber wieso, mit dem Zug ist man in einer halben Stunde –« Signe unterbricht sich, wie wenn sie etwas Unpassendes gesagt hätte.

Unvermittelt setzt Greta Signe die geringelte Bommelmütze auf. Signe prallt überrascht zurück und lacht verwirrt.

Greta grinst. »Die nehme ich.«

Gemeinsam gehen sie zur Kasse.

Signe richtet sich Frisur und Kopftuch. »Soll ich Sie noch nach Hause begleiten?«, fragt sie, als sie den Laden verlassen.

»Ich liefere Sie im *Pardenn* ab. Mögen Sie das Hotel?«

»Schon – aber ich bin froh, wenn wir umgezogen sind.«

Sie folgen der Dorfstraße wieder leicht bergan. Als sie das Hotel *Vereina* passieren, scheint Signe zu überlegen, ob sie Greta zu einem Kaffee einladen kann. Doch schon sind sie vorbei.

Das *Pardenn*, das wir im Dunkeln bei Schneetreiben gar nicht richtig gesehen haben, liegt am Hang, vier Stockwerke, weiß getüncht, durchgehende Balkone auf jeder Etage, Sonnenterrasse. Am Eingang bemerkt Signe, unangenehm berührt, dass der Empfangschef sie bereits grüßt.

Greta reicht ihr die Hand. »Es hat mich sehr gefreut. Und heute Morgen habe ich Sie also wirklich nicht gestört?«

»Nein, nein. Ich hab's gar nicht klopfen hören, hab noch

fest geschlafen. Vielen Dank, dass Sie später noch angerufen haben.«

»Schade, dass Frau Mann uns nicht begleiten konnte. Ich hoffe, es geht ihr wieder besser. Richten Sie ihr bitte Grüße aus.«

»Erika möchte Frau Viertels Memoiren übrigens gern jetzt schon lesen.«

»Um noch Einfluss nehmen zu können? Wegen ihres Vaters?«

»Um einen deutschen Verleger zu finden.«

»Rufen Sie sie an. 7 7 9.« Greta verabschiedet sich und geht. Kurz hält sie inne und wendet sich noch einmal halb um. »Ach, Signe – warum halten Sie die Wahrheit überhaupt für so wichtig?«

Signe öffnet den Mund, um zu antworten, denkt nach, und schließt ihn wieder, perplex.

Mit demselben Gesichtsausdruck betrachtet Berthold Viertel einen ägyptischen Tempel. Helle Sandsteinblöcke, schräge Wände, mit Hieroglyphen geschmückt.

»Stell dich nicht so an«, hören wir Salkas Kopfstimme. »Max Reinhardt hat's in *Antonius und Cleopatra* nicht anders gemacht.« Sie schließt die Fahrertür eines kastenförmigen Automobils und stellt zufrieden fest, dass sie gut eingeparkt hat.

Berthold wendet sich schaudernd ab. Er trägt einen Smoking, der ihm in den Schultern zu groß ist.

»Ja wer ist denn das?«, ertönt eine dröhnende Stimme. »Die Viertels! Schön, Sie mal wiederzusehen!« Ernst Lubitsch lüftet den Hut und deutet mit ihm auf den Wagen. »Ich sehe, Sie haben sich gut eingelebt. – Wollen Sie auch unserem neuen deutschen Star die Aufwartung machen? – Hübsches Kleid!« Er zwinkert Salka zu.

Sie begrüßen sich und gehen miteinander den Gehsteig entlang. »Und wie läuft's bei der Fox?«

Berthold überhört Lubitschs Frage.

»Sein erstes Drehbuch wurde abgelehnt«, sagt Salka leise.

»Aber das ist doch ganz normal, Viertel!«, sagt Lubitsch laut. »Neun von zehn Drehbüchern werden abgelehnt!«

»Und gleichzeitig wurde sein Gehalt verdoppelt. Wie soll man das verstehen, Herr Lubitsch?«

»Take se money and run, wie die hier sagen.«

Sie erreichen eine Pagode. Zwei rote Säulen tragen ein gewaltiges chinesisches Vordach. Steinerne Löwen halten Wache. »Nicht, dass Sie die für Nippes halten, bester Herr Viertel. Die sind echt! Ming-Dynastie! Auch drinnen ist alles echt. Man hat schließlich eigens chinesische Künstler kommen lassen, hehe!«

Berthold zieht sein griesgrämigstes Gesicht. »Ich sehe, der Abstand zwischen Film und Wirklichkeit soll hier gänzlich überwunden werden. Illusion ist alles.«

»Sie sind also auch hier angekommen«, gratuliert ihm Lubitsch.

Salka entfährt ein »Huch? Was ist denn das?«. Sie setzt ihre Abendsandaletten in die Abdrücke zweier Pumps am Boden und betrachtet die zwei Handabdrücke daneben.

»Das sind Mary Pickfords Hände und Füße. Es gibt noch ein paar mehr.« Lubitsch deutet den Hollywood Boulevard entlang. Spuren der Sterne vom Himmel, hier auf unserer Erde.«

»Und wo sind die Abdrücke der Garbo?« Salka sucht.

»Die macht diesen Zirkus nicht mit. – Dann wollen wir mal rein, ja?«

Lubitsch führt die Viertels an der Menschenmenge vorbei, die unter dem riesigen chinesischen Drachen Einlass begehrt, wird als VIP erkannt und zusammen mit den beiden durch eine separate Tür geschleust.

Stimmengewirr und enges Partygedränge empfängt uns. Frauen in schimmernden Roben und Herren im Smoking, Brillantine im Haar, plaudern im Stehen. Gläser klirren, im Hintergrund läuft bläserbetonte Jazzmusik, ein Medley, aus einem berühmten Film, denken wir. Aber welcher bloß? Die Wortfetzen, die wir vernehmen, sind größtenteils deutsch.

»Die Ufa hat gekabelt. Der Film ist in Deutschland der totale Triumph.«

»Der Film? Die Lola Lola!«

»Ach, haben Sie auch die Vorpremiere gesehen?«

»Fast alle hier, oder? – Was für eine müde Eleganz.«

»Eine lässige Trägheit.«

»Schon wie sie dieses erste Lied runterleiert!« Die Dame, die gerade spricht, stellt sich breitbeinig hin, zieht ein gelangweiltes Gesicht und singt:

»Ich bin die fesche Lola, der Liebling der Saison.«

Ach, das ist das eine Lied aus dem Medley der Musikkapelle!

»Aber diese laszive Gleichgültigkeit ist doch eine Masche!«

»Die hat sie von Claire Waldoff. Die singt auch ohne Stimme und hat ihr Publikum trotzdem vollständig im Griff.«

»Ich hab den Namen der Hauptdarstellerin noch nie gehört.«

»Die hatte ja bislang auch nur Komparsenrollen.«

»Manchmal drei pro Abend.«

»*Die* ist das?«

»Einen Schlager hat sie aber doch gehabt.« Der Herr, der das sagt, hebt anzüglich die Brauen.

»*Wenn die beste Freundin mit der besten Freundin* –«

Leider schiebt uns ein Kellner im Frack mit seinem Tablett voller Orangen- und Tomatensaft weg von dem singenden Herrn.

»Was hat die dem Sternberg auf der Besetzungscouch bloß geboten?«

»Kalbszunge in Aspik. Eisbein mit Sauerkraut und Kartoffelpüree. Kohlrouladen in Specksauce. Mit jedem Gericht wurde ihre Rolle größer. Jeden Mittag 'ne heiße Kochkiste, so schafft man auch den Durchbruch.«

»Emil soll toben. Weil es nicht *sein*, sondern *ihr* Film geworden ist. Haben ihn ja sogar umbenannt deswegen.«

»Der Jannings soll mal jönne könne. Er soll das Zehnfache von dem verdient haben, was sie bekommen hat.«

»An ihrem Spiel merkt man jetzt, wie entsetzlich er outriert. Auch schon in Murnaus Filmen. Seine Zeit ist vorbei.«

Im Getümmel erblicken wir Charlie Chaplin. Fast hätten wir ihn nicht erkannt, so grau sind seine welligen Haare in Wirklichkeit. Wir versuchen, ihm näher zu kommen.

»Sie hat bei der Paramount einen Siebenjahresvertrag unterschrieben! Die wollen sie als Konkurrentin zur Garbo aufbauen. Die singende Deutsche gegen die stumme Schwedin.«

»Aber die Garbo hat die viel schönere Sprechstimme.«

»Trotzdem, da kann sich Greta jetzt warm anziehen.«

»Ach, red nicht. *Anna Christie* ist der totale Triumph. Beim Publikum wie bei der Presse. *Garbo talks!* landauf landab. Fährt einen Rekord nach dem anderen ein.«

»Und das inmitten der Wirtschaftskrise.«

Die Menge spült uns durchs Foyer in den bestuhlten Saal, wo einzelne Gruppen unter der aufwändig geschnitzten Decke plaudern. Dicht drängen sich die Gäste auf der Bühne, deren rot-goldener Vorhang weit aufgezogen wurde. Neben einem bronzenen Kandelaber spricht Lubitsch mit einem kleinen Mann mit wildem Haar und Nietzsche-Schnauzer. »Und wie haben Sie das Fräulein Dietrich so schön hinbekommen?«, hören wir ihn fragen. »Der Jannings hat da so Andeutungen gemacht, sie sei gar nicht so fotogen. Aber ich muss sagen –«

»Ausschließlich Licht von oben. Damit die Wangenknochen Schatten werfen.« Der Schnauzbart saugt die eigenen, recht fülligen Backen ein, ohne die Lippen zu öffnen. »Schon ist ihr Gesicht dramatisch modelliert.«

Lubitsch nickt verstehend.

»Die Garbo ist von überall fotogen.« Salka gerät ins Bild. »Von vorne, von oben und unten, von links, von rechts, sie hat keine schwache Seite, sie ist die Vollkommenheit selbst.«

Lubitsch lächelt sie an. »Kleine Lampen helfen aber schon. Der Assistent ihres Kameramanns hat nur die Aufgabe, Lichtpunkte in ihre Iris zu setzen.«

Jetzt nickt der Schnauzbart wissend.

»Und Make-up mit Silberpulver verwandelt ihre zugegeben natürlich glatte Haut in diese göttliche Makellosigkeit.«

Salka ist ein bisschen gekränkt. Lubitsch widmet sich wieder seinem kurzgewachsenen Gesprächspartner. »Bei MGM arbeiten sie übrigens mit Überbelichtung des Films in der Kamera und Unterbelichtung bei der Negativentwicklung. Das ergibt einen herrlich perlenden Glanz in deren Schwarz-Weiß, der die Garbo noch schöner macht. – Aber sagen Sie, Sternberg, Sie haben tatsächlich die englische Fassung unmittelbar im Anschluss an die deutsche gedreht?«

»Szene für Szene in denselben Kulissen und Kostümen und mit denselben Einstellungen. Die Proben und der erste Dreh auf Deutsch, der zweite dann auf Englisch.«

»Und wie ging das?« Lubitsch gibt einem Kellner ein Zeichen.

»Na ja, die Nebenrollen deutscheln auch in der englischen Fassung«, schmunzelt der Schnauz, der also Sternberg heißt. »Jannings und die Dietrich können aber beide ganz gut Englisch. Doch bei ihrem Song *Falling in Love Again* bekam Marlene die ›moths‹ einfach nicht hin. Zwei Drehtage, 235 Wiederholungen, vergeblich!«

»Das hat die mit sich machen lassen?«, staunt Lubitsch. »Ja und dann?«

»Habe ich einen Komparsen gebeten, als Gast in dieser Kaschemme genau auf ihre ›moths‹ lauthals ein Bier zu bestellen!«

Sie lachen. Der Kellner bringt fünf Gläser Milch.

»Greta steht das noch bevor.« Lubitsch prostet den anderen zu. »Ihre *Anna Christie* soll jetzt in einer deutschen Fassung eingespielt werden. – Ach, Salka? Da ist übrigens eine Rolle für Sie drin. Die Marthy, die« – er zögert –, »die Geliebte von Annas Vater. Sprechen Sie doch Greta mal an. Vielleicht finden Sie so wieder den Einstieg.«

Salka will nachfragen, doch Murnau mischt sich ein. »Das ist alles so verkehrt!«

Sternberg sieht ihn überrascht an und überlegt, ob er ihn kennt. Dann klart sich sein Gesicht auf. »Ach ja, der Herr Murnau. Angenehm. Freut mich. Hab schon gehört, Sie wollen die Zeit zurückdrehen.«

»Der Stummfilm wird überall auf der Welt verstanden«, sagt Murnau. »Er ist eine Brücke zwischen den Völkern der Erde. Sehen Sie, mein letzter Film handelt von verarmten Farmern im Mittleren Westen.«

»Aha.« Sternberg kippt sein Glas hinunter und verzieht das Gesicht.

»Das Drehbuch hat übrigens hier mein ganz talentierter Assistent geschrieben.« Murnau weist auf Berthold, der die milchige Beschichtung seines leeren Glases studiert.

Sternberg grüßt ihn höflich.

»In seiner stummen Originalfassung ist der Film universell: Überall auf der Welt gibt es ausgebeutete Bauern, die den Städtern die Lebensgrundlage schenken und selber vor die Hunde gehen. Als Sprechfilm jedoch –«

»Ich gebe gern zu, dass der Ton den Film eben durch die Sprache provinzieller macht«, meint Sternberg. »Aber das gilt nur für den Moment, das ist Übergang. Bald wird die Synchronisationstechnik so vollkommen sein wie der neue Lichtton.« Er richtet sich wieder eher an Lubitsch. »Ich habe mich übrigens bei der Tri-Ergon in Berlin genau unterrichten lassen, wie sie auf elektrischem Wege Töne in Helligkeitsschwankungen umwandeln, die als eigene Lichttonspur direkt auf den Filmstreifen kopiert wird. Sagenhaft. Wird sich international durchsetzen, da bin ich mir sicher. – Und auch die Kamera, lieber Herr Murnau, wird schon so verpackt, dass man ihr Schnarren nicht mehr hört. Bald wird sie wieder die freie Beweglichkeit haben, die Sie ihr –«

»zusammen mit meinem Kameramann Karl Freund«, ergänzt Murnau –

»– geschenkt haben«, fährt Sternberg fort. »Und die Mikrophone kommen an lange Stäbe. Der Stummfilm hat dem Tonfilm also bald nichts mehr voraus, ganz im Gegenteil. So haben wir etwa den *Blauen Engel* ganz aus der Musik entwickelt.«

»Sie müssen mir nichts von Musik erzählen«, unterbricht ihn Murnau. »Ich habe für *Nosferatu, Faust* und *Der letzte Mann* eigens symphonische Musiken komponieren lassen. Aber für echte Orchester in den Lichtspieltheatern! Krächzende Lautsprecher klingen doch erbärmlich!«

»Auch das wird bald besser werden«, sagt Sternberg. »Sehen Sie, beim Tonfilm begleitet die Musik nicht nur das Geschehen, sondern kann selbst Teil der Handlung werden. Friedrich Hollaenders Chansons etwa –«

»Herr Sternberg, die Oper ist schon erfunden. Der Tonfilm ist ein erbärmlicher Abklatsch. Eine Greta Garbo oder ein Emil Jannings sagen stumm alles, ohne auch nur ein Wort zu reden. Sie zerstören die gerade erst gefundene Filmkunst, indem Sie jetzt die Operette nachäffen.«

Lubitsch greift seinen Arm. »Mensch Murr, selbst der alte Griffis will seine Filme nachvertonen.«

»Gehen Sie mit der Zeit!«, ermuntert ihn auch Sternberg. »Sie können doch nicht in einer Parallelwelt verbleiben! Der Tonfilm kommt, ob wir wollen oder nicht, und wir sollten ihn lieber gestalten, als ihn den Falschen überlassen.«

Murnau starrt ein wenig vor sich hin. »Ich geh bald weg.«

»Wie bitte?« Lubitsch rückt von ihm ab. »Wohin denn? Willst du gar keine Filme mehr machen?«

»Doch. Aber draußen. Wahre Kunst für echte Menschen.« Murnau betrachtet die goldgestickten Kraniche auf der rotseidenen Wandbespannung. »Ich segle in die Südsee.«

»Hat dich die Fox gefeuert?«

»Ich werde meinen nächsten Film frei finanzieren und erst im Nachgang einem Studio anbieten.«

Lubitsch verzieht das Gesicht. »Glück auf, mein Lieber, kann ich da nur sagen. – Und was wird aus Herrn Viertel?« Er sucht und entdeckt ihn etwas abseits angeregt mit einer sehr jungen Frau plaudern.

Mit einem Mal spielt die Tanzkapelle den Anfang von *Ich bin von Kopf bis Fuß auf Liebe eingestellt,* wie einen Tusch. Alle Augen fliegen zum Bühnenhintergrund, unsere auch, denn dort erscheint Marlene Dietrich in einem schmalen Kleid, die Arme nackt. Beim Gang durch die Menge kommt sie uns so nah, fast könnten wir an ihrer Federboa ziehen. Hat sie nicht erheblich abgenommen? Und wohin hat sie sich denn bloß die Augenbrauen gemalt?

»Willkommen, Fräulein Dietrich!« Ein Herr mit einem riesigen Strauß Freesien im Arm tritt ihr in den Weg.

»Frau, bitte.«

»Wie bitte?«

»Frau Dietrich. Ich bin schließlich verheiratet.«

»Verheiratet? Oh, und wo ist –«

»Mein Mann ist in Berlin geblieben. Bei unserer Tochter.«

»Tochter? Sie haben eine Tochter?«

»Warum soll ich keine Tochter haben?«

Wir bemerken verstohlene Blicke der Gäste untereinander.

»Sind die für mich?«, fragt sie den Herrn charmant.

»Ach ja, bitte, erlauben Sie.« Er will ihr den Strauß überreichen, den er fast vergessen hätte.

»Können Sie behalten. Wer mag schon Freesien.« Marlene wendet sich ab. Sie bemerkt Sternberg, der sie mit den Augen verschlingt, wie Lubitsch und Salka nicht entgeht.

»Und Ihre Robe? Kommt die direkt aus Paris?«, möchte eine junge Frau wissen, die ebenfalls Blumen dabeihat.

»Nee, direkt aus Moabit. Meine Garderobiere ist eine große Schneiderin, die tut, was ich will. Ich ziehe nur an, was mir passt.«

Man schmunzelt und macht ihr Komplimente.

»Und wie haben Sie die Rolle ergattert?« Ein Mädchen hält Block und Stift bereit. Marlene gibt bereitwillig ein Autogramm.

»Eigentlich wollte die Leni Riefenstahl die Lola spielen, aber dann hab ich ihr beim Boxen aus Versehen ein blaues Auge gehauen, da konnte sie nicht zum Vorsprechen erscheinen.«

Eine Dame flüstert uns zu: »Ob *die* Geschichte stimmt?«

»Aber jetzt wird die Leni zum Ausgleich meine Nachfolgerin in der Reklame. Sie ist das neue Gesicht für Pond's Hautcreme.« Marlene scheint den Trubel um sie herum zu genießen. Bei Sternberg angekommen, macht er sie mit Murnau und den Viertels bekannt.

»Prenzlauer Berg«, stellt Lubitsch sich selbst mit einem Diener vor.

»Schöneberg«, antwortet sie mit einem ebensolchen.

»Wie kommt's, dass wir Sie so schnell hier in Hollywood begrüßen dürfen? Wie kann die Ufa Sie nur ziehen lassen?«

»Weil wir bis vor kurzem noch alle überzeugt waren, dass *Der blaue Engel* ein Reinfall wird. Die Ufa hat die vereinbarte Option verfallen lassen.«

»Und welchen Film werden Sie hier zuerst drehen, Frau Dietrich?«, fragt Salka. Freundlich, aber auch ein bisschen neidisch?

»Er soll *Morocco* heißen, und ich spiele darin schon wieder eine Barsängerin. Statt Emil Jannings bekomme ich dieses Mal Gary Cooper. – Aber sagen Sie, Ihr Name, Viertel – waren Sie das nicht mit der *Truppe*?«

Das Mädchen mit dem Autogrammblock drängt sich noch einmal heran. »Frau Dietrich, freuen Sie sich schon auf Ihr Wiedersehen mit Fräulein Garbo? Hat sie Ihnen nicht vor ein paar Jahren in Berlin eine Statistenrolle in der *Freudlosen Gasse* verschafft?«

Ein Kellner mit einem Tablett appetitlich drapierter Früchte benötigt Platz, wir weichen aus, leider. Ein Gast neben uns hat die Antwort auch nicht mitbekommen. »Ist die Garbo eigentlich da?«, fragt er den Herrn neben sich.

»Ich dachte, ich hätte sie gesehen.«

»Ach ja?«

»Na, die mit der Krawatte.«

»Und dem Herrenanzug? Wo hat die das Zeug nur her?«

»Vom persönlichen Garderobenständer Adrians.«

»Ach, das wusste ich noch gar nicht. Sie und Adrian –?«

»Kann nicht sein! Auf seinem Garderobenständer hängen doch nur Fummel!«

Die uns Unbekannten johlen.

»Hätte unser neues Hays Office hier den *Blauen Engel* überhaupt durchgewunken?«

»Was hätten sie machen sollen. Diese ›Selbstzensur‹ ist doch nur freiwillig.«

»Vielleicht hat die Paramount sie herübergeholt, um den Herren vom Hays Office und der Katholischen Liga so richtig Angst einzujagen. Wie Marlene da auf dem Fass –«

»– oder rittlings einen Stuhl zwischen den Beinen.«

Eine Frau mit kurzgeschnittenen Haaren, im Herrenanzug und mit Krawatte schlendert an uns vorbei.

»Nee, das vorhin, das war nicht die Garbo, das ist diese Regisseurin, die Dings, na, Dorothy Arzner.«

»Ach, vielleicht hat der Jannings doch recht, Los Angeles den Rücken zu kehren.« Der Mann fängt an zu singen, die andern fallen wehmütig ein.

»Ich hab noch einen Koffer in Berlin.«

»Ins *Eldorado* würd ich schon gern mal wieder gehen.«

»Erinnert ihr euch an Max Waldon, den Damenimitator?«

»Und wie Anita Berber splitternackt unterm Nerz ins *Adlon* stolziert ist?«

»Ach, Leute, Provokation ist doch noch keine Kunst. Wo bleibt denn da die Seele!« Marlene Dietrich stellt sich zu uns wie zu alten Bekannten. Man stutzt erfreut – und redet weiter wie zuvor.

»Um ehrlich zu sein, Frau Dietrich, es ist schon arg spießig hier. Von der Prohibition zu schweigen.«

»Und die ewige Sonne kann einem auch auf die Nerven gehen.«

Marlene runzelt die Stirn. »Zieht's euch so sehr zu der Kälte, dem ewigen Regen und dem Kohlegestank zurück? Von dem Kohlsuppengestank gar nicht zu reden?«

Einer singt wieder.

»Das war in Schöneberg im Monat Mai,
ein kleines Mädelchen war auch dabei.«

Marlene sieht uns traurig an. »Ihr sehnt euch nach Berlin? Ihr seid lange nicht da gewesen. Es gibt keine Wohnungen und keine Arbeit! Die Weltwirtschaftskrise ist bei uns noch schlimmer als hier. Immer mehr Leute sehen aus wie« – Marlene erkennt von weitem Charlie Chaplin – »hier, wie sein Tramp! Abgerissen auf der Straße. Bald vier Millionen Arbeitslose! Niemand hat mehr Geld. Meine Kolleginnen aus den Charell-Revuen haben zum Abschied zu mir gesagt: ›Du gehst nach Hollywood, wir gehn auf'n Strich.‹ Und, ich muss es sagen, der Tonfilm trägt zum Elend bei: Die Mitglieder der Filmpalastorchester hätten große Lust, mich zu teeren und zu federn. Alle arbeitslos! Maschinen ersetzen Menschen. Leute! In was für Zeiten leben wir!« Ein Herr bietet Marlene eine Zigarette an. Sie führt seine Hand und betrachtet seinen Mund, als er ihr Feuer gibt. »Statt Kino und Theater gibt es jetzt Saalschlägereien. Braune Hemden überall. Vor 'ner Weile schon haben die die Rede von Thomas Mann im Beethovensaal gestört, als er an unser aller Vernunft appelliert hat. Das gehört sich doch nicht!«

»Thomas Mann hat denen doch den Boden bereitet mit seinen *Betrachtungen eines Unpolitischen*.«

»Dem hat der Mord an Walter Rathenau die Augen geöffnet, und nu bereut er. Hat mir sein Bruder Heinrich erzählt, als er uns im Atelier besucht hat. Die beiden sprechen jetzt auch wieder miteinander. – Na, und derweil droht der Berliner Polizeipräsident damit, das *Eldorado* und alle anderen lila Lokale dichtzumachen. Und die Ufa gehört jetzt Alfred Hugenberg, diesem rechten Pressezar, seit Fritz Langs absichtlichem Desaster mit seinem sündhaft teuren *Metropolis*-Film da.«

»*Metropolis?* Diese verquaste futuristische Heilandsgeschichte?«

»Wie? Absichtlicher Misserfolg?« Der Herr, der ihr Feuer gegeben hat, fragt mit gesenkter Stimme. »Ein Komplott, um die Ufa den Nationalsozialisten in die Hände zu spielen?«

Marlene studiert erst sein Gesicht, bevor sie antwortet. »Herrn Lang wäre ein Erfolg sicher lieber gewesen. Aber er kann kaum widersprechen, wenn die SA verbreitet, der ›Mittler‹, der in dieser *Metropolis* alles zum Guten wendet, reime sich absichtlich auf Hitler.«

»Ach, der Lang ist ein Nazi? Hätte ich gar nicht gedacht.«

»Na, mit seinen *Nibelungen* hat er sich denen ja auch schon angedient«, sagt die Dame neben ihm. »Seit Richard Wagner hat keiner mehr so den Germanen gehuldigt.«

»Also Sie meinen, Fritz Lang hat erst die braune Ideologie filmisch hoffähig gemacht und den Nazis dann durch seinen kolossalen Misserfolg mit *Metropolis* die größte Filmproduktionsfirma Europas in die Hände gespielt?«

»Frau Dietrich, halten Sie das alles für eine abgekartete Verschwörung?«, fragt die Dame, ungläubiges Entsetzen im Gesicht.

»Jedenfalls gibt es seit Stresemanns Tod letztes Jahr keinen anständigen Politiker mehr in Deutschland«, sagt Marlene. »Den Hindenburg kannste vergessen.« Sie schnippt die Zigarette weg. Ihr Gesicht hellt sich mit einem Mal auf. »Kennt ihr noch die Claire Waldoff?« Breitbeinig wirft sie sich in Position und fängt an zu singen:

»*Rrrrraus*« – lange hält Marlene auf dem R aus, ohne es zu rollen – »*mit den Männern aus'm Rrreichstag!*
Und raus mit den Männern aus'm Landtag.
Und raus mit den Männern aus'm Herrenhaus.
Wir machen daraus ein Frauenhaus!«

Der Pianist der Kapelle hat den Gassenhauer verstanden und improvisiert mit. Die Gäste bilden eine Polonäse und marschieren im Takt um Marlene.

»*Und raus mit den Männern aus'm Dasein.*
Und raus mit den Männern aus'm Dortsein
Die müssten längst schon fort sein!
Und raus mit den Männern aus'm Bau
Und rin in die Dinger mit der Frau.«

Während des Zwischenspiels schließt sich Marlene der Polonäse an. »Rrraus –«, fängt sie gerade wieder an zu singen, da brennt auf einmal das Bild. Ja, auf der Leinwand sieht man, wie das Celluloid schmilzt und zusammenschnurgelt.

»Kurze Unterbrechung«, ruft der Filmvorführer von hinten. »Kleiner Pausenfüller.«

Der Eiffelturm. Eine vornehme Straße. Avenue Montaigne. Die Autos sind von heute. Ich gehe an Edelboutiquen vorbei. Dior, Chanel, Yves Saint Laurent. Das Ladenlokal von Nr. 12 gehört Prada. Das pompöse Portal scheint zu den Wohnungen darüber zu führen. Ein prüfender Druck gegen die Griffstange aus poliertem Messing, und die Tür öffnet sich.

Das Entree ist großzügig, die Conciergerie verwaist. Auf der breiten Treppe nach oben dämpft ein dicker Läufer meine Tritte. Die Wohnungstür gibt ebenfalls sofort nach. Leise schließe ich sie hinter mir. Das ging ja leicht! Durchs Vorzimmer kann ich den Salon sehen. Ah, sie hat Besuch. Nein, das ist doch – besser hätte ich es gar nicht treffen können! Ich räuspere mich sanft.

Marlene Dietrich dreht sich zu mir um. »Ah – sind Sie die neue Pflegerin?« Sie mustert mich so neugierig wie misstrauisch. »Gerade kann ich aber nicht.«

»Das macht nichts. Ich habe Zeit.« Ich lächele.

Marlene lächelt eher höflich zurück. »Wir tauschen gerade Erinnerungen aus.«

»Darf ich zuhören?«

»Wenn's sein muss. Setzen Sie sich. Dorthin.« Sie weist mir einen niedrigen Stuhl etwas abseits zu. Wächsern wirkt sie, fast durchsichtig. Nun, in ihrem Alter.

Erika Mann beäugt mich von der Seite. Auch ihr Teint ist glasig. Die prominente Nase ihres Vaters und die Kurzhaarfrisur sind jedoch unverkennbar. »Wer hat Sie überhaupt hereingelassen? Ich habe die Schelle nicht gehört.«

»Es war offen.«

Erika prüft mich noch einmal kritisch. Schließlich lehnt sie sich wieder in ihrem Louis-XVI-Sessel zurück, schlägt die Beine übereinander und fährt fort. »Also, wie gesagt, ich war damals bei der Vorpremiere, geschlossene Gesellschaft. Ich kam als Emissär meines Onkels Heinrich. Er hatte ja wie Emil Jannings zu schlucken, dass Professor Unrat zur Nebensache degradiert worden war, während die Künstlerin Fröhlich zur Hauptfigur promovierte. Du warst zwar körperlich anwesend, aber geistig mit Packen beschäftigt.«

»Mein Gott, ja! Nach der Uraufführung am nächsten

Abend bin ich noch nachts direkt vom Gloria-Palast zum Lehrter Bahnhof, mit allem Gepäck, und von dort nach Bremerhaven und ab nach New York.«

»Mein Onkel wollte im Anschluss von mir wissen, ob seine damalige Geliebte, die Trude Hesterberg, die Rolle der feschen Lola nicht doch besser ausgefüllt hätte als du.« Erika wiegt mit den Händen imaginär große Brüste.

Sie schmunzeln.

»Dieser ganze Film war doch recht ordinär. Ich schäme mich, darin aufgetreten zu sein«, sagt Marlene. »Jede Szene hat Sternberg mit vier Kameras gefilmt, die stets auf meine Schenkel gezielt und sich in meine Spitzenhöschen verkrochen haben. So habe ich schnell sehr viel über Kameraeinstellungen gelernt. – Wissen Sie überhaupt, wovon wir reden?«, wendet sich Marlene an mich.

»Ich glaube schon. *Der blaue Engel*. Ihr Durchbruch, Frau Dietrich. Nicht nur in Deutschland, sondern in der ganzen Welt.«

Marlene hebt langsam das Kinn. »Sie sind mir ja eine. – Und Sie sind meine neue Pflegerin?«

»Nicht ganz. Auf Zeit vielleicht schon.«

Marlene sieht zu Erika. »Verstehst du das?«

»Eine Zeitpflegerin?«

»Wie Ihr Vater, im *Zauberberg* etwa«, schiebe ich hinterher. Ich Idiot. Warum habe ich mir keine Gedanken gemacht, wie ich das Gespräch beginnen soll?

Erika betrachtet mich aufmerksam. »Sie – *schreiben*?«

»Ja.« Weil ich mich nur damit beschäftigt habe, wie ich hier hereinkomme. Und dann ging alles so leicht.

»Und was schreiben Sie so?«, fragt Marlene.

»Ich arbeite an einem – also, ich beschäftige mich mit Wirklichkeiten. Und Medien. Und Politik.«

Erika und Marlene tauschen einen Blick.

»Also, inwiefern der Film die Wirklichkeit ins Wanken gebracht hat. Und ob dadurch die junge Demokratie anfällig gegen die Übernahme von rechts wurde. Weil heute das bilder- und filmbasierte Intern–.«

Marlene blinzelt. »Der Film soll schuld sein? Schaffen *Sie* sich keine Wirklichkeiten?«

»Äh –«

»Wer das abstreitet, vergeht sich an der Wahrheit.« Marlene sieht mich herausfordernd an.

»Klingt recht papieren«, spöttelt Erika.

Es kommt ja doch raus. »Also tatsächlich schreibe ich über Sie, Frau Dietrich. Und über Sie auch, Frau Mann. Und noch ein paar andere.«

»Marlene, willst du die Dame nicht hinausbitten?«, fragt Erika.

»Ja, ja, gleich. Aber erst will ich noch wissen, was das soll. Wer sind Sie eigentlich?«

»Ich heiße Angela Steidele.«

»Wie?«

Ich wiederhole meinen Namen.

»Nie gehört. Hast du von der schon mal gehört?«, will Marlene von Erika wissen.

»Nein.«

»Ich veröffentliche ja auch erst, seitdem Sie nicht mehr le–, äh – lesen.«

Marlene und Erika verständigen sich noch einmal stumm.

»Ihr Buch können Sie sich sparen«, sagt Marlene. »Denn eines ist wahr, nämlich, dass alles, was über mich geschrieben wird, falsch ist.«

Ich schlucke und weiß nicht, was ich sagen soll.

»Deswegen habe ich ja auch meine Memoiren geschrieben, um alles zu korrigieren. Was wollen Sie also noch?«

»Nun, Frau Dietrich, Sie haben einer der drei Fassungen Ihrer Memoiren den Titel gegeben: *Nehmt nur mein Leben*. Sie –«

»Ist ein Zitat von Goethe. Kennen Sie bestimmt n–«

»*Zahme Xenien*, nicht wahr?«

Marlene hebt anerkennend eine Augenbraue, die immer noch höher sitzt als normal.

»Sie behaupten darin, nie Tagebuch geschrieben zu haben. In Ihrem Nachlass in der Deutschen Kinemathek in Berlin befindet sich jedoch ein in rotes Leder gebundenes –«

»Das war kein Tagebuch.«

»Ach nein?«

»Nein. Ich werde ja wohl wissen, ob das ein Tagebuch war oder nicht.«

Wir schweigen.

»Manche Fragen bleiben für uns Nachgeborene aber auch nach der sorgfältigsten Lektüre Ihrer Memoiren offen, Frau Dietrich«, setze ich neu an. »Würden Sie sich zum Beispiel als non-binär bezeichnen?«

»Wie bitte?«

»Non-binär. Keinem Geschlecht angehörend. Die Zweigeschlechtlichkeit überhaupt bezweifelnd.«

Marlene grunzt durch die Nase. »Als ob ich keinem Geschlecht angehören würde.«

»Aber gerade Sie stellen in Person und Mythos doch die Binarität der Geschlechter in Frage. Wie Sie, Frau Mann, ja auch.«

»Ach Kindchen, das nannten wir früher androgyn. Und Mädchen wie die Erika hießen Wildfang. Frauen können etwas Männliches an sich haben und Männer etwas Weibliches. Nichts Neues unter der Sonne. Aber kein schöner Ausdruck: Non-binär.« Marlene kaut das Wort wie einen zähen Bissen.

»So – verneinend. Ich mag alles Bejahende, gerade, was Körper und Geschlecht angeht. ›Zweideutig‹ ist doch viel schöner, nicht?«

»Hm, da ist doch zwei auch wieder drin.«

»Bitte, dann halt vieldeutig. Oder drittes Geschlecht, hatten wir auch schon alles.«

Ich suche noch nach Worten, da fragt Erika: »Wie sind Sie überhaupt auf uns gekommen?«

Auch das noch. »Ähem. – Angefangen hat es mit der Garbo.«

»Ach Gott. Natürlich.« Zieht Marlene ein sauertöpfisches Gesicht, oder bilde ich mir das nur ein?

»Als sie fünfundsiebzig wurde, lief im Fernsehen einer ihrer Filme«, fahre ich fort. »Eigentlich wollte ich lesen, aber dann saß ich im Dunkeln und sah auf der Mattscheibe einen wilden Galopp durch einen lichten, verschneiten Wald. Eine schlaksige Gestalt eilte in Stulpenstiefeln eine Freitreppe hoch, zwei Stufen auf einmal, und weiter zügig durch eine Burg. Und ich bin gebannt auf dem Sofa geblieben.«

»Seht ihr, die wichtigsten Dinge passieren zu Hause«, ruft Marlene. »Sag ich den Tölpeln auch immer, die wollen, dass ich meine Matratzengruft verlasse. Aber was hat Paris schon einer zu bieten, die zu Hause einen Fernseher und ein paar gute Bücher hat?«

»Breite Boulevards zum Autofahren«, antwortet Erika. »Ach, ein schmissiges Chassis, ein gut geölter Motor, Ledersitze, offenes Verdeck, und neben einem eine elegante Erscheinung.« Sie legt den rechten Arm auf eine imaginäre Beifahrerlehne. »Wir halten direkt vorm *Café de Flore* –«

»Sie finden einen Parkplatz, Frau Mann?«

»Ich habe *immer* einen Parkplatz, Frau Stein–, äh?«

»Steidele.«

»Und wie geht jetzt die Geschichte weiter im Fernsehen?«, fragt Marlene.

»Also, dann Einstellung im Profil, der schwarze Hut verdeckt das Gesicht, von dem Spurt hebt und senkt sich ihre Brust stark. Meine auch. Endlich nimmt sie den Hut ab – und es ist um mich geschehen.«

»Soso.«

»Ja. Schön war sie. Sag nichts, Marlene. Und soll ich Ihnen was sagen, Frau Steinderl? In Wirklichkeit war sie noch viel schöner.«

»Echt?«

»Die musste nicht künstlich ausgeleuchtet werden.« Erika sieht kurz zu Marlene hinüber. »Keine Schminke, nur Mascara auf ihren legendären Wimpern. Die Haare immer schlicht, die Klamotten lässig –«

»Sehr lässig. Geradezu fahrlässig«, ergänzt Marlene. »Manchmal sah sie aus, als käme sie direkt aus dem Bett.«

»Ich glaube, manchmal *kam* sie direkt aus dem Bett und tat so, wie wenn ihr Pyjama eine Création von Adrian wäre. Privat trug sie übrigens fast immer Hosen.«

»Und von wem hatte sie das?«, knurrt Marlene.

»Sie hat schon vor dir Hosen getragen.«

»Das bezweifle ich. Sie hat meine Hosen in Berlin gesehen.«

»Ach, das finde ich jetzt sehr interessant, liebe Frau Dietrich«, hake ich nach. »Kannten Sie Greta Garbo schon in Berlin 1924?«

»Woher soll ich das wissen?«

»Generationen von Cineasten und Fans haben sich diese Frage gestellt. In Dutzenden von Büchern wird darüber gerätselt, mittlerweile auch im« – ich bremse und murmele nur noch – »Internet.« Mist, jetzt ist es doch heraus.

»Internat? Welches Internat denn?«

Oh Gott, wie komme ich hier raus? »Ach, Verzeihung, mittlerweile hat sich eine digitale Revolution ereignet, die haben Sie nicht mehr miterlebt.«

»Kindchen«, sagt Marlene, »nach einem langen und reichen Leben kann ich dir sagen: Man muss nicht alles mitgemacht haben.«

Hat Marlene mich gerade geduzt? Verlegen fasse ich mir an die Nase. »Also, Szene für Szene ist in der *Freudlosen Gasse* nach Ihnen gefahndet worden. Manche wollen Sie in der Schlange beim Metzger erkannt haben, andere in dem Puff, in den Greta Garbo gezwungen wird. Wieder andere behaupten, Sie hätten zwar eine Statistenrolle gehabt, aber die sei in der Endfassung herausgeschnitten worden. Was stimmt denn nun?«

»Ich sag noch einmal: Woher soll ich das denn wissen? Stell's dir vor oder bild's dir nicht ein. Ganz egal. Es wird schon seine Richtigkeit haben. Aber – *Morocco* hast du nicht gesehen?«

»Doch, natürlich, Frau Dietrich. Sie im Frack, wie Sie die Frau in dem Nachtclub um eine Blume bitten und küssen. Unsterblich. Ich liege Ihnen zu Füßen.«

»Ja ja. Gary Cooper hat damals viermal mehr verdient als ich.«

»Weil Sie gerade Internat sagten – kennen Sie denn auch *Mädchen in Uniform* von der Leontine Sagan?«, fragt Erika nach.

»Aber natürlich, Frau Mann, und ich liebe Sie als Deutschlehrerin. Ihre Szene in der Urfassung ist mit *Don Carlos* viel besser als mit *Romeo und Julia* im Abklatsch mit Lilli Palmer und Romy Schneider.«

»*Geben Sie Gedankenfreiheit, Sire!*« Erika blitzt mich an.

»Genau. Und –«

»Also Moment«, unterbricht mich Marlene, »die Romy, die war ja nun auch ganz wunderbar. Sehr wunderbar. Hat mich früher viel besucht, als sie dann in Paris war. Ach, dass die auch schon tot ist.«

Schweigen.

»Jedenfalls habe ich dann nach *Königin Christine* keinen Film der Reihe verpasst und alles gesammelt, was ich kriegen konnte. Jedes Bildchen, jeden Artikel, jedes –«

»Was Fans halt so machen.«

»Erika, jetzt fahr dem Kindchen doch nicht andauernd über den Mund, ich find's ganz unterhaltsam. Red doch weiter.«

Marlene duzt mich! Mach bitte weiter so, Marlene.

»Für mein erstes Greta-Garbo-Buch habe ich sogar gehungert. Da war ich mit vierzehn in Brighton, und Alexander Walkers Coffeetablebook *Garbo* war viel zu teuer für –«

»Also gehungert hab ich mein ganzes Leben«, sagt Marlene. »Die Leute denken immer, toll, so ein Leben als Weltstar, dabei hat man die ganze Zeit Hunger. Was glaubt ihr, wie hungrig ich bei meinem allerersten Auftritt in Hollywood sein musste, um mich in dieses enge Kleid einnähen lassen zu können?«

»Ach, Frau Dietrich, fand diese Party im *Chinese Theatre* statt oder bei Ernst Lubitsch zu Hause? In der Sekundärliteratur –«

»Warum hast du das Buch denn nicht einfach geklaut?«, unterbricht mich Erika. Sie duzt mich auch.

»Weil ich keinen berühmten Vater hatte, der mich zur Not raushaut, Frau Mann.«

»Ganz schön spitz, die Frau Stadeler, findest du nicht auch, Marlene?«

»Ja. Aber ich mag freche Weiber.«

Besser weiterreden. »Später habe ich dann in New York vor Greta Garbos Apartmenthaus herumgelungert, um ihr aufzulauern.«

»Hab ich mit Henny Porten ebenfalls so gemacht!« Marlene klatscht mit der flachen Hand auf ihren Schenkel. »Ich hab ihr Cremeschnitten und ein Gobelinkissen geschenkt.«

Erika ist baff. »Echt jetzt?«

»Aber ich habe sie nie angetroffen, und dann ist sie gestorben«, schließe ich traurig.

»Wenn du dich da mal nicht täuschst.« Marlene betrachtet ihre Nägel. »Leute wie wir sterben nicht.«

»Hören Sie auf mit Ihren langatmigen Geschichten.« Erika richtet sich an Marlene. »Das ist nicht deine neue Pflegerin. Diese Frau Dingens hat sich doch hier nur hineinimaginiert.«

»Wann haben *Sie* Greta Garbo denn kennengelernt, Frau Mann?«, frage ich in meinem schmeichelndsten Ton.

Sie sieht mich argwöhnisch an, antwortet dann aber doch. »Wir sind uns zuerst 1940 in Los Angeles begegnet, als ich meinen Eltern geholfen habe, sich an der Westküste zu etablieren. Früher oder später landeten alle bei Salka Viertel. Ihre Engadiner Nusstorte war in ganz Kalifornien berühmt.« Sie zündet sich eine Zigarette an und scheint nicht mehr interessiert.

»Ich dachte, Sie hätten Greta Garbo schon im August 1924 getroffen. Als sie in Berlin Schauspielunterricht genommen haben. Da waren Sie mit Pamela Wedekind zusammen.«

Erika bejaht stumm, leicht unwillig.

»Ein junges lesbisches Paar in Berlin 1924 – natürlich waren Sie im *Eldorado*.«

»Alle waren im *Eldorado*.«

»Und deshalb müssen Sie Mauritz Stiller, der bekanntermaßen schwul war, und Greta Garbo dort getroffen haben, als die in Berlin ihren Film *Gösta Berling* vorstellten.«

»Könnten, nicht müssen. Habe ich aber nicht. Wahrscheinlich kamen sie am Samstag und ich am Sonntag. – Und was bilden Sie sich eigentlich ein? Wie wenn jede mit jeder –«

»Aber Erika, jetzt tu doch nicht so gênant, wir sind doch ständig alle übereinander hergefallen. – Also, Kindchen, ich war damals am liebsten in der *Silhouette*. Wilmersdorf, Geisbergstraße, Ecke Kulmbacher. Verleg unsere Begegnung doch dorthin. Vielleicht stimmt's ja sogar. Wer will das so genau wissen?«

»Ich, beste Frau Dietrich!«, rufe ich unglücklich. »Haben Sie Greta Garbo dort 1924 kennengelernt oder erst später in Hollywood? Was ist denn jetzt wahr?«

»Das ist doch ganz egal«, antwortet Marlene. »Es geht nicht darum, was wahr oder falsch ist. Es geht darum, ob sich etwas gehört oder nicht. Die Wahrheit ist nicht wichtig. Nur der Anstand zählt.«

»Aber das stimmt doch nicht!«, protestiert Erika. »Es kommt sehr wohl auf die Wahrheit an – wie sonst ließe sich feststellen, was der Anstand gebietet?«

»Wer Anstand im Leib hat, kennt die Wahrheit. Immer. – Also, du machst das schon, Kindchen. Und jetzt geh. Meine neue Pflegerin muss gleich kommen.«

Ich verlasse das Haus. Am Gehsteig in der Avenue Montaigne parkt Erika Manns weißer Ford Mustang.

Derselbe Wagen steht eingeschneit vor dem Hotel *Pardenn*. Signe tritt aus der Tür. Ach so, wir sind wieder in Klosters 1969. Sie geht zielstrebig durchs Dorf, an der kleinen Kirche mit dem zu großen Turm vorbei. Ein Terrier mit einem weiß-rot-blauen Wimpel am Halsband schnüffelt schwanzwedelnd an ihren Wollstrumpfhosen, doch streichelt sie ihm nur einmal eilig über den Kopf. Hinter der Brücke zieht sie einen Zettel aus der Manteltasche und orientiert sich. Einem Pferdeschlitten nach gelangt sie in die Doggilochstraße. Neben der *Joh. Warnier Bünd. Spezialitäten Fleischtrocknerei* entdeckt sie das Haus *Fliana*. Signe mustert das Klingelschild und drückt auf den Knopf. Wie hören die Türglocke. Sie wartet. Ihr Blick fällt auf das schlichte zweigeschossige Haus *Chött* bei den drei Garagen. Der Summer ertönt, die Tür springt auf. Im Hausflur sieht sich Signe um, leicht erstaunt. Er könnte mal wieder gestrichen werden. Da sich im Erdgeschoss keine Tür öffnet, steigt sie, leicht zögerlich, die knarzende Treppe hoch.

Oben an der Wohnungstür, die wir schon kennen, steht Salka mit ihrem wolkig aufgetürmten Haar. »Herzlich willkommen. Nur herein. Mögen Sie Tee?« Sie lässt Signe ein. Aus der Wohnstube tönt ein alter Schlager. Klingt wie aus dem Radio. »Wollen Sie nicht ablegen?« Salka reicht Signe einen Bügel von der Garderobe, dreht sich um und geht schon einmal vor, langsam schlurfend. Mit jedem Schritt wird das Lied lauter. Ah, natürlich: *Lili Marleen.* Salka geht zum Apparat.

»Ach bitte, noch einen Moment«, sagt Signe, die gleich nach ihr eintritt.

– stand eine Laterne und steht sie noch davor –

Signe lauscht. »Das – das ist aber nicht Lale Andersen?«

Salka fordert sie auf, Platz zu nehmen, und schenkt Tee ein. »Milch? Zucker?«

»Das ist doch Marlene Dietrich!« Signe setzt sich auf die Sofakante. »Gerne Milch, kein Zucker, danke.«

Mit den Schlussklängen schaltet Salka das Radio aus. »Bemerkenswert, nicht, dass dieses Lied eines Soldaten an seine Lili Marleen immer nur von Frauen interpretiert wurde.«

Signe schüttelt missbilligend den Kopf. »Eine halbe Stunde Gesangsunterricht hätte in diesem langen Leben doch mal drin sein müssen. Sie *weiß* gar nicht, dass man den Ton auf dem Vokal aushält und nicht auf dem Konsonanten. Die kann überhaupt nicht singen.«

»Das aber sehr gut.«

Signe sieht Salka überrascht an, dann schmunzelt sie zustimmend. »Die hat sich ja die Backenzähne ziehen lassen für ihre berühmten hohlen Wangen.« Signe saugt bei geschlossenen Lippen die Wangen ein. »Kennen Sie sich denn persönlich?«

Salka deutet auf die signierte Fotografie Marlenes an der Wand, im Frack und Zylinder. »In Hollywood haben wir gern Rezepte ausgetauscht. Jetzt haben wir uns ein wenig aus den Augen verloren. Sie ist ja so viel unterwegs. Brasilien, Japan, Australien, ich glaube, es gibt keinen Erdteil, in dem sie nicht schon aufgetreten ist.«

»Ich habe sie mal bei Proben in Mexiko-Stadt erlebt.«

»Oh – Mexiko? Habe ich geliebt. Wie alle Europäer in Hollywood. Eine uralte Hochkultur, mit herrlichen historischen Stätten. In Los Angeles war damals nichts älter als zwanzig, dreißig Jahre. – Wie kamen Sie denn nach Mexiko?«

Signe zögert kurz. »Clemens Krauss hat vor etlichen Jahren ein Gastspiel dort gegeben, und ich habe ihn begleitet. Richard Strauss. Unser Konzert fand am Tag vor Marlene Dietrichs Auftritt statt, so kam's, dass ich ein bisschen was von ihren Vorbereitungen mitbekam. Aber stellen Sie sich vor –«

Mit einem Mal sehen wir Marlene Dietrich, nicht mehr durchsichtig wie gerade eben, aber auch nicht mehr so jung wie als *Blauer Engel*. In einem schwarz-weiß gewürfelten Hosenanzug begutachtet sie das Podium einer Konzerthalle. Beeindruckt blickt sie in das weite Halbrund der leeren Ränge. Ein bärtiger Mann redet mit großen Gesten auf sie ein. Er scheint ihr zu erklären, wo das Orchester sitzen, wo er dirigieren und wo sie beim Singen stehen wird. Probeweise verrücken sie den Mikrophonständer. Mit beiden Händen deutet Marlene an, wo ihre Lichtstrahler positioniert werden sollen. Dann will sie ihren Bühnenauftritt proben. Sie begibt sich zum Vorhang, sucht die Lücke und stutzt. Kritisch reibt sie den Stoff zwischen den Händen und führt ihn an die Nase. Mit einer Hand hält sie eine Falte fest, mit der anderen haut sie dagegen. Im Scheinwerferlicht wirbelt der Staub nur so auf. Mit dem Zeigefinger weist Marlene jemanden aus ihrer Entourage an, den Vorhang aber sofort abnehmen und reinigen zu lassen. Da erscheint, offenbar wie verabredet, eine Putzfrau mit einem Karren voller Zubehör. Freudig empfängt Marlene Schrubber und Lappen, billigt die Etiketten der Reinigungsmittel und bemerkt zufrieden, dass der eine Eimer mit Seifenlauge, der andere mit klarem Wasser gefüllt ist. Umstandslos zieht Marlene ihr Jäckchen aus und krempelt die Bluse hoch.

»Und sie hat nicht nur die ganze Bühne geputzt, sondern auch die Garderoben«, hören wir Signe erzählen, während wir sehen, wie Marlene den Bühnenboden feucht aufwischt. Sogar den Mikrophonständer frischt sie auf. »Clemens Krauss und ich nahmen das ein bisschen persönlich, wie Sie sich denken können.«

»Aber Marlene ist doch als deutsche Hausfrau bekannt«, hören wir Salka antworten. »Sie macht es überall so.«

Derweil beugen sich Beleuchter auf der Bühne über ein dickes, handgezeichnetes Buch. Anhand der Skizzen erklärt ihnen der bärtige Dirigent, wann sie welchen Scheinwerfer an- oder ausschalten oder dimmen müssen. Marlene hört mit und zeigt den Beleuchtern, welche Geste sie bei welcher Zeile machen wird. Den Schrubber benutzt sie dabei als Mikrophonständer.

»Ihr Konzert begann dann ganz im Dunkeln.«

Wir sehen nur schwarz. Ein Saalsprecher verkündet: »Ladies and Gentlemen: Marlene Dietrick!« Heller Spot auf den geschlossenen Vorhang. Ein bläserbetontes Tanzorchester spielt den Anfang von *Ich bin von Kopf bis Fuß auf Liebe eingestellt* wie einen Tusch, Beifall brandet auf. Durch einen Spalt im – nun wesentlich helleren – Vorhang erscheint Marlene und verbeugt sich tief und lang. Sie ist in – ja was? Etwas Üppiges, Wulstiges, zugleich aber federleicht Schneeweißes gehüllt, dessen Schleppe sie unter dem nicht endenden Applaus mal links, mal rechts über den Bühnenboden fegt.

»Unter dem Schwanenfedermantel war sie nackt«, hören wir Signes Stimme, während die Kappelle mit Zwischentakten verzögert, weil das euphorisch klatschende Publikum noch nicht für das erste Chanson bereit ist.

»Sie ist nicht nackt, das soll nur so aussehen«, entgegnet Salka. »Das ist feinster Soufflé, wird eigens für sie in Paris hergestellt.«

Das Tanzorchester moduliert in einen frechen, lauten Song, um den Applaus allmählich zu bezwingen. Marlene verkneift sich ein Grinsen.

»Und dann sang sie auf Englisch *They call me naughty Lola,* mein Gott, mit über sechzig!«, erzählt Signe weiter, während wir beobachten, wie Marlene augenzwinkernd mit dem Publikum flirtet. Schließlich lässt sie den Schwanenfedermantel fallen. Im raffinierten Kleid wirkt sie tatsächlich nackt. Dann ein Vorhang, ein neuer Song, und sie tanzt mit lauter Revuegirls, sie selbst in Frackjacke und Zylinder, aber ohne Hose, nur in Netzstrümpfen. Wir möchten über sechzig auch so aussehen. Und tanzen.

»Sie füllt die Carnegie Hall genauso wie die Opernhäuser in Buenos Aires und Sydney«, hören wir Salka. »In Israel hat der Staatspräsident sie persönlich empfangen.«

Nun sehen wir Marlene vor der Ruine der Kaiser-Wilhelm-Gedächtniskirche in Berlin. Das ist doch der junge Willy Brandt, der da mit ihr durch die größtenteils wieder aufgebaute Stadt fährt. Stimmt, der war ja mal Regierender Bürgermeister. Sie halten vor einem stattlichen öffentlichen Gebäude, könnte das Rathaus Schöneberg sein. Willy Brandt geleitet Marlene galant hinein. In einem Saal trägt sie sich in das Goldene Buch der Stadt ein, ohne den Topfhut mit der breiten, tief heruntergezogenen Krempe abzunehmen. Als sie in Begleitung Brandts das Rathaus wieder verlässt, empfängt sie eine wütende Menschenmenge mit Plakaten: *Marlene, hau ab!*

»Eier flogen auch, aber denen konnte sie ausweichen.« Salka streicht das Spitzendeckchen glatt, das sie über die Armlehne ihres Sessel gebreitet hat. Wir sind zurück in ihrer Wohnstube.

Signe hüstelt. Nervös blickt sie sich um. »Oh, was für hübsche Alpenveilchen!« Sie deutet zur Fensterbank.

»Möchten Sie noch Tee?«

»Ja, bitte, köstlich. Earl Grey?«

»Greta besorgt immer meine Lieblingsmarke, in Paris oder St. Moritz oder wo auch immer.«

»Erika freut sich ja schon so auf Ihre Memoiren. Sie wäre gern selbst gekommen, aber ihre Kopfschmerzen sind immer noch nicht besser. Sie hat aber bereits eine Liste geschrieben mit denkbaren Verlagen.«

»Das ist so nett von ihr. Richten Sie ihr herzliche Grüße aus. Und gute Besserung natürlich.« Salka deutet auf ein Päckchen, das in Kartonpapier eingeschlagen auf dem Couchtisch liegt. »Ist halt nur der Durchschlag, das Original hat mein amerikanischer Verleger.«

»Das muss ein riesiger Schatz an bedeutenden Erinnerungen sein.« Signes Blick wandert von dem Manuskript zu den Fotografien an den Wänden – und bleibt an einer hängen.

»Die Schlampe neben Greta im Rollkragenpullover?«, fragt Salka, die Signes Gedanken liest. »Das bin ich in *Anna Christie*. In der deutschen Fassung habe ich mitgespielt. Ich war früher eine erfolgreiche Bühnenschauspielerin gewesen. Deshalb sind wir zusammen auch näher an O'Neills Drama geblieben. Gretas deutsche Anna ist viel zynischer – sie ist vergewaltigt worden, ihre Familie hat sie verstoßen, jetzt ist sie nach Jahren auf dem Strich geschlechtskrank. Das war endlich einmal eine Rolle, die sich für Greta als Schauspielerin gelohnt hat. Sie war mit dieser Fassung viel zufriedener als mit der amerikanischen.«

Beeindruckt wiegt Signe das Kinn in der Hand. »Schade, dass die Synchronisation so schnell entwickelt wurde – sonst hätten wir noch mehr Garbo-Filme auf Deutsch gehabt.«

»Ihre Aussprache ist übrigens in der deutschen *Anna Christie* besser als in der amerikanischen. Ich habe ihr doch bei den Dreharbeiten Deutsch beigebracht. Während der Film im Original mit dem Slogan *Garbo talks!* angepriesen wurde, hieß es in Deutschland, Österreich und der Schweiz dann: *Die Garbo spricht Deutsch!*« Salka gluckst bei der Erinnerung. »Aber wie und was! Die Dialoge stammen ja von mir.« Sie ahmt Gretas tiefe Stimme nach: »*Hör auf, mich anzuquatschen. Die Männer sind alle zum Kotzen.*«

Signe ist begeistert. »Großartig! – Darf ich fragen, wie Sie Greta kennengelernt haben?«

»Bei Ernst Lubitsch. Er gab eine Smoking-Party zu Ehren

eines deutschen Filmstars. Wie in Hollywood üblich, drängten sich die Frauen in einer Ecke des Raums, während die Männer in der anderen über Geschäfte sprachen. Murnau war natürlich bei den Damen. – Murnau ist doch hoffentlich ein Begriff?«

»Selbstverständlich. *Nosferatu, Faust, Sunrise*.«

»Ach, *Sunrise* kennen Sie auch?« Salka ist angetan. »Nun, Murr führte mich zu dem deutschen Star, dessen aufwändiges Kleid fast das ganze Sofa einnahm. Neben ihr saß in einem einfachen schwarzen Tailleur – Greta Garbo. Sie versuchte mir Platz zu machen, während der Star nicht daran dachte, seine Volants zusammenzuraffen. Also überließen wir ihr das Sofa und gingen hinaus auf die Veranda. Murnau zauberte verbotenen Champagner hervor, und plötzlich wurde es ein äußerst anregender Abend.« Salkas Erzählung wirkt ein bisschen so, als habe sie sie schon hundertmal genau so aufgesagt.

Signe lauscht gebannt.

»Wir sprachen über Berlin, sie fragte nach Bertholds und meiner Theaterarbeit, Murr füllte immer wieder unsere Gläser, und es war, als würden wir einander schon ewig kennen. – Am nächsten Tag, wir hatten soeben das Mittagessen beendet, klingelt es bei uns in der Mabery Road – wir hatten dort gerade unser Haus bezogen –, und in dem quadratischen Fensterchen der Haustür erschien Gretas Jahrhundertgesicht. Fröhlich verkündete sie, sie wolle die Unterhaltung vom Vorabend fortsetzen. Da sie nicht weit von uns wohnte, gingen wir fortan, wenn sie nicht gerade einen Film drehte, jeden Morgen am Strand spazieren und badeten im Meer. Denn so früh am Tag wurde sie nicht von Reportern und Fotografen belästigt.« Salka nimmt einen Schluck Tee.

Signe blickt zwischen ihr und dem Manuskript hin und her. Sie denkt wohl dasselbe wie wir. »Und – war der neue Star aus Deutschland, der auf dem Sofa nicht Platz machen wollte, Marlene Dietrich?«

Salka schenkt konzentriert Tee nach und greift zur Gebäckzange. »Möchten Sie ein Stückchen? Schokoladenbiskuit. Thomas Mann konnte nie genug davon bekommen.«

»Danke, gern.«

»Sehen Sie, die Studios haben ja versucht, Greta und Marlene gegeneinander aufzuhetzen. Beide bekamen im selben Jahr ihre erste Oscar-Nominierung, Greta für *Anna Christie*, Marlene für *Morocco.*« Salka deutet auf das Foto von Marlene im Frack an der Wand. »Paramount provozierte bewusst das prüde Amerika mit allen gewagten Verruchtheiten des damaligen Berlin.« Salka hebt eine Augenbraue.

»Und wer hat den Oscar bekommen?«

»Keine von beiden. Greta war Gott sei Dank wie immer gar nicht zu der Zeremonie im *Biltmore* erschienen. Ich weiß noch, meine Enttäuschung wurde damals gemildert durch gleich zwei Oscars für die Verfilmung von Erich Maria Remarques Roman *Im Westen nichts Neues*. Hat übrigens unser Carl Laemmle von der Universal produziert. Aber diese Konkurrenz auf der Leinwand zwischen Garbo und Dietrich, die war ja nur von den Studios aufgeblasen. Wenn sie überhaupt miteinander konkurrierten, dann war das um M–« Salka unterbricht sich. Errötet die alte Dame etwas? Sie lächelt entschuldigend. »Um Dingens, um – Murnau eben, wollte ich sagen! Greta hat Murr sehr verehrt. Er erinnerte sie an Mauritz Stiller. Aber Murnau ist dann ja – na, Sie wissen schon.«

»Äh – das jetzt nicht?« Nun errötet Signe ein wenig.

»Nein? Murr hat doch diesen Film da in der Südsee gedreht. *Tabu*. Die Geschichte einer verbotenen Liebe. Herrliche Aufnahmen, Palmen am Strand, die Boote, und wie geschickt die dort paddeln können. Murr kehrte zwar ohne einen Cent von Tahiti zurück, doch sein Film war fertig. Nur die musikalische Begleitung war noch offen. Berthold, mein Mann, riet zu wilden Trommeln, aber Murr wollte eine opulente symphonische Untermalung, die 50 000 Dollar kosten sollte. – Nun, eines Tages rief mich Murnau an und lud mich und die Jungen zu einer Fahrt am Meer entlang ein. Ich wusste, dass er keinen Wagen hatte und gar nicht Auto fahren konnte. Gern, sage ich, wir holen dich ab. – Nein, sagt er, *ich* komme mit einem Rolls-Royce. – Murr, schreie ich, du hast *Tabu* verkauft! – Höchst lukrativ an die Paramount, lacht er. – Er erschien für unseren Ausflug in einem riesigen Rolls-Royce mit Chauffeur, einem blutjungen Halbpolynesier, den er als Butler einarbeiten wollte und der ihn auch nach Deutschland begleiten sollte. Murrs Mutter in Bielefeld sehnte sich nämlich sehr nach ihrem Sohn, und in Berlin war die deutsche Premiere von *Tabu* anberaumt. Für den 31. März 1931 hatte er eine Kabine auf der *Europa* gebucht. – Am nächsten Abend sitzen Berthold und ich abends am Kamin, als wir per Anruf erfahren, Murnau habe einen Autounfall gehabt und liege in Santa Barbara im Krankenhaus. Wir also sofort los. Auf dem Highway passieren wir zwei total zerstörte Autos. In der Klinik treffen wir den völlig aufgelösten Halbpolynesier. Ein Lastwagen habe die Kurve geschnitten, er habe den Wagen nach rechts gerissen, sie seien die Böschung zehn Meter tief hinuntergestürzt. Ihm sei nichts passiert, doch Murnau habe lebensgefährliche Kopfverletzungen.«

»Moment«, unterbricht Signe, die gebannt zuhört. »Sagten Sie nicht, Sie kamen an *zwei* völlig zerstörten Autos vorbei? War der schwere Rolls-Royce schon wieder oben?«

»Na ja, während Berthold sich bemüht, einen Gehirnspezialisten in Los Angeles telefonisch zu erreichen, gehe ich zu Murr. Er liegt auf dem Rücken, sein Kopf verbunden, die Augen geschlossen. Aus einem Nasenloch sickert eine dünne Blutspur. Ich beuge mich über ihn und flüstere: Murr – hörst du mich? Aber er war soeben gestorben. Seine Hände waren noch warm. – Er fuhr dann, wie geplant, auf der *Europa* zu seiner Mutter, aber nicht in der gebuchten Kabine, sondern im Sarg.«

Signe schweigt, betroffen von der Pointe. Dann deutet sie mit dem Kinn Richtung Manuskript. »Das steht da drin, nicht wahr?«

Salka nickt.

»Mein Gott, können Sie erzählen! Das wird ein Riesenerfolg.«

»Ich fürchte, mein amerikanischer Verleger teilt Ihren Enthusiasmus nicht. Er druckt nur 4000 Exemplare.«

»Das ist doch erst der Anfang! Und Erika wird für die deutsche Ausgabe sorgen.«

Salka lächelt halb hoffend, halb skeptisch.

Da sie nichts weiter sagt, läutet Signe den Abschied ein. »So, jetzt habe ich Sie aber genug aufgehalten. Und ich kann es gar nicht abwarten, Erika das Manuskript zu bringen. Die wird sich vielleicht freuen!« Signe steht auf, Salka mit ihr. Sie übergibt ihr den Packen und begleitet sie zur Tür. Während Signe in den Mantel schlüpft, schlurft Salka zurück in die Wohnstube und macht das Radio wieder an.

»– von West-Berlin ein ›Aktionsrat zur Befreiung der Frauen‹ gebildet. Auch an anderen bundesdeutschen Universitäten formieren sich derzeit sogenannte ›Weiberräte‹. In –«

Signe zieht die Tür hinter sich zu.

Eine Tür geht auf. Sie hat ein quadratisches Fensterchen und gehört zu einem freundlich verwinkelten Gebäude mit steilen Dächern, einem hohen Schornstein und Fachwerk am spitzen Giebel. Hinter Salka, der jüngeren, warten Berthold und Greta sowie Lubitsch und dieser Schnauzer Sternberg in einem Vorgarten mit Rosensträuchern und einer Magnolie.

»Hans, Peter, Thomas?«, ruft Salka ins Haus. Keine Antwort. Rasch durchquert sie das großzügige Wohnzimmer und erblickt durch die breite Fensterfront zum rückwärtigen Garten drei Jungs, die in einem Feigenbaum klettern.

»Macht es euch bequem«, bittet Salka die eintretenden Gäste. Sie geht durch ein Esszimmer in die Küche, legt ihre Tasche auf einer Eckbank ab und setzt Wasser auf. Mit dem Handrücken wischt sie sich Tränen von den Wangen. Sie nimmt Streichhölzer und kehrt in den Salon zurück, zu einer Anrichte mit einer Totenmaske auf einem violetten Kissen. Salka entzündet die Kerzen links und rechts und verharrt einen Moment. »In Amerika hat der Tod einfach keine Würde. – Habt ihr es auch bemerkt? Der Bestatter hat ihn doch geschminkt. Volles Make-up.«

Greta, im grauen Anzug mit Krawatte wie Berthold und Lubitsch, tritt hinzu. Sie trocknet sich mit einem Taschentuch die Augen, ohne die Mascara zu verwischen.

Lubitsch setzt sich zu Berthold an den Kamin. »Übrigens, Viertel – es war gar nicht der Jannings, der Kläuschen Mann damals die 1000 Dollar für die Weiterreise nach Japan geschenkt hat. Es war unser Freund Murr, für gewisse –« Er und Berthold sehen sich vielsagend an.

Greta winkt den Buben draußen und will gerade zu ihnen gehen, da klingelt es. Salka lässt einen Mann mit Hornbrille ein, den wir noch nicht kennen. »Ach, Rouben, schön, dass du doch noch kommst!« Hat Salka einen Unterton?

»Entschuldigt bitte.« Rouben überfliegt die Anwesenden und deutet vor Greta erfreut eine Verbeugung an. »Dr. Jekyll wollte heute einfach nicht zu Mr. Hyde werden. Alle Spezialeffekte haben versagt, die neuen Kamerafilter genauso wie das phosphoreszierende Licht. Null Horror. Ich hab's daher nicht rechtzeitig aus dem Studio geschafft.« Seine Stimme ist sehr angenehm, wie der ganze Mann. Typ gutaussehender Intellektueller. »Wie war's denn?« Er tritt zu der Totenmaske und hält einen Moment inne.

»Leer war's. Kein Mensch war da.« Lubitsch starrt trüb vor sich hin. »Ganz Hollywood glänzte durch Abwesenheit. Und das einem Friedrich Wilhelm Murnau. Gut, dass er das nicht mehr erleben musste.«

Rouben blickt unsicher von einem zum andern.

Eingehend mustert Salka seinen Straßenanzug. »Von Marlene hätte ich es nicht gedacht. Dass die auch kneift.«

»Hat sie auch nicht«, entgegnet Sternberg, den Arm auf dem Sims des Kamins, in dem Holzscheite auf kältere Tage warten. »Die hätte ganz gewiss teilgenommen, aber sie ist in Europa.«

»Wie? Schon wieder weg?«

»Den Riesenerfolg in der Heimat genießen. Sie singt ihre Lieder jetzt auch in London und Paris. Und in Berlin nimmt sie Schallplatten auf. Sie kommt aber bald zurück.«

»Chaplin ist übrigens auch gerade in Berlin. Der ist also ebenfalls entschuldigt«, sagt Berthold.

Rouben kratzt sich am Kinn.

»Aber am schlimmsten war dieser trostlose Bestattungssalon.« Sternberg verschränkt die Arme vor der Brust.

»Ich fand das Kreuz aus Gardenien noch schlimmer«, meint Salka.

»Ich hatte einen Kranz bestellt«, sagt Greta. »Der Florist hat, ohne mich zu fragen, ein Kreuz daraus gemacht.«

»Aber Gardenien? Mussten die wirklich sein?«, fragt Lubitsch gequält.

»Ja.«

»Soll ich euch sagen, warum ganz Hollywood ferngeblieben ist? Das hat mit deinen Gardenien zu tun. Wer geht schon –« Lubitsch will weitersprechen, aber Berthold eilt ans Fensterchen der Haustür. »Wo kommen denn jetzt *die* alle her?«

Quadratisch eingefasst, erblicken wir Dutzende Menschen, die durch den Vorgarten strömen. Berthold öffnet.

»Trauen sich nicht zur offiziellen Trauerfeier, aber zu meinem Leichenschmaus«, sagt Salka absichtlich laut.

Die ersten Gäste haben ihre Worte noch gehört. An einige können wir uns erinnern, von Marlene Dietrichs Begrüßungsparty.

»Haben Sie tausend Dank für die Gelegenheit zum Abschied«, murmeln die Ankömmlinge, schütteln Berthold die Hand und händigen Salka Blumen aus. Sie will sie erst nicht annehmen, aber dann pfeift aus der Küche der Wasserkessel. Seufzend holt sie Vasen, stellt die Blumen zu Murnaus Totenmaske und brüht Tee auf.

Die Gäste füllen derweil den Wohnsalon und treten auch schon durch die Verandatür in den Garten. Die Jungs draußen verdrücken sich. Unser Blick bleibt an einer Frau ganz in Schwarz hängen: ein Dreispitz auf dem Kopf, ein Cape über den Schultern, darunter eine Bluse mit Rüschen an Hals und Busen, Kniehosen, Seidenstrümpfe und hochhackige, spitze Schuhe mit silbernen Schnallen. Sie ist klein und trägt das Kinn hoch. Unruhig sieht sie sich um. Salka nimmt sie verwundert wahr, als sie, mit einem großen Tablett beladen, in den Salon zurückkehrt.

»Ach Gott, ist das nicht – Sergej Eisenstein?«, ruft eine Dame, die ihr mit den Tassen, Zucker und Milch hilft.

Ein zierlicher Mann mit ähnlich wolkig aufgetürmtem Haar wie Salka kommt herein.

»Was macht *der* denn in Hollywood?«

»Filme drehen? Soll hier manchmal geschehen. – Paramount hat ihn für ein Jahr verpflichtet.« Salka schenkt Tee aus, der ihr freudig abgenommen wird.

»Diesen *Kommunisten*?« Die Dame spuckt das Wort angewidert aus.

»Ein bisschen mehr Gerechtigkeit, mehr für die Armen und weniger für die Reichen, würde *diesem* Land hier auch gut anstehen«, versetzt Salka. »Strudel?«

»Die Sowjets haben umgekehrt noch keinen Regisseur aus Hollywood eingeladen«, mischt sich Lubitsch ein. »Oh, und mit Vanillesauce – wie immer göttlich, Salka!«

»Täte denen wiederum auch mal gut, oder?« Salka beordert Eisenstein zu sich. »Warum bist du nicht zu der Zeremonie gekommen? Du bist doch sonst nicht so feige? Im Angelus Temple waren wir doch letztens auch?«

Während sich Salka bei ihm einhakt, grüßt Eisenstein die Dame und Lubitsch höflich. »Salka und ich haben schon einige Expeditionen zusammen unternommen, sowohl in das fromme wie auch in das sündige Los Angeles.«

»Den Angelus Temple kenne ich auch.« Die dramatische Frau in dem schwarzen Cape steht auf einmal bei ihnen. »Wobei die Priesterin dort das fromme und das sündige Los Angeles vereint.« Sogleich späht sie wieder um sich. Salka betrachtet sie erstaunt.

Eisenstein nickt zustimmend. »Salka und ich haben einen ihrer Gottesdienste besucht. Der Tempel war bis auf den letzten Platz gefüllt, fünftausend verzückte Menschen. In ihrer Predigt verkündete die Priesterin, der Herr sei süß, und schmatzte dabei genießerisch, als schmecke sie den süßen Jesus!«

»Und die ekstatische Menge hat mitgeschmatzt!«, ergänzt Salka. »Am Ende haben alle Halleluja gesungen und wahnwitzige Summen gespendet.«

»Reinste Propaganda«, sagt Eisenstein fasziniert und zwinkert Salka zu, die ihm den Unterarm tätschelt. »Was machen wir armen Schlucker bloß falsch?«

Die Unbekannte in Schwarz zieht die Brauen zusammen. »Im Angelus Temple feiern Menschen jeder Hautfarbe zusammen Gottesdienst. Sie scheinen keinen Begriff davon zu haben, was das in diesem Land bedeutet.« Brüsk entfernt sie sich. Eisenstein, Salka, Lubitsch und die Anti-Kommunistin sehen ihr verdutzt nach.

Sie bahnt sich suchend einen Weg durch die Leute, an Berthold vorbei, der am Klavier mit einer blutjungen Frau spielt. Im Esszimmer sitzt Greta Garbo am Tisch und untersucht einen kümmerlichen Kaktus, während sie diesem Rouben mit der Brille zuhört. Die im Cape atmet tief durch, stellt sich vor Greta, nimmt zum Gruß den Dreispitz ab und verbeugt sich tief. Ihre schwarzen Haare sind glatt nach hinten gekämmt und im Nacken rasiert. Sie glänzen vor Brillantine.

Gretas Blick gleitet fragend über ihren Aufzug. »Äh – Sie wünschen bitte?«

»Ihr Herz. Ihren Körper. Ihre Küsse. Ihre Hände. Ihre Seele. Ihre Liebe. Alles.«

Greta dreht sich gelangweilt ab.

Wir springen wieder zu Salka, Eisenstein und den anderen.

»Aber das sündigste Lokal bleibt doch das *Alabam*«, meint Eisenstein gerade. »Dort trat letztens eine hervorragende Damenkapelle auf. *Sweet Sue and her Society Syncopators* aus Chicago.«

»Das *Alabam*?« Lubitsch winkt ab. »Da muss man ja seine eigene Milch mitbringen.«

»Ich trinke ohnehin nicht«, sagt Eisenstein.

»Wie? Ein Russe, der nicht trinkt?«

»Dann passt er ja hervorragend hierher!«, meint Sternberg.

»Hast du's noch nicht gehört? Präsident Hoover will die Prohibition endlich wieder aufheben, um die lahme Wirtschaft anzukurbeln und den Schwarzmarkt auffliegen zu lassen.«

»Und die Mafia abzukochen.«

»Manche mögen's heiß.«

Im Esszimmer macht die mit dem Cape einen zweiten Versuch. »Eine Kartenleserin hat mir geweissagt, am dritten Tag nach meiner Ankunft in Hollywood werde mein dringendster Wunsch in Erfüllung gehen. Heute bin ich drei Tage hier.«

Greta steht auf, Rouben stellt sich schützend vor sie und geleitet sie in den Salon. »Du hast es übrigens wieder geschafft, Greta. Gratulation!«, murmelt er. »Die Liste wurde heute veröffentlicht. Du bist abermals der beliebteste weibliche Filmstar in den USA. Keine spielt so viel ein wie du.«

Sie gehen zu den anderen und hören Lubitsch, wie er gerade ungläubig nachfragt, »– sich umgebracht haben, weil er den Übergang zum Tonfilm nicht geschafft hat?«

»Ich behaupte es ja gar nicht«, antwortet Sternberg, »ich sage nur, was man munkelt. Und dass deshalb die Leichenhalle heute so leer war. Die Leute hier sind alle bigott, und die Kirchen haben einen Einfluss, den sich unsereins gar nicht vorstellen kann. – Und tatsächlich ist ja auch sein letzter Film, den er da aus der Südsee mitgebracht hat, wieder nur so ein symphonisches Gemälde.«

»Es sind schon viele am Tonfilm gescheitert«, sagt Rouben. »Schauspieler wie John Gilbert etwa, und da denken die Leute womöglich, jetzt hat es auch mal einen Regisseur erwischt.«

berühmte Sequenz auf der Freitreppe von Odessa. Die Stiefel der im Gleichschritt marschierenden und schießenden Soldaten, die fliehenden Menschen, die protestierenden Mütter, der Kinderwagen mit dem Säugling die Stufen hinunter – meisterhaft geschnitten, immer schneller, sodass einem selber der Atem stockt. Großartig! Aber kein Widerspruch zum unsichtbaren Schnitt, im Gegenteil, nur eine besonders originelle Anverwandlung, uns Zuschauer in den Bann der Geschichte zu ziehen.«

»Ich widerspreche Ihnen! Meine Montagen sind antikapitalistisch! Mein *Panzerkreuzer* zeigt in Perspektiven und Einstellungen krasse Wechsel und –«

Salka bemerkt, dass Greta die mit dem schwarzen Cape verstohlen beobachtet. »Kennst du diese Madame Dracula da?«, fragt sie Rouben flüsternd. »Kommt die direkt aus deinem Horrorfilm-Atelier?«

Rouben folgt Salkas Blick. »Nein, die zieht sich immer so an. Das ist Mercedes de Acosta. Entwickelt einen Stoff für Lillian Gish.«

»Die?« Salka inspiziert sie genauer. Wir auch. Mercedes? – Da war doch was? Sie ist deutlich kleiner als Greta. Tiefliegende braune Augen, dünne, rot bemalte Lippen, kalkweiß gepuderte Haut.

Eisenstein droht mittlerweile mit dem Zeigefinger. »– wohingegen Ihre Kontinuitätsmontage hier kapitalistisch ist, dekadent, minderwertig.«

Berthold hört dem Russen aufgeschlossen zu.

»Ihr Hollywoodkino ist doch nur Opium des Volkes!«, wütet Eisenstein.

»Ich habe das Rauchen aufgegeben«, beginnt die in dem Cape, Mercedes also, von neuem. »Weil Gandhi sich dagegen ausgesprochen hat.«

»Gandhi?«, fragt Greta.

»Es schadet nicht nur dem Leib, sondern auch der Seele. Nikotin verdickt den spirituellen Körper.«

»Verdickt den –?« Gretas Stirn umwölkt sich. Halb will sie den Regisseuren weiter zuhören, halb ein eigenes Gespräch führen.

»– eine sozialistische Ästhetik dagegen soll den Zuschauer zur Wahrheit führen. Wir müssen die Unterschiede zwischen der Wirklichkeit und der gefilmten Wirklichkeit aufdecken. Das Gemachte in seiner Gemachtheit zeigen!«

»Bei aller Wertschätzung, Herr Kollege«, sagt Lubitsch, »wir Zuschauer verwechseln doch nicht den Film mit der Wirklichkeit.«

»Aber verstärkt der Tonfilm nicht den illusionären Realismus des Films?«, fragt Berthold. »Er wirkt ja noch gefährlich naturalistischer als der Stummfilm.«

»Ach was«, wirft Sternberg ein, »brandgefährlich ist doch nur das Celluloid an sich.«

Eisenstein gibt einen verächtlichen Ton von sich. »Ich würde mich nicht wundern, wenn Murnau eingesehen hätte, dass er mit seinen verabscheuungswürdigen Illusionen die ungerechten Verhältnisse stabilisiert und sich deshalb umgebracht hat.«

»Der Freitod macht nicht frei«, wispert Mercedes Greta zu. »Weil dieselben Probleme im nächsten Leben wiederkehren.«

»Im nächsten Leben?«

»Alle Religionen lehren die beiden großen Wahrheiten von Karma und Wiedergeburt. War Herr Murnau ein spirituell Wissender?«

Greta überlegt. »Das weiß ich nicht. Aber ich weiß, dass er sich nicht das Leben genommen hat.«

Im großen Kreis hat Rouben Mamoulian wieder das Wort ergriffen. »Also ich merke ja gerade in meinem neuen Film, *Dr. Jekyll and Mr. Hyde*, dass der Ton auch das wirklicher erscheinen lässt, was wir *nicht* sehen. – Herr Murnau musste seinen *Nosferatu* noch zeigen. Aber den spindeldürren Darsteller und seine zwei spitzen Zähnchen kann man auch komisch finden. Sein Schatten ist viel schrecklicher, verstehen Sie? Im Tonfilm reichen Geräusche! Wir sehen eine behagliche Stube, hören aber Glocken schlagen, Stufen knarren, Türangeln quietschen, Eulen heulen, ein Keuchen nähert sich, eine Frauenstimme kreischt – vielleicht empfinden wir den Film auch deshalb als so wirklich, weil er uns Angst einzujagen versteht, obwohl wir doch bequem im Dunkel des Kinosaals sitzen.«

Bei den letzten Worten hat Eisenstein einen Schuh ausgezogen, den er nun auf den Tisch haut. »Sie verführen die unterdrückten Massen in manipulierte Wirklichkeiten, anstatt sie aufzuklären und zu befreien! Sie jagen ihnen wohlige Horrorschauer über den Rücken, anstatt sie zum politischen Kampf aufzustacheln! Sie –«

Salka zieht Eisenstein sanft, aber bestimmt am Arm durch die Verandatür in den Garten.

»Also da tut er unserem Murnau jetzt Unrecht.« Sternberg deutet mit dem Daumen diskret auf Eisenstein. »Gerade ihm waren Ausbeutung, Ungerechtigkeit und so weiter ein Anliegen. Die von Männern, muss man hinzufügen. Er hat ja keine einzige großen Frauengestalt geschaffen.«

Lubitsch will widersprechen – ihm fällt aber kein entkräftendes Beispiel ein.

»Hure oder Heilige, darauf läuft es bei ihm hinaus. Und immer nur als Nebenfigur.«

»Die heilige Johanna, sage ich Ihnen, mit Ihnen in der Hauptrolle!«, raunt Mercedes Greta nachdrücklich zu.

»Kommen Sie mit.« Greta zieht sich diskret aus der Runde zurück und geht in die Küche. Dort lehnt sie sich gegen den Eisschrank und sieht Mercedes erwartungsvoll an.

Die setzt sich auf die vordere Kante der Eckbank. »Schon als Kind konnte Johanna schneller als jeder Junge rennen und schwerere Gewichte tragen. Später neigte sie zu Einsamkeit, Stille und Gebet. Nie schenkte sie einem Mann ihre Gunst, und nur ein einziges Mal widersetzte sie sich ihren Eltern, als die sie nämlich zum Heiraten zwingen wollten.«

Greta greift zu einem Laib Brot und holt, ohne zu suchen, aus der richtigen Schublade ein großes Messer. »Kannten Sie Murnau überhaupt persönlich?«

»Nein, leider nicht. Ich habe diese Trauerfeier nur als Vorwand benutzt, um uns miteinander bekannt zu machen.«

Greta schneidet zwei Scheiben ab, den Laib vor der Brust. »Soll ich Ihnen sagen, weshalb fast ganz Hollywood ferngeblieben ist?«

Mercedes hebt fragend das Kinn.

»Murnau hat seinem jungen Butler während der Fahrt einen geblasen. Der Lkw-Fahrer wollte es wohl genauer sehen.«

Mercedes schweigt betroffen.

Greta öffnet den Eisschrank, kramt und holt Würstchen heraus, in Fettpapier eingeschlagen. Sie bietet Mercedes welche an.

»Danke, aber ich esse kein Fleisch.«

»Nein?« Greta legt zwei Würstchen auf ein Vesperbrettchen. »Lillian Gish isst auch kein Fleisch. Sie sagt, sie erträgt den Gedanken nicht, dass ein Tier getötet wurde.«

»Ich ertrage den Gedanken nicht, vielleicht eine meiner Geliebten aus meinem letzten Leben zu essen.«

Greta lässt ihren Bissen sinken. »Wie bitte?«

»Wie gesagt, ich glaube an die Wiedergeburt. Das Lebensrad. Alles kehrt wieder in ewigem Kreis. Ich bin Buddhistin.«

»Das Lebensrad? Das ist doch ein Kinderspielzeug. Bewegte Bilder, bevor es das Kino gab.«

»Hieß das nicht das Wunderrad? Nein, ich spreche vom indischen Lebensrad.«

»Nie gehört.«

»*Wir* kennen uns auch schon aus früheren Inkarnationen«, sagt Mercedes. »Deshalb verspüre ich ein solches Verlangen nach Ihnen.«

Greta führt ein Stück Brot zum Mund.

»Ich kann übrigens jede Frau verführen, die ich haben will«, ergänzt Mercedes.

Greta hält ihrem Blick stand. »Ich werde dich nicht vom Gegenteil überzeugen.« Grinsend beißt sie von ihrem Würstchen ab.

Das Hotel *Pardenn* von außen bei Tag. Dieses Mal gehen wir nicht zum Eingang, sondern nach rechts zu einem flachen Anbau. Mühelos durchqueren wir eine verschneite Sichtschutzhecke und nähern uns der großen Fensterfront eines Hallenbads. Einfach so gleiten wir durch das Glas – toller Trick – und sehen drinnen eine Frau, die zügig Bahnen zieht. Ihre Badehaube ist dicht an dicht mit Blüten besetzt. Erika sitzt in einem Korbsessel und liest in losen Blättern, die sie von einem Stapel auf dem Tischchen neben sich nimmt und auf einen anderen zu ihren Füßen ablegt. An der Armlehne zittert ihr linker Ringfinger unentwegt. Ab und an freut sie sich an der unermüdlichen Schwimmerin. Hinter Erikas Platz schmückt ein

Mosaik die Wand: das Wildmännli mit Laubbadehose und -mütze, bis zu den Knien im Wasser.

Über eine Leiter verlässt Signe schließlich das Becken. Sie greift zu einem Handtuch und trocknet sich ab. »Herrlich, so allein.« Sie nimmt die Haube ab und wuschelt sich die Haare auf.

»Die andern scheinen alle auf der Piste zu sein.« Erika betrachtet zärtlich Signes noch recht sportlichen Körper.

Signe schlüpft in einen Bademantel mit *Pardenn*-Stickerei auf der Brust. »Bist du schon lange da? Ich hab dich gar nicht reinkommen sehen.« Sie bemerkt die Papierstapel. »Du bist ja schon fast durch! Und?«

Erika zieht die Mundwinkel nach unten. »Ganz schwach.«

»Oh!« Signe setzt sich auf den zweiten Korbsessel.

»Bin froh, wenn ich zu meinem Auswahlband *Thomas Mann für Deppen* zurückkann.«

»Aber jetzt erzähl doch.«

»Viel zu ausführlich über die Zustände am Theater. Empört sich über die Besetzungscouch.« Erika verdreht die Augen.

Signe wundert sich, verwirrt.

Erika zuckt die Achseln. »Weiß doch jeder. – Vielleicht war es ganz gut, dass du so früh krank geworden bist. Sängerinnen unterscheiden sich in nichts von Schauspielerinnen in den Augen der Herren Intendanten und Regisseure, und bei der Musik kommen noch die Dirigenten als Plagegeister hinzu, nicht wahr?«

Signe schaut durch die bodentiefen Fenster in die Winterlandschaft hinaus, die man hinter den verschneiten Sichtschutzhecken erkennt.

»Über ihre angebliche Bühnenkarriere lügt sie das Blaue vom Himmel herunter. Deshalb auch der Titel, das wird mir jetzt erst klar: *the kindness of strangers* stammt doch aus Tennessee Williams' *A Streetcar named Desire.* Wie wenn sie je die Blanche gespielt hätte! Alles über Salka sagt das. Die *Truppe* war nichts als der verzweifelte Versuch, ihr überhaupt ein Engagement zu verschaffen. Wurde von Berthold aber als Revolutionierung des Theaters verkauft.« Erika schnaubt durch die Nase.

»Vielleicht hat sie sich am Theater nicht durchgesetzt, weil sie wie du vor der Besetzungscouch geflohen ist?« Geschickt wickelt Signe das Handtuch zum Turban.

»Ich wollte dann ja gar nicht mehr Schauspielerin werden. Das Schreiben zeitigte mehr Erfolg und mehr Einnahmen.«

Signe räuspert sich. »À propos. Wir müssen endlich mal die Rechnung für die erste Woche begleichen. Der Empfangschef hat mich vorhin schon ganz mahnend angesehen.«

»Der Wicht. Einfach negligieren. – Als Anhängsel von Berthold zufällig in Hollywood gelandet, hat sie dann auf eine Karriere als Charakterdarstellerin gehofft. Aber sie hat ja outriert wie der Jannings. Ihren Misserfolg kann sie jedoch nicht zugeben, also behauptet sie, die Schauspielerei im Film habe sie nie gereizt.« Erika posiert ein bisschen. »Man wolle doch in einer Rolle leben, und schon heiße es Schnitt, Drehen bestehe fast ausschließlich aus Warten, und dazu sei ihr die Zeit zu kostbar gewesen. – So ein Schmarren!«

»Hm.« Signe versucht diskret, die oben liegende Seite zu lesen.

»Aber das Hauptproblem ist, dass sie als sie selbst wahrgenommen werden will und nicht als die Freundin von Greta Garbo und Sergej Eisenstein. Sie sagt sogar ausdrücklich, sie habe kein Gossipbook schreiben wollen. Dabei interessiert man sich doch nur für sie, weil sie so berühmte Leute kannte – und das will sie nicht wahrhaben. Beim Lesen quält einen geradezu die Diskrepanz zwischen dem, was man erhofft, und dem, was man bekommt. Und dann gibt sie auch noch zu, wie viel sie hat putzen und kochen müssen in ihrem Leben und wie wenig Geld sie immer hatte.« Erika reibt sich die Nasenwurzel.

»Schreibt sie denn gar nichts über die Garbo?« Signe verrückt die obere Manuskriptseite, um die darunter lesen zu können.

»Doch, aber zurückhaltend und ehrerbietig, total langweilig. – Ich weiß ehrlich nicht, welcher deutsche Verlag das Wagnis auf sich nehmen würde.«

»Aber sie kann doch auch nicht schreiben, dass sie –« Signe blickt sich um. Weiterhin niemand in der Schwimmhalle.

»Eigentlich verbirgt sie sogar, *wie* gut sie sich kennen. Salka schreibt, als hätte sie sich die ganze Zeit auf die Zunge gebissen.«

»Als ich bei ihr war, hat sie sich tatsächlich einmal auf die Zunge gebissen.« Signe versucht sich zu erinnern. »Es ging um Marlene Dietrich und Greta Garbo und alte Filme. Bei irgendeinem Wort mit M blieb sie hängen und rettete sich dann in eine Geschichte von Murnau, aber das war nicht, was sie ursprünglich hatte erzählen wollen.«

»Alte Filme? *M*? Der mit meinem unsäglichen Exgöttergatten? Von dem genauso unsäglichen Fritz Lang?«

»Äh –?« Signe fällt Erikas ruheloser Ringfinger auf.

»*M* ist uns damals allen im Hals stecken geblieben. Nur Goebbels nicht. Der fand sich von unserem lieben Gustaf Gründgens durchaus zu seinem Vorteil getroffen. Und da waren die Nazis noch nicht einmal an der Macht!«

»Warst du da mit Gründgens noch verheiratet?«

»Natürlich nicht. Kaum war ich von der Weltreise rundherum mit Klaus zurück, habe ich mich scheiden lassen. Aber *M – Eine Stadt sucht einen Mörder.* Erinnerst du dich nicht?

Die Polizei kriegt den Mädchenmörder nicht zu fassen, das gelingt erst den Ganoven, angeführt von Gustaf Gründgens im SS-Ledermantel.«

»Das war doch damals als Kritik gemeint.«

»Ach geh. Gründgens-Goebbels und seine Männer sind es, die in dem Film wieder geordnete Verhältnisse schaffen. So hat Fritz Lang den Nazis den braunen Teppich ausgerollt.« Erika kramt in ihrer Handtasche. »Nach der Machtergreifung hat man Lang die Führerschaft über den deutschen Film angeboten, und Gründgens hat sich zum Generalintendanten der Berliner Staatstheater machen lassen.« Sie schluckt eine Pastille.

Signe rückt von ihr ab. »Sag, was ist das? Hast du wieder was genommen?« Sie sieht zu Erikas Ringfinger.

»Signelein – du kannst dir nicht vorstellen, wie barbarisch diese Kopfschmerzen sind. Und warum nicht nutzen, was Mutter Natur uns schenkt?

»Ein Kräutertee –«

»– oder ein bestimmtes Kraut, das ist doch einerlei.« Erika nimmt Signes Hand und führt sie an ihre Stirn. Signe vergewissert sich, dass niemand gekommen ist, und legt dann auch noch die zweite Hand beruhigend an Erikas Kopf.

Erika schließt kurz die Lider. »Sag, willst du mir nicht doch bei dem Schriftsatz für das Bundesverfassungsgericht helfen? Der Rechtsanwalt hat mir seinen Entwurf geschickt.«

Signe schiebt die Unterlippe vor. Von fern vernimmt sie ein Geräusch und setzt sich zurück in ihren Korbsessel.

»Signissima, ich brauche dich! Jetzt gilt's! Das ist die letzte Chance.« Erika holt einen dicken Brief hervor. »Schau, Klaus war nach dem Krieg maßlos von Deutschland enttäuscht. Keine Spur von Verantwortung. Kein Wunsch, ihn zurückzuhaben oder auch nur seine Bücher zu lesen. Er hat sich umgebracht, als ihm der Verleger, der *Mephisto* 49 in Berlin hatte neu drucken wollen, doch noch absagte, nachdem er den Verlagssitz nach Westdeutschland verlegt hatte. Warum? ›Weil Herr Gründgens hier bereits wieder eine bedeutende Rolle spielt‹, wie ihm der Verleger schrieb, sich freimütig zu seiner Feigheit bekennend.« Erikas Stimme zittert. »Das war zu viel für Klaus.«

Signe legt jetzt doch wieder eine Hand auf Erikas. Und umschließt den zuckenden Ringfinger.

»Und kannst du dir denken, wer nach dem Krieg die Petition zu Gunsten von Gustaf Gründgens unterzeichnet hat? Pamela Wedekind! Dieses Aas.« Die letzten beiden Worte spricht Erika so überprononciert aus, wie wir Pamela schon haben sprechen hören. Erika schüttelt den Kopf. »Weißt du, ein einziges Mal ist Klaus unserem Vater voraus gewesen. Sein *Mephisto* kam gut zehn Jahre vor dem *Doktor Faustus.*« Tränen schießen ihr in die Augen. Mit beiden Händen reibt sie sich die Schläfen. »Diese Schmerzen. – Ich hab dir zuliebe schon weniger genommen.«

Signe streichelt ihren Arm. »Sch-sch. Beruhige dich doch. – Wie ist denn der Stand des Verfahrens?«

Erika sammelt sich. »Du erinnerst dich doch, dass der Bundesgerichtshof dem Erben von Gründgens letztes Jahr recht gegeben hat. Dem Erben und ›Adoptivsohn‹.« Sie malt Anführungszeichen in die Luft. »Das Persönlichkeitsrecht wirke nach dem Tod weiter und sei in diesem Fall als vorrangig vor der Freiheit der Kunst zu betrachten, blabla. – Persönlichkeitsrecht! Wenn der zu Schützende in Manila auf einer Sexparty inmitten von Strichern an einem Zuviel von Aufputschmitteln verstorben ist!«

Signe verzieht das Gesicht. »Im Ernst?«

»Offiziell eine ›Überdosis Schlaftabletten‹. Aber welchen

Grund hätte der verzärtelte Gustaf gehabt, sich umzubringen? Es lief doch wie immer alles glänzend. Wie immer«, wiederholt Erika bitter. »Aber seinen Tod berührt Klaus' Buch ja gar nicht, das ist erstens schon 36 bei Querido in Amsterdam erschienen, und zweitens ist der Hendrik Höfgen des Romans eben nicht mit Gustaf Gründgens zu verwechseln. Genau darum geht es jetzt in der Verfassungsbeschwerde, die die Nymphenburger Verlagshandlung beim Bundesverfassungsgericht eingelegt hat, um doch noch gegen diesen ›Adoptivsohn‹ Recht zu bekommen und *Mephisto* veröffentlichen zu dürfen. Die Anwälte wollen nicht nur streng juristisch argumentieren, sondern auch allgemein mit dem Entstehungsprozess von Literatur, weswegen sie mich um Unterstützung gebeten haben. Doch dafür brauche ich dich, Signissima. Hilf mir.« Sie presst den Handballen gegen die Stirn. »Mein Kopf ist gerade zu nichts nütze. Aber diesen einen Sieg für Klaus über die Nazis, den muss ich erringen. Die Verfassungsbeschwerde ist die allerletzte Möglichkeit.«

Signe überlegt und atmet einmal tief durch. »Letztlich geht es also um das Realismusproblem. In welchem Verhältnis stehen Wirklichkeit und künstlerisches Abbild.«

»Genau so.«

»Dafür müsste ich aber den Roman lesen. Kannst du mir das Manuskript verschaffen oder eine Abschrift?«

»Wir kaufen ganz einfach das Buch.«

»Wie? Kaufen? Das Buch? Aber es ist doch verboten?«

»Hier in der Schweiz ist es erschienen und in der DDR auch.«

Signe stutzt. »Aber dann –?«

»In der Bunzrepublik dürfen diese Bücher nicht verkauft werden. Ich will *Mephisto* aber in den Buchhandlungen auf der Kö in Düsseldorf und in der Münchner Maximilianstraße liegen sehen.«

Mit Getöse wird eine Tür aufgestoßen. Signe zuckt zusammen und rückt sofort von Erika ab. »Oh!«, entfährt es ihr, als sie zum Eingang blickt: Greta Garbo ist gekommen, im Badeanzug, ein Handtuch über den Schultern, eine schlichte Badekappe auf dem Kopf, älteres Modell mit Kinnriemen.

»Oh!« Sie wirkt genauso überrascht. Herzlich geht sie auf Signe und Erika zu. Keine von beiden kann ganz die Augen beherrschen. Man sieht Greta ihr Yoga und die flotten Spaziergänge an. Und die Rohkost. »Geht es Ihnen besser, Frau Mann?«

»Leidlich.« Erika deutet auf Salkas Memoiren. »Es tut gut, an etwas anderes als an die eigenen Schmerzen zu denken.«

Greta nickt, nachdenklich. »Ich hoffe, Sie finden einen guten deutschsprachigen Verlag für das Buch. Und bald. Es wäre so wichtig für Salka.«

»Ich tue mein Bestes. Und dann feiern wir noch einmal in der *Grischuna*. Geht dann auf mich.« Erika versucht ein breites Lächeln.

Besorgt sieht Signe zu ihr.

»Sie schulden mir ohnehin noch 1000 Dollar«, sagt Greta süffisant.

Nun blickt Signe verdattert zwischen den beiden hin und her. Erika will etwas erwidern, da fährt Greta mit der Hand in Signes abgelegte Badehaube. Sie bestaunt sie mit abgespreiztem Arm wie Hamlet diesen Totenschädel.

»*Sein oder Nichtsein.*«

Da fällt ihr das Wildmännli an der Wand auf. Verschmitzt vergleicht sie dessen Laubmütze mit Signes Blütenhaube. Dann legt sie die Badehaube zurück und tippt mit dem Finger auf Salkas Manuskript. »Sehen Sie, Salka war damit schon vor acht Jahren fertig, glaube ich, kassierte aber reihenweise Absagen. Und ihr jetziger Verlag wagt ja nur eine sehr kleine Auflage. Ein Lektor hat sie eigens aufgesucht und Änderungen verlangt: Nichts über die Bediensteten in ihrem Elternhaus, nichts über ihre Menstruation – das hatte ich ihr allerdings auch gesagt –, nichts über die Geburt ihrer Söhne, weniger Liebhaber zugeben, na und so weiter. Salka war empört. Das ist doch nicht mehr mein Leben, hat sie immer wieder gesagt! Aber darum geht es doch gar nicht, oder?« Sie legt ihr Handtuch auf die Lehne von Signes Korbstuhl und taucht mit einem sportlichen Kopfsprung ins Wasser.

Erika und Signe warten, bis sie etwas weggeschwommen ist.

»Wohnt sie doch auch hier im *Pardenn*? Vielleicht mit eigenem Eingang?«, flüstert Signe gedämpft.

»Ich frage mich, ob *sie* das war, die da neulich so früh an deine Tür geklopft hat.«

»Die Garbo? Wie kommst du denn darauf?«

»Hilfe! Hilfe!« Ist das nicht Gretas Stimme? Aber das ist doch nicht mehr das Hallenbad in Klosters. Außerdem hören wir wildes Geheul. Drei Jungs tanzen um die große Magnolie, die vor dem Haus mit dem steilen Dach, dem hohen Schornstein und dem Fachwerk am spitzen Giebel steht. Die Jungs haben sich Federn in die Haare gesteckt und umkreisen die junge Greta, die sie an den Baum gebunden haben.

Sie wütet nach Kräften. »Ihr gottverdamm–«

Das Gartentörchen geht auf. Eine kleine Frau im weißen Straßenanzug, einen weißen Panamahut auf dem Kopf, hält inne. Amüsiert beobachtet sie das Schauspiel.

»Ich bringe euch ins Kittchen! Wartet nur! In diesem Land herrschen Recht und Gesetz!« Greta zerrt an ihren Stricken.

Mercedes, so heißt sie doch, entdeckt am Zaun eine aufgerollte Wäscheleine. Gekonnt bindet sie eine Schlinge, lässt die Leine über ihrem Kopf rotieren und fängt den kleinsten der Jungs ein. Als Mercedes ihn zu sich zieht, brüllt er wie am Spieß. Den beiden anderen fallen vor Schreck Tomahawk, Pfeil und Bogen aus den Händen.

»Ah, Sheriff! Gerade rechtzeitig!«, ruft Greta.

»Austausch der Geiseln! Sofort!« Mercedes hält den Gefangenen fest.

»Ja! Austausch!« Lachend befreit sich Greta von dem Seil, mit dem sie nie angebunden war. Die zwei anderen Jungs sehen staunend zu, wie Mercedes die Leine um den Kleinsten löst.

Aufgeregt wollen die Buben wissen, wie die Schlinge geht und wie man werfen muss. Mercedes bringt das Seil erneut in Schwung und erwischt dieses Mal – Greta.

»Ach, so fangen Sie alle ein?«

Die Buben stürzen sich auf die Leine. Greta sammelt eine Gartenschere und Handschuhe ein. Zufrieden betrachtet sie die sauber zurückgeschnittenen Rosen. Die Erde der Beete wirkt frisch gelockert.

»Heute nicht in Schwarz?« Greta öffnet Mercedes die Haustür.

»Wenn ich verliebt bin, trage ich nur Weiß.«

»Wie bitte?«, gellt es da aus dem Innern des Hauses. Das ist doch Salkas Kopfstimme. »Du hast Murnau 15 000 Dollar für seine bescheuerte Filmmusik geliehen?«

»Sonst hätte er dem Komponisten keinen Vorschuss zahlen können«, antwortet eine Männerstimme ruhig. Das muss Berthold sein. Greta und Mercedes verharren im Windfang.

»Aber das waren doch unsere ganzen Ersparnisse!« Salka klingt völlig entgeistert.

»Wenn *Tabu* ein Erfolg geworden wäre, hätten wir einen Riesenreibach mit Zins- und Zinseszins gemacht.«

»Aber dann kannst du nicht mehr bei der Fox kündigen!«

»Habe ich aber schon getan. Ich will zurück nach Europa. Oder ersatzweise nach New York an den Broadway.«

»Und für dich habe ich meine Karriere aufgegeben!«

»Schmonzes. Welche Karriere? Blumenmädchen ohne Text in der *Penthesilea* warst du!«

»Und du? Überall verkrachst du dich! Verdien endlich mal Geld!«

»Das würde ich, wenn du mich nur zum Schreiben kommen ließest. Überhaupt hast du meine Produktivität ruiniert. Du bist schuld, dass ich meine Bücher nicht schreibe!«

»Ich? Nebbich! Ich ziehe deine Söhne doch ganz allein groß. Mit Hans an der Brust habe ich in Leipzig gespielt. Mit Hans an der Hand und Peter an der Brust in Hamburg. Hier könnten wir endlich mal ein Familienleben haben, aber nie kümmerst du dich um unsere Söhne! Du Versager du! Du Schmock! Du –«

Greta zieht Mercedes am Arm wieder nach draußen. Sie holt den Spaten, der noch an der Hauswand lehnt, und klappert laut damit im Windfang herum. »Ah, hallo Mercedes, wie schön, Sie wiederzusehen«, ruft sie unnötig laut. Dann öffnet sie gutgelaunt die Tür in den Salon. »Hallo-o! Wir sind vollzählig!«

Salka deckt im Esszimmer den Frühstückstisch. »Da sind Sie ja, Miss de Acosta, guten Morgen!«, sagt sie wie ausgewechselt. »Wir können gleich anfangen.«

Berthold sitzt am Tisch und liest die Zeitung. Greta geht noch einmal zur Tür. »Hans, Peter, Thomas!«

Derweil flüstert Salka Mercedes zu, »sie hat mich eigens gebeten, Sie miteinzuladen.«

Die Jungs stürmen herein und keilen sich um die Stühle. »He, he«, mahnt Salka. Berthold löffelt schon ein Ei aus.

Greta freut sich an der reichen Auswahl. »Was du alles aufgetischt hast!« Sie greift zum Bacon, in sich hinein lächelnd, weil sie Mercedes' Blick auf sich spürt. »Warst du heute Morgen schon schwimmen, Salka?«

»Heute noch nicht. Du?«

»Ja! War herrlich. Ein bisschen kalt.« Greta lehnt bedauernd den Brotkorb ab, den Salka ihr anbietet.

Mercedes bedient sich am Obstsalat. »Und Herr Eisenstein? Haben Sie noch weitere sündige oder fromme Ausflüge gemacht, Mrs Viertel?«

»Er dreht jetzt in Mexiko.«

»Mexiko?«

»Paramount hat seine Drehbücher abgelehnt. Eigentlich wollte er schon wieder abreisen, aber einige millionenschwere Damen haben ihm 25 000 Dollar für einen Film gegeben.«

»Dank deiner Vermittlung bestimmt«, sagt Greta.

»Er glaubt, dass er in Mexiko nicht mehr braucht. Will nur draußen drehen, ohne Atelier. Orangensaft?« Salka schwenkt die Karaffe.

»Wie der große Murnau in der Südsee«, brummt Berthold und schlägt die Zeitung um.

»Ich befürchte, dass mein Drehbuch auch nie verfilmt wird«, sagt Mercedes. »Ja, dass es gar nicht verfilmt werden *soll*. Ich habe von wohlmeinender Seite den Tipp bekommen, nicht zu schnell zu arbeiten, da ich pro Woche bezahlt werde. Das Studio will Lillian Gish nur glauben machen, man plane weiter mit ihr.«

»Die arme Lillian.« Greta nimmt eine Gurkenscheibe.

»Aber ich möchte ja ohnehin lieber eine heilige Johanna für Sie schreiben.«

»Ach, à propos, Greta«, sagt Salka, »ich habe gerade eine Biographie gelesen, über Christine von Schweden. Eine überaus imponierende Persönlichkeit.«

»Unsere Christina? Stormaktstiden?«

»Äh – wie?«

»Als Schweden Europa beherrschte. Dreißigjähriger Krieg, sechzehntes Jahrhundert oder so.«

»Siebzehntes. Ja. Strindberg hat ein Stück über sie geschrieben, das war der Durchbruch von Elisabeth Bergner in Berlin damals, fast hätte ich die Rolle bekommen. Christine wurde wie ein Junge erzogen, als richtiger Thronfolger. Gegen viele Widerstände hat sie den Krieg beendet. Vielleicht war sie sogar eine Pazifistin. Westfälischer Friede. Sie wollte eine Akademie gründen, hat Descartes kommen lassen. Und schließlich hat sie abgedankt.«

»Ja – um katholisch zu werden. Sie ist uns Schweden immer auch ein bisschen peinlich.«

»Sie wollte Kunst und Kultur kennenlernen. Theater, Oper, Ballett. Architektur, prachtvolle Städte. Alles, was das protestantische Nordeuropa noch nicht so hatte. Über Paris ist sie nach Rom, wo sie viele Jahre gelebt hat. Als einzige Frau ist sie im Petersdom begraben. In der Krypta, zwischen den Päpsten. Ein großartiger Stoff für dich.«

Nachdenklich spitzt Greta die Lippen. »Hat Moje früher auch schon gesagt. Doch das werden die« – sie deutet mit dem Kopf hinter sich – »nie machen.«

»Aber so ein schwedischer Stoff würde deinen Akzent im Englischen nochmals plausibel, ja notwendig machen.«

»Also Ihr Akzent ist so was von entzückend«, wirft Mercedes ein. »Auch bei der heiligen Johanna würde er nicht stören. Europa, Mittelalter, das darf gar nicht nach den USA heute klingen.« Mercedes senkt die Stimme. »Ich würde Ihnen eine Szene schreiben, in der Sie Hosen tragen könnten.«

Greta horcht auf, während sie eine Pampelmuse entzweischneidet. »Und wenn sie es doch machen, wird's wie immer.«

Salka blickt unruhig zu Mercedes. »Wer weiß. Marlene Dietrich wirbelt manches auf. MGM ist im Zugzwang.«

Greta sieht Salka fragend an.

»Christina hat auch deshalb abgedankt, weil sie nicht heiraten wollte. Sie hatte ein sehr zärtliches Verhältnis zu ihrer Hofdame Ebba Sparre.« Salka nippt an ihrem Kaffee. »Denk an *Morocco*.«

Greta verzieht das Gesicht, so sauer ist die Frucht. »Wäre da auch eine Rolle für dich drin?«

»Kaum. Für Ebba bin ich zu alt.«

»Willst du nicht das Drehbuch schreiben?«

»Aber ich bin doch keine Schriftstellerin. Ich bin Schauspielerin.«

»Hattest du nach *Anna Christie* ein Angebot?«

Salka seufzt.

»Siehst du? Versuch's doch einfach mal. Du hast doch schon die Dialoge in der deutschen *Anna Christie* umformuliert.«

»Also so einfach ist das nicht«, sagt Mercedes.

»Mir kommt es so vor, wie wenn Schreiben und Schauspielen vergleichbar wären«, meint Greta.

Salka fällt der Salzstreuer aus der Hand. Mercedes vergisst zu schlucken.

Ein Schatten huscht über Gretas Stirn, und sie blinzelt mehrfach. »Na, Schriftsteller und Schauspieler müssen doch viel beobachten und versuchen, auch Sachen zu verstehen und wiederzugeben, die ihnen eigentlich fremd sind, oder? Gefühle, Meinungen, Reaktionen. Ob man spielt oder ob man schreibt, man stellt dar, was man selber nicht ist, nicht wahr?«

Alle schweigen verblüfft. Selbst Berthold lässt einen Moment die Zeitung sinken.

»Und dann«, fügt Greta zu Salka gewandt hinzu, »fängt man ja nicht gleich mit einem Drehbuch an. Man schreibt erst eine Art Kurzgeschichte, wovon der Film handeln soll. Mit den Figuren, wie sie sich lieben, wie sie sich streiten und so weiter. – Oder, Berthold?«

Berthold runzelt die Stirn und deutet auf die Zeitung. »Wisst ihr, wie es Chaplin in Berlin ergangen ist? Erst wurde er regelrecht gefeiert. Marlene Dietrich wäre fast nicht zu ihm durchgedrungen.«

»Warum war er eigentlich in Berlin?«

»Um *Lichter der Großstadt* vorzustellen. Werbetour. Ein Stummfilm holt keinen mehr hinterm Ofen vor, selbst wenn er von Charlie Chaplin ist.«

»Vielleicht will er sich ja auch in Berlin künstlerisch inspirieren lassen?« Salka wischt ihrem Jüngsten den Mund ab.

»Ob der je noch mal einen Film macht? Sein Tramp ist doch ganz und gar Stummfilm.«

Berthold zieht sein grimmiges Gesicht. »Er hat wohl nicht nur Schauspielhäuser und Varietés besucht, sondern auch Hilfseinrichtungen für Arbeits- und Obdachlose. Darauf haben die Kommunisten ein Telefoninterview mit ihm veröffentlicht, ob autorisiert oder fingiert, egal, jedenfalls ist die rechte Hetzpresse über ihn hergefallen. Ein sogenannter Gauleiter der NSDAP, Joseph Goebbels mit Namen, hat anscheinend gegeifert« – Berthold liest vor –, »*der massenhysterische Empfang und der Rummel um den jüdischen Filmaugust ist das Ungeheuerste, was sich je ein Volk an nationaler Würdelosigkeit geleistet hat.*«

»Jüdischer Filmaugust? Chaplin ist doch so wenig Jude, wie Murnau einer war?«

»Wer Jude ist, bestimmt dieser Herr Goebbels.«

Die Buben sind satt und schlackern mit den Beinen, die noch nicht auf den Boden reichen. »Mama, wusstest du schon, dass Tante Mercedes mit dem Lasso alles einfangen kann?«

»Lasso? Sie –?«

»Ich habe nie mit Puppen gespielt, sondern immer mit meinem weißen Schaukelpferd. Mähne und Schwanz stammten von einem echten Mustang«, erklärt Mercedes den Jungs. »Ich stand immer in den Steigbügeln und schnappte mir mit dem Seil, was sich im Raum bewegt hat. Ich hab geübt, bis ich's konnte.«

»Eine echte Amerikanerin also.« Salkas Ton schwebt zwischen Respekt und Verachtung.

Mercedes legt die Hände aufs Herz. »Ich wurde zwar in New York geboren, aber in Frankreich gezeugt, und von Geblüt bin ich reine Spanierin. Meine Eltern stammen beide von den Herzögen von Alba ab und sind erst als Erwachsene nach Amerika ausgewandert. Sie haben uns Kindern eine gewisse Heimatlosigkeit vererbt, wir gehören weder ganz zu Amerika noch ganz zu Spanien. Ich bin die Jüngste von acht.«

Die beiden älteren Buben werfen sich einen Blick zu.

Mercedes merkt, dass Greta ihr gern zuhört. »Meine große Schwester Rita war die geistreichste Gesellschaftsdame, die je von einem John Singer Sargent gemalt oder von einer Malvina Hoffmann modelliert worden ist. Sie hat ja das Rückendekolleté erfunden. Ich war erst sieben, als Rita mich in Paris mit zu Rodin genommen hat und zu Sarah Bernhardt. Sie hat Ritas Haltung bewundert und sie um Unterricht im Gehen gebeten. ›Das Gewicht nie auf den Fersen, immer nur kurz auf dem Ballen. Spannung im Fuß, Kopf hoch und springen.‹«

Der Jüngste gleitet vom Stuhl und versucht, auf diese Art zu gehen.

»Was haben wir gelacht!«

Der älteste der Jungs verschwindet unbemerkt unterm Tisch.

»Als Schauspielerin hat mich die Bernhardt dagegen kaltgelassen.«

»Wie denn das?«, fragt Salka befremdet. »Als ganz junges Mädchen habe ich sie bei einem Gastspiel in Wien erlebt. Sie war zwar schon alt, aber ihre Stimme, der seltsam gebrochene Ton! Ihr berühmter Schrei, das dreimal wiederholte ›Armand!‹ im letzten Akt der *Kameliendame:* der erste ein Fanfarenruf zu neuem Leben, der zweite eine Sturmwoge der Liebe, der dritte ein verzweifeltes Sichanklammern. Ich habe diesen Schrei nie vergessen, und er hat den Wunsch in mir geweckt, selbst Schauspielerin zu werden.«

»Ich bevorzuge die Duse«, sagt Mercedes mehr zu Greta. »Als Kind habe ich sie in Venedig zum ersten Mal gesehen. In einer schwarzen Gondel fuhr sie an mir vorbei. Später war ich Zeugin, wie sie in einem schwarzen Sarg auf einem schwarzen Schiff New York verließ.«

Die beiden Buben am Tisch machen große Augen.

»Bei Isadora Duncan war es ähnlich. Als ich sie zum ersten Mal sah, winkte sie mir zu, beim letzten Mal grüßte sie mit ihrem Schal. Und es war ein Schal, der sie getötet hat!«

»Ein Schal?«, fragt der älteste der Viertel-Buben, der wieder an seinem Platz sitzt.

»Sie hat immer einen langen wehenden Schal um den Hals getragen. Eines Tages hat er sich während der Fahrt in den Radspeichen ihres Autos verfangen und sie erdrosselt.«

Der Jüngste sieht Mercedes schockiert an.

»Der Tod ist nichts Schlimmes, mein Kleiner. Isadora hat

sich selbst unsterblich gemacht, weil sie uns den modernen Tanz geschenkt hat. Und außerdem werden wir wiedergeboren und sehen uns alle wieder, nur in anderer Form.«

Seine Augen werden größer und größer. Seine älteren Brüder wirken skeptischer.

»Das ist auch mein Trost, weil Rita so früh gestorben ist. Sonst käme ich über ihren Tod nie hinweg.«

Greta berührt mitfühlend Mercedes' Arm. »Meine Schwester ist auch schon tot. Und heimatlos fühle ich mich ebenfalls. Hier, und in Schweden fast schon genauso.«

»So, jetzt reicht's!« Salka entreißt dem mittleren ihrer Söhne die Gabel, die er seinem kleinen Bruder hinten in die Hose stecken wollte. »Wieder raus mit euch!« Sie verscheucht sie mit beiden Händen.

»Aber du hast doch versprochen, dass Papa heute mit uns zum Santa Monica Pier geht!«, protestiert der Älteste.

Berthold hustet vor Überraschung.

»Ja!«, ruft der Mittlere begeistert. »Zum Karussell!«

»Das mit den Pferdchen! Wie das von Tante Mercedes«, ergänzt der Jüngste.

Berthold wirft Salka einen Blick zu. »Na, dann wollen wir mal.« Etwas steif erhebt und verneigt er sich. »Meine Damen, es war mir ein Vergnügen.« Er geht zum Ausgang, setzt den Hut auf und will aufbrechen, klopft aber sicherheitshalber sein Jackett ab. Auch seine Hosentaschen scheinen nichts herzugeben. Er trödelt.

Unwillig steht Salka auf und gibt ihm mit dem Rücken zu den Übrigen Geld.

Die Buben rennen hinaus. »Wir brauchen das Lasso!«

»Und einen Schal!«

Greta sieht ihnen versonnen lächelnd hinterher.

Salka fängt an, Teller aufeinanderzustapeln. »Entschuldigt,

wenn ich ungemütlich werde, aber ich bin noch mit unserem Nachbarn verabredet. Wegen der Feige.«

»Oh, ach so.« Greta tupft sich die Lippen mit der Serviette ab.

»Vielen herzlichen Dank für die Einladung, Mrs Viertel.« Mercedes schiebt den Stuhl zurück und fällt sogleich zu Boden. Greta stürzt zu ihr – und fängt an zu prusten. Mercedes' Bein ist mit der Wäscheleine an den Stuhl gebunden. Mercedes lacht mit, reibt sich aber den Ellbogen.

»Ist Ihnen etwas passiert?«, fragt Salka besorgt. »Ich bitte vielmals um Entschuldigung für meine Rotzlöffel!«

Mercedes winkt ab, alles gut.

Unglücklich schaut Salka zur Tür. »Aber, aber – warum bleibt ihr nicht noch ein bisschen, bis Sie sich erholt haben, Miss de Acosta? Hört doch ein paar Schallplatten. Wir haben neue.«

Greta zögert, doch Mercedes zeigt sich sofort einverstanden. Heftig reibt sie sich nochmals den Arm. Schon zupft sich Salka vor dem Spiegel die Bluse zurecht.

»Kannst du mir vielleicht die Biographie über Königin Christina ausleihen, von der du erzählt hast?«, fragt Greta.

»Aber natürlich.« Mit einem Griff zieht Salka das Buch aus dem Regal. »Hier.«

»Ernst müsste die Regie übernehmen.« Greta blättert schon.

Ist das ein triumphierender Blick, den Salka da Mercedes zuwirft, die immer noch am Boden sitzt? Greta bekommt eine Kusshand, und schon ist auch Salka aus der Tür.

Staunend sehen Greta und Mercedes ihr hinterher. Dann schmunzeln sie beide, verdutzt, sich hier allein wiederzufinden.

»Wegen der Feige, soso. – Der Nachbar dürfte Salkas jüngste Eroberung sein.« Greta zuckt mit den Schultern, kniet vor dem Grammophon nieder und flippt durch die Platten. »Oh!« Sie legt auf und setzt die Nadel behutsam ab. Leichtes Rauschen, dann ein flottes Banjo und fetzige Trompeten. Greta wiegt sich in den Hüften und singt leise mit.

»Daisy, you're driving me crazy!«

Mercedes, die endlich ihr Bein losbindet, fällt ein.

»What did you do? What did you do?«

Zusammen singen sie lauter und mutiger. Greta hilft Mercedes beim Aufstehen.

Als die Platte zu Ende ist, geht Mercedes die Sammlung durch. Freudig wählt sie aus. Eine Geige und ein Klavier spielen einen langsamen Walzer.

Mercedes schlägt die Hacken zusammen, verbeugt sich vor Greta wie ein Kavalier und hebt den linken Arm. Greta hat ebenfalls den linken erhoben. Sie lachen. Wer führt? Sie messen sich ein bisschen mit Blicken, dann gibt Greta nach. Mercedes umschließt sanft ihre Taille und walzt mit ihr durch den Raum, gar nicht schlecht, obwohl sie kleiner ist. Mercedes spricht den Text mit, den ein hoher Sopran auf der Platte singt.

»Ramona, I hear the mission bells above
Ramona, they're ringing out our song of love
I press you, caress you
And bless the day you noticed me, too
Ramona, I love you, it's true.«

Diese Platte spielen sie ein zweites Mal. Greta streift ihre Segeltuchschuhe ab, um besser tanzen zu können. Mercedes dagegen scheint um ihr Outfit besorgt, ohne ihre weißen Lederschuhe mit dem hohen Blockabsatz.

»Wo lernt man so Walzer tanzen?«, fragt Greta.

»Bei den Sisters of Charity, Mount St. Vincent, Bronx.«

Den dritten Song sucht wieder Greta aus. Während des

Rauschens geht sie lässig, aber bestimmt auf Mercedes zu. Wir hören einen Tango. Salonorchester mit rhythmischer Ziehharmonika. Ist das nicht – doch, den kennen wir schon! Wo war das noch mal? Mercedes will wieder führen, aber dieses Mal duldet Greta keinen Widerspruch. Sie greift bestimmt nach Mercedes, umarmt sie enger als gerade eben beim Walzer und führt sie, Brust an Brust, Hüfte an Hüfte, Bein an Bein, mit langen Schritten durch das Wohnzimmer.

Schöner Gigolo, armer Gigolo
denke nicht mehr an die Zeiten
Wenn das Herz dir auch bricht
Zeig' ein lachendes Gesicht
man zahlt und du musst tanzen!

Sie harmonieren gut, Mercedes versteht, was Greta will, und sie werden immer mutiger. Sie lösen sich, sie finden sich, sie tanzen umeinander. Sie drehen sich, wir drehen uns, wir drehen, drehen, drehen uns um sie herum in immer weiteren Kreisen, schließlich aus dem Wohnzimmer hinaus. Wir sehen die beiden das Haus verlassen, der Abend dämmert schon, ach, so lange haben die getanzt?

I hate to see that evening sun go down,
hören wir eine schwarze Frauenstimme singen. Blues.

Greta und Mercedes gehen während des Songs die Straße entlang, unterqueren den Highway und gelangen zum weiten, menschenleeren Strand. Greta, immer noch barfuß, läuft zum Meer und tanzt an der Wellenkante weiter. Leicht bekümmert zieht Mercedes nun doch ihre Schuhe aus und krempelt die Hosenbeine hoch. Greta läuft davon, Mercedes rennt ihr hinterher, schließlich lässt sich Greta von ihr fangen. Sie erreichen Klippen, klettern hoch, Greta voran, Mercedes folgt. An einer schwierigen Stelle reicht Greta Mercedes die Hand. Sie lässt sie nicht mehr los, auch nicht, als der Pfad wieder einfacher wird. Oben angekommen, sehen wir ihre Silhouetten gegen den Nachthimmel. Sie sitzen nebeneinander im Dunkeln und betrachten das Meer. Greta hält immer noch Mercedes' Hand. Sie führt sie an die Lippen und liebkost sie mit der Wange. Sie schauen sich an. Der Impuls geht von beiden gleichzeitig aus. Sie küssen sich, zögernd, schauen sich wieder an, küssen sich nochmals, leidenschaftlicher, wie in echt, nicht wie im Film. Greta nimmt Mercedes in ihren Garbo-Griff, sie sinken zu Boden und aus unserem Blickfeld. Leider können wir nicht mehr sehen als den Nachthimmel, so sehr wir uns auch nach vorne und oben recken.

»Glotz nicht so romantisch. Ich hab dir schon das letzte Mal gesagt, es ist vorbei.« Erika liegt rücklings auf einem Rollbrett und schiebt sich mit den Beinen unter ein Automobil. Ihr heller Overall hat bereits einige Flecken.

»Aber warum denn bloß?«, fragt mit rollendem r das Wesen, das an einer antiken Zapfsäule lehnt. Ein Jüngling? Oder doch eher eine junge Frau? Erika blickt durch die Speichen eines Rads unwillig zu ihr hoch. Die Gestalt ist blass und dünn und hat das Gesicht eines Engels. Mit ihrem Bubenhaarschnitt, dem Sweater mit V-Ausschnitt und den Knickerbockern wirkt sie wie ein englischer Student. Trübselig starrt sie auf Erikas unter den Kotflügeln hervorlugende Beine.

»Warum, warum«, wiederholt Erika. »Darum.«

»Ich kchann's mir denkchen. Es ischt wegen der Theres.« Der Bubi spricht Honoratiorenschwyzerdütsch.

Unterm Automobil klappert's metallen. »Ich kenne sie viel länger als dich.«

»Ja und? Alles geht einmal vorbei.«

»Das mit der Theres ist aber nicht vorbei.«

Bubi schweigt erst. Dann stößt sie sachte ihren Sportschuh an Erikas Werkstattstiefel. »Die Theres ist in München. Sie wird nie etwas erfahren.«

»Reichst du mir mal den Nippelspanner?«

Bubi schaut sich ratlos in der Werkstatt um. Hinter der Zapfsäule klappt eine Mechanikerin gerade die Motorhaube eines anderen Automobils zu. Bubi fragt sie lautlos ›Nippelspanner‹? Die Mechanikerin zwinkert ihr zu, wischt sich die öligen Hände an einem Lappen ab und reicht ihr einen ringförmigen Metallgegenstand. Bubi dankt stumm, kniet nieder und legt den Nippelspanner in Erikas erwartungsvolle Hand. »Erikcha. Du bischt die gröschte Liebe meines Lebens.« Bubis Stimme ist fast tonlos.

»Herrgott, es war der größte Fehler *meines* Lebens, je etwas mit dir angefangen zu haben.« Heftiges Geklirre unterm Automobil.

Bubi fängt an zu weinen.

Nebenan verharrt die Mechanikerin beim Polieren des Markenschildes *Maybach* und tauscht einen Blick mit einer Frau auf dessen Rückbank. Die hat einen Skizzenblock auf den Knien und hält im Zeichnen inne.

»Aber Annemarie«, sagt Erika halb tröstend, halb genervt auf der anderen Seite der Zapfsäule und rollt unter dem Wagen hervor. »Wir können doch Freundinnen bleiben.«

So ein Bubi kann Annemarie heißen?

Erika setzt sich auf dem Rollbrett auf. »Ich fühle mich eben eher wie – wie dein großer Bruder. Ja, so fühle ich mich.«

Nebenan massiert die Mechanikerin lautlos den Maybach mit einem seifigen Schwamm. Die Zeichnerin lauscht.

Annemarie fährt sich mit dem Unterarm über die Augen

und reißt sich zusammen. »Du hast noch gar nichts von deinem Film erzählt. Dreht ihr schon?«

»Schon fast fertig.« Erika widmet sich wieder dem Rad und wischt mit einem Lappen jede einzelne Speiche sauber. »Soll jetzt *Mädchen in Uniform* heißen. Spielt in einem Internat, und ich bin die Deutschlehrerin. Ist nach einem Theaterstück von Christa Winsloe, Regie führt Leontine Sagan. Produziert von der Deutschen Film-Gemeinschaft – die Ufa macht so etwas ja nicht mehr, jetzt, wo Hugenberg dort das Sagen hat. Hast du mal 'nen Neunzehner?«

Annemarie hat sich kaum umgedreht, schon bekommt sie einen Gabelschlüssel. Wieder dankt sie stumm, doch anscheinend fühlt sie sich unangenehm überwacht.

»Weißt du, es ist nicht nur eine Liebesgeschichte zwischen einer Schülerin und einer Lehrerin«, erzählt Erika weiter, während sie den Wagenheber nachjustiert. »Es ist ein Pamphlet gegen jede Form von Militarismus und Gleichmacherei. Die Mädchen in dem Internat sollen zu preußischen Soldatenmüttern gedrillt werden, auch sie müssen uniformiert in Reih und Glied marschieren, gepredigt wird nur Zucht und Unterwerfung, und das macht die Mädchen in dem Film kaputt. Verstehst du? Die Liebesgeschichte dient nur dazu, von viel Wichtigerem zu erzählen: von Menschlichkeit und Toleranz, von Individualität und Gemeinsinn ohne Zwang. Toll gemacht. Wird ein Klassiker, bin ich sicher.«

»Und du spielst die Lehrerin?«

»Nur die Kollegin der Lehrerin. Aber ich studiere mit den Mädchen Schillers *Don Carlos* ein, *Geben Sie Gedankenfreiheit, Sire!*«

Von nebenan hört man ein Räuspern. »Und was, wenn die SA die Vorführungen stört?« Die Mechanikerin spritzt mit einem Wasserschlauch die Seife vom Maybach.

»Wie bei *Im Westen nichts Neues* letztes Jahr«, ergänzt die mit dem Zeichenblock auf der Rückbank. »Kommen in Zivil, machen Krawall und behaupten dann, der Film würde zu öffentlicher Unruhe führen und müsse deshalb verboten werden.«

»Eben drum dürfen wir den Dunkelmännern nicht einen Millimeter nachgeben.« Erika droht mit dem Gabelschlüssel.

»Erikcha, wenn es hier unerträglich wird – du kannst immer zu mir nach Zürich kommen.«

»Ach papperlapapp, so schlimm wird's schon nicht werden. Reichst du mir die Speichennippel an? Einzeln.« Erika zieht unterm Auto eine Schachtel mit Metallhülsen hervor.

Die Mechanikerin lugt über die Zapfsäule. »Ach, sagen Sie, kann es sein, dass ich Ihr Bild kürzlich in der Zeitung gesehen habe?«

Erika spielt mit dem Nippelspanner. »Womöglich.«

»Haben Sie nicht dieses Autorennen gewonnen?«

»Zusammen mit meinem Copiloten Ricki Hallgarten. Der hat aber nur die Landkarten gelesen.«

»Großartig! In diesem Ford?«

»Ja, den haben sie mir als Siegesprämie geschenkt. Zehntausend Kilometer in nur dreizehn Tagen.« Erika tätschelt ihr Auto. »Wir haben die Länder öfter gewechselt als die Kleider. Deutschland, Schweiz, Frankreich, Spanien, Portugal, Österreich, Ungarn, Jugoslawien und zurück nach Berlin.« Erika strahlt.

»Darf ich Sie vielleicht um ein Autogramm bitten?«

»Aber gern. Haben Sie vielleicht –?«

Die Mechanikerin blickt sich suchend um. Ihre Freundin beugt sich nach vorne und reicht ihr einen Stift sowie ihren Zeichenblock, eine neue Seite aufgeschlagen.

Erika unterschreibt, mitsamt Schmierfleck von ihren Händen. »Besonders authentisch«, entschuldigt sie sich und hebt den Block. »Darf ich?«

»Nur zu«, antwortet die Zeichnerin.

Erika bittet Annemarie, mit ihren sauberen Händen durch die Skizzen zu blättern. Wir sehen elegante Damen im Abendkleid mit Federboa und Zigarettenspitzen, kecke Gören mit Monokel, Partygesellschaften, mit schnellem Strich umrissbetont aufs Papier gehauen. Erika nickt anerkennend.

»Dürfte ich Sie malen?«, fragt die Zeichnerin Annemarie.

Die ist ganz verwirrt. »Oh, nein. Danke. Lieber nicht.«

Die Zeichnerin mustert Annemarie noch etwas, dann reicht sie ihr eine Visitenkarte. »Falls Sie es sich anders überlegen. Jeanne Mammen. Kurfürstendamm 29.«

Annemarie nimmt die Karte, kehrt den beiden aber rasch den Rücken zu. Jeanne Mammen und die Mechanikerin sehen sich kopfschüttelnd an.

Erika spannt eine Speiche ein.

»Wie hascht du die Theres eigentlich kchennengelernt?«

»Fängst du schon wieder an?«

»Sag's mir, bitte.«

»Wie du willst.« Erika legt ihr Werkzeug ab und macht auf dem Rollbrett Platz. Annemarie setzt sich so, dass die hinter der Zapfsäule nicht alles mitbekommen.

»Kennengelernt haben wir uns bei der besagten Christa Winsloe.« Erika spricht gedämpft. »Vor vier Jahren ist die Theres dann in Falckenbergs Kammerspielen in einem Stück meines Onkels Heinrich aufgetreten, da sind wir ... enger geworden. Letztes Jahr hat sie in Klaus' *Geschwistern* mitgespielt. – Eigentlich sollte sie auch in *Mädchen in Uniform* mitmachen, als Oberin dieses Internats. Aber die Kammerspiele wollten ihr größtes Zugpferd nicht hergeben. Sehr bedauerlich, dann wäre sie jetzt hier.« Erika sieht Annemarie in die Augen.

»Aber die Theres ist doch viel zu dick für dich.«

»Und du bist mir zu dünn. Ich mag Frauen, keine Knaben.«

Annemarie fängt wieder an zu weinen.

»Herrgott, Annemarie! Was fang ich bloß mit dir an? Schau, du brauchst einen Beruf. Du musst etwas tun. Für was hast du überhaupt promoviert?«

»Wen interessiert schon die Geschichte des Oberengadins im Mittelalter?«

»Du könntest doch habilitieren. Frauen in die Wissenschaft!«

»Nein. Die Dissertation war Krampf genug.«

»Was willst du denn dann machen?«

Annemarie zuckt mit den Schultern.

»Du kannst doch nicht immer nur im *Monbijou des Westens* rumhängen.« Erika hat einen Einfall. Sie zieht ihren Tornister heran und holt eine Zeitschrift heraus. *Garçonne,* erkennen wir. Kleiner darunter: *Junggesellin.* »Hier – schreib doch auch!« Erika blättert. »Das wär doch was, so zum Reinkommen.«

Annemarie atmet schwer auf.

»Schau, seit kurzem gibt es einen neuen Typ Schriftstellerin: die Frau, die Reportage macht, in Aufsätzen, Theaterstücken, Romanen. Sie bekennt nicht, sie schreibt sich nicht die Seele aus dem Leib, ihr eigenes Schicksal steht still beiseite, die Frau berichtet, anstatt zu beichten. Sie kennt die Welt, sie weiß Bescheid, sie hat Humor und Klugheit, und sie hat die Kraft, sich auszuschalten.«

Annemarie blättert lustlos durch die Zeitschrift.

»Immer wenn Ricki unterwegs den Wagen getankt hat, habe ich einen Artikel geschrieben. Vier Kolumnen hat *Tempo* gedruckt. Ähnlich hab ich mit Klaus gerade *Das Buch von der Riviera* geschrieben. Das kommt an. Mit Ricki mache ich jetzt ein Kinderbuch. *Stoffel fliegt übers Meer*. Ich schreibe, Ricki zeichnet. Wir haben sogar schon einen Verlag!«

»Gratulation«, sagt Annemarie traurig.

»Ach Annemarie. Willst du dann nicht wenigstens verreisen?«

»Verreisen?«

»Um etwas zu erleben und dann darüber zu schreiben. Oder mit dem Fotoapparat festzuhalten. Klaus, Ricki und ich wollen nächstes Frühjahr mit dem Auto nach Persien.«

Annemarie starrt Erika entsetzt an. »Nach Persien? So weit weg?«

»Ja!«, antwortet Erika vergnügt. »Wird dir guttun, mich nicht mehr zu sehen. Übrigens fahr ich Weihnachten auch wieder nach München. Nach Neujahr trete ich dort bei einer pazifistischen Frauenversammlung auf, die von der Internationalen Frauenliga für Frieden und Freiheit organisiert wird.«

»In München?«

»Die Hauptrednerin wird aus Paris anreisen, und ich werde politische Texte rezitieren. Es ist höchste Zeit, dass wir diesem braunen Pack Einhalt gebieten.«

»Du willst doch nur wieder zur Theres.«

Erika seufzt.

Zwei elegante Damen betreten die Werkstatt. Rasch schnellt Jeanne Mammen aus dem Maybach. Die Mechanikerin macht einen Kratzfuß, ironisch mit dem Poliertuch wedelnd. Stolz deutet sie auf das Automobil. »Wie neu.«

Auf den zweiten Blick wirken die beiden Damen ein wenig halbseiden. Kritisch begutachten sie ihren Maybach. Da fällt ihnen Annemarie auf. Sie stoßen einander an und treten auf die andere Seite der Zapfsäule. »Ach, Sie hier?«, fragt die eine.

Annemarie hüstelt verlegen.

»Das *Monbijou des Westens* veranstaltet demnächst wieder einen großen Ball«, richtet sich auch die Zweite nur an Annemarie. »Janz was Feines. Nur für unsere Mitglieder. Wir erwarten die berühmtesten Filmstars, Sängerinnen, Schauspielerinnen, Malerinnen, Journalistinnen, Wissenschaftlerinnen, Unternehmerinnen und so weiter.«

»Prächtige Abendroben, Perlenschnüre, Schmuck, alles«, übernimmt die Erste wieder. »Wollen Sie nicht dabei sein?«

»Äh –«

»Manche unserer Damen haben eine Schwäche für Herrenimitatoren, besonders, wenn sie gut führen können. Tanzen Sie Tango, Fräulein Schwarzenbach?«

»Tango?«

»Wir haben *Sweet Sue and her Society Syncopators* aus Chicago engagiert. Ramm-ta-ta-ta-taa, rammm-ta-ta-ta-taa.« Die Erste wiegt sich vor Annemarie lasziv in den Hüften.

Kennen wir die Melodie nicht schon? Aber ja! Jeanne Mammen singt auch schon mit:

»*Schöner Gigolo, armer Gigolo,*
denke nicht mehr an die Zeiten.«

»Wenn Sie im Abendanzug vom Herrenschneider erscheinen, erlassen wir Ihnen das Eintrittsgeld«, sagt die Zweite. »Und – ich muss nicht betonen, dass unsere Damen sehr großzügig sind.« Sie kneift ein Auge zu.

Die beiden steigen in ihren Maybach und fahren davon.

Die vier starren ihnen nach. »Ui!«, staunt Jeanne Mammen. »Eine Einladung von Daphne und Josephine persönlich!«

»Eintänzer!« Erika schüttelt den Kopf. »Wenn die wüssten, wen sie da gefragt haben.«

Annemarie schaut Erika mit großen Augen an. »Ich will nicht tanzen, ich will nicht verreisen, und ich will nicht schreiben. Ich will dich.«

»Hoffentlich kriegst du nicht auch mal so schlaffe Brüste wie ich.« Die junge Marlene sitzt an einem hell erleuchteten Schminktisch mit großen und kleinen Spiegeln, Döschen, Töpfchen, Bürsten, Flakons und näht. »Aber falls doch, kannst du dir so helfen. Hier, Heidede, schau mal.« Marlene beugt sich zu dem vielleicht siebenjährigen pummeligen Mädchen hinunter, das ihr zu Füßen auf einem Tigerfell mit Federn spielt. Sie hat einen großen Kopf mit stark gewölbter Stirn. Marlene zeigt ihr ein seidig schimmerndes Negligé. »Siehst du die Naht da? So schafft man sich eine verborgene Stütze in der Wäsche. Klappt auch in Blusen und Kleidern. Darf nur keiner merken. – Aber wahrscheinlich kriegst du nicht meine Brüste, du hast ja auch nicht meine Rennpferdfesseln, sondern mehr die von einem Ackergaul. – Ah, sortierst du meine Federn? Das ist brav. Tu diese schütteren hier mal in einen Extrakarton. Da.« Marlene schreibt mit Füllfederhalter *Reiher* auf das Etikett des Kartons und näht weiter. »Aber am besten ist es ohnehin, Geschlechtsverkehr nur im Dunkeln zuzulassen, merk dir das ein für alle Mal. Die Männer malen sich dann alles viel schöner aus, als es in Wahrheit ist. Und du selber musst dir auch nicht alles ansehen, was da auf dich zukommt. Du erzählst es mir doch, wenn du dich das erste Mal verliebst? Aber natürlich, das wirst du. Und wenn nicht, krieg ich's sowieso raus, glaub' bloß nicht, dass du irgendwas vor mir verheimlichen kannst. Und stell dir das mit dem Geschlechtsverkehr nicht zu doll vor, alles in allem ist es eher enttäuschend. – Findest du meine Finger eigentlich zu dick?«

Heidede betrachtet die Hände, die Marlene ihr entgegenstreckt. »Nein, Mutti, sie sind wunderschön.«

»Hm, mein kleiner Schmeichler. – In Paris lasse ich mir das nächste Mal ganz ganz dünne, ganz ganz enge Handschuhe aus Ziegenleder anfertigen. Was meinst du?«

»Ja, Mutti. – Und was ist das?«

Marlene prüft die Federn, die Heidede ihr hinhält. »Leicht und matt. – Schwarzer Schwan, das sieht doch jeder. Warte, ich schreib's auf einen anderen Karton. – Geh doch mal zum Fenster. Malt der Herr Sternberg noch?«

Heidede späht hinterm Vorhang nach unten in den Garten. Auf dem Rasen steht der kleine Mann mit dem Schnauzer an einer Staffelei, Pinsel und Palette in der Hand. »Ja.«

»Ist Papilein bei ihm?«

»Nein.« Heidede ordnet wieder Federn.

»Ich bin ja so glücklich, dass es dir in Amerika so gut gefällt und dass es dir an nichts fehlt, nicht wahr? Morgen gehen wir mal wieder bei *Bullock's* einkaufen, da darfst du dir was Schönes aussuchen. Möchtest du später noch in den Pool? Oder Tennis spielen? Oder soll Papilein mit dir reiten gehen? Du willst doch nicht mit Papilein zurück, wenn er wieder fährt, nein das willst du nicht, dazu bist du zu glücklich hier, nicht wahr, mein Schatz? Ich mach dir nachher ein paar Buletten. Möchtest du Bratkartoffeln dazu? Und dann backen wir Pfannkuchen aus, der Hefeteig geht schon. Wenn sie fertig sind, darfst du die Marmelade reinspritzen. Und später lese ich dir weiter aus *Stoffel fliegt übers Meer* vor. Ach, wir haben doch ein herrliches Leben hier, nicht wahr, mein Liebling?«

»Ja, Mutti.«

Marlene spuckt auf einen Block Wimperntusche und reibt mit einem Bürstchen kräftig darauf herum. »Du vermisst ja deine Muttersprache nicht, wie ich es tue, weil du zu jung bist, um den Verlust auch nur zu bemerken. Du sprichst schon Amerikanisch wie eine geborene Amerikanerin. Hach, wie gut du es hast. Du bist an einem guten Ort zu einer guten Zeit. Du bist doch glücklich, Heidede?« Marlene tuscht ihre Wimpern nach.

»Ja, Mutti. – Und die hier?«

»Die steifen, das ist Krähe. Und die breiten sind Adler. Hol doch noch ein paar von diesen Kartons aus dem Schrank. Das einzig Gute an Amerika sind diese Einbauschränke, findest du nicht auch?«

Heidede kehrt mit mehreren Kartons zurück. Marlene beschriftet, ihre Tochter sortiert.

»Wenn es keine gute Zeit für dich wäre, würde ich Hollywood verlassen und nach Deutschland zurückkehren. Weißt du, kein Film, kein Ruhm ist wichtiger als die Entwicklung eines Kindes. – Die flaumigen? Marabu. – Also wenn du dich dann mal verliebst, dann musst du es mir vorher rechtzeitig sagen, damit ich dir das erklären kann mit dem Eiswasser, und wie du hinterher die Essigspülung aus dem Gummiballon in dich hineinspritzt. Geht fast so leicht wie die Marmelade in die Berliner Pfannkuchen. Aber so weit wollen wir ja noch nicht denken, warum auch, du brauchst nicht mehr als mich, nicht wahr, mein Engel?«

»Ja, Mutti.«

Marlene beißt den Faden ab, zieht ihren blumigen Morgenrock aus, schlüpft in das Negligé und richtet ihre Brüste aus. »Herr Sternberg überschüttet dich ebenfalls mit Liebe und bringt dir vieles bei, wozu ein gewöhnlicher Lehrer kaum imstande wäre. Stell dir nur vor, in Deutschland müsstest du ja zur – nein, wie hast du es doch gut hier. – Ah, Vorsicht, das sind meine Lieblinge!« Marlene nimmt Heidede die Federn aus der Hand, legt sie sich an die Wangen und posiert vor dem Spiegel und vor ihrer Tochter. »Mexikanischer Kampfhahn! Sag, bin ich nicht deine schönste Mutti?«

»Ja, Mutti.«

»Dann darfst du jetzt noch ein bisschen mit meinen Schleiern spielen.« Marlene zieht eine Schublade auf. »Hier, schau, für Hüte. Die richtige Größe der schwarzen Punkte ist eine Wissenschaft für sich, sage ich dir.« Sie öffnet eine weitere Lade. »Chiffons. Durchsichtig, aber nicht *zu* durchsichtig, verstehst du? Je nach der Beleuchtung im Atelier kann man alles falsch machen, und dann ist der ganze Film ruiniert. Du verstehst schon mehr davon als der Kostümausstatter bei der Paramount, mein kluges Kind. Mein Licht muss immer von oben kommen, das musst du jedem Beleuchter einschärfen, sonst sehe ich aus wie eine Kartoffel mit Haaren. Hach, meine Haare sind ja sowieso mein Waterloo, da kann man nicht so tricksen wie im Negligé.« Marlene pufft vor dem Spiegel ihre Locken sanft mit den Handflächen von unten auf. »Herr Sternberg schafft es, mich im Film blonder aussehen zu lassen, als ich bin. Er ist ein großer Künstler, findest du nicht?«

»Ja, Mutti. Ich muss mal.«

»Das sagt man nicht, das gehört sich nicht. Sag: Würdest du mich einen Augenblick entschuldigen?«

»Ja, Mutti. Würdest du mich einen Augenblick entschuldigen?«

»Aber natürlich, mein gutes Kind. – Versuch aber, deine Blase besser zu kontrollieren. Besser, man muss nie.«

Heidede schließt die Tür leise hinter sich. Lautlos geht sie über den flauschigen Läufer, eine Treppe hinab, über den schwarz-weiß gewürfelten Fußboden im Erdgeschoss durch ein Wohnzimmer mit einem cremefarbenen Sofa, ein Esszimmer mit steifen Stühlen, einen weiteren Salon mit chinesischer Tapete und noch flauschigerem Teppichboden. Sie bleibt stehen, weil sie etwas hört. Eine sanfte Männerstimme. Sie geht ihr nach.

»… auch schön feucht, ja? – Richtig nass sogar, wenn du an mich denkst? – Warte, ich mach mir die Hose auf.«

Heidede steht in der Tür und hört mit unbewegtem Gesicht zu. Von ihr abgewandt liegt ein Mann auf einem Sofa.

»Du auch, ja? – Mit deinem Finger? Zwei? Ja? Tief hinein? – Oh, Moment, ich –«

»Tami!«, brüllt Heidede, rennt zum Sofa und reißt dem Mann den Telefonhörer aus der Hand. »Tami, bist das du?« Gebannt lauscht sie der Stimme am anderen Ende. Der Mann schließt seine Hose.

Heidede schießen Freudentränen ins Gesicht. »Ja, ich dich auch, sehr!«, sagt sie und lacht, etwas zu laut. »Kommst du mich bald besuchen?« Heidede lauscht. Ihr Strahlen gefriert. »Ja. – Ja.« Sie wischt sich mit dem Handrücken über die Augen. »Ja.« Sie lässt den Kopf hängen, reicht dem Mann den Hörer und geht hinaus in den Garten.

Dort malt Sternberg Blumen. Heidede stellt sich neben ihn. Nach einem gewagten Strich tritt er einen Schritt zurück und prüft sein Werk. »Mehr Licht, mehr Schatten, oder?«, fragt er Heidede. Er drückt ihr den Pinsel in die Hand und hält ihr die Farbpalette hin. Sie sieht unsicher zu ihm auf.

»Nur zu. – Oder willst du eine eigene Leinwand? Ich hab eine für dich vorbereitet.« Er holt sie hinter seinem Bild hervor. »Ob Blumen oder die Apokalypse: Wir malen immer vom Hellen ins Dunkle.«

Heidede überlegt noch, da tritt der Herr vom Sofa zu ihnen. Er wirkt wie ein Dressman: glatt rasiert, frisch vom Friseur, helles Hemd, heller Anzug, dunkle Krawatte.

»Ausgeschlafen, Herr Sieber?«, fragt Sternberg.

»Leidlich.« Er reicht ihm die Hand. »Rudi.«

Sternberg dankt überrascht für das Du und schlägt ein. »Josef.« Er deutet auf einen Fotoapparat mit Stativ. »Alles steht schon bereit, Herr äh, Rudi. Fotografier mich doch mal mit deiner Tochter. Einfach so, ohne Pose.«

Rudi nickt. »Verstehe. Gut.« Er tut, wie ihm geheißen. Sternberg malt, Heidede lächelt in die Kamera.

»Heidede, hol mal Muttilein.«

»Und sag ihr, sie soll ein frauliches Kostüm anziehen. Mit weißen Pumps«, ruft Sternberg ihr hinterher.

Heidede trollt sich.

Sternberg malt weiter. »Gut, dass Sie, äh, dass du so schnell gekommen bist, Rudi. Dass Marlene« – er deutet mit dem Kopf Richtung Haus – »mit Kind, aber ohne Ehemann nach Hollywood zurückgekehrt ist, war für die Presse und die hiesigen Moralwächter dann doch ein bisschen zu viel.«

»Die sollen hier recht bigott sein.« Rudi streicht über sein perfekt nach hinten gegeltes Haar.

Sternberg saugt vor dem nächsten Strich kurz den Schnauzer ein. »Rudi – lass mich ehrlich sein. Es geht ums Ganze. Weißt du, Marlene ist keine große Schauspielerin. Eigentlich ist sie gar keine. In Berlin parodiert man sie schon. Damit sie vor der Kamera gequält aussieht, muss ich sie beim Drehen quälen, und damit sie glücklich aussieht, muss ich sie glücklich machen, verstehst du? Aber trotzdem hat sie auf der Leinwand diese ungeheuer suggestive Ausstrahlung. *Morocco* hat sensationelle zwei Millionen eingespielt und die Paramount vor dem Konkurs bewahrt. Marlene kann jetzt ganz andere Gagen verlangen. Das dürfen wir doch nicht gefährden!«

»Keinesfalls«, pflichtet Rudi ihm bei.

»Wir schießen jetzt ein paar Fotos und schicken die besten dem *Los Angeles Chronicle*, dem *Rambling Reporter, Hollywood Now, Variety,* dem *Time Magazine* und so weiter.«

»Einverstanden.«

»Und – ihr solltet hier eine große Party geben.« Sternberg deutet auf den Garten mit dem Pool. »Je mehr Zeugen eures Glücks, desto besser.«

Rudi stülpt die Unterlippe nach außen. »Stimmt.«

»Überall will die Welt betrogen sein.«

»Aber nur hier kann man damit Geld verdienen.« Rudi fegt eine Fluse vom Revers.

»Ah, da kommen sie.«

Marlene und Heidede schlendern Hand in Hand zu ihnen. Heidede freut sich an ihrem weißen Sommerkleidchen.

»Muss die Krawatte sein?«, fragt Sternberg Marlene.

»Aber ich habe doch angezogen, was du mir befohlen hast«, sagt Marlene und deutet auf ihren schmalen langen Rock und ihr stark tailliertes Jackett. »Im Übrigen habe ich einen Ruf zu verteidigen. Können wir endlich anfangen?«

Sternberg stellt sich hinter die Kamera und dirigiert die Familie Sieber, positioniert sie vor Haus und Garten. »Rudi, ich komme dann an deine linke Seite.«

Marlene merkt auf. »Ah, habt ihr das schon geregelt? Erwachsen. Gehört sich so.«

Sternberg schaut noch einmal durch den Sucher. »Nein, das geht so nicht. Das Kind ist zu groß. Macht Marlene zu alt.«

»Dann setzen wir uns halt alle auf den Rasen«, schlägt Rudi vor.

Sternberg denkt nach. »Hm, da kann Heidede ihre Größe auch nicht verbergen. Marlene, kannst du nicht – nein, Rudi, nimm du das Kind doch auf den Arm. Und du Heidede, mach dich ein bisschen klein. Probiert mal.«

Rudi hebt seine Tochter nicht ohne leichtes Ächzen hoch und setzt sie auf seiner Hüfte ab. »Heidede, schmecken dir die Hot Dogs hier so gut?«

»Das ist nur Babyspeck, das verwächst sich«, sagt Marlene.

Sternberg betrachtet die Siebers. »Rückt doch mal alle ein bisschen zusammen. Und Heidede, leg den einen Arm um

Papilein und den anderen um Muttilein.« Er blickt durch den Sucher. »Das wird perfekt! Achtung, ab jetzt zehn Sekunden.« Er drückt auf den Selbstauslöser, eilt an Rudis freie Seite und hakt sich bei ihm ein. »Lächeln! Natürlich!«

Klick!

Wir sehen von weiter weg, wie sie noch mehr Bilder machen, in wechselnden Gruppierungen, am Pool, im Liegestuhl, auf der Hollywoodschaukel.

»Und jetzt machen wir eine Spritztour in deinem offenen Wagen«, bestimmt Sternberg schließlich.

»Au ja!«, rufen alle.

»Ich fahre aber«, sagt Rudi. »Und Muttilein sitzt neben mir.«

»Du fährst, aber *ich* sitze neben dir«, berichtigt Sternberg. »Und Marlene und Heidede sitzen hinten.«

Rudi nickt nachdenklich. »Stimmt. – Und wohin geht's? Heidede, sollen wir zu dem Karussell mit den Pferdchen, von denen du mir erzählt hast?«

Heidedes Gesicht leuchtet auf.

»Am Santa Monica Pier sind um diese Uhrzeit nicht genügend Leute. Wir fahren in den Angelus Temple zum Gottesdienst.«

Marlene sieht ihn verblüfft an.

»Zu unser aller Läuterung.« Sternberg grinst. »Niemand ist vollkommen.«

Ein Automobil parkt an einem See in unberührter Natur. Bessie hievt aus dem Kofferraum Reisetaschen, die Mercedes und Greta in einem Ruderboot verstauen. Große Körbe mit Proviant sind auch dabei, Brote und Lauchstangen ragen heraus, Kartoffeln, Möhren und Äpfel. Beim Abschied merkt man an ihren Gesten, sie verabreden sich für irgendwann später. Greta und Mercedes winken, als das Auto einen steilen Weg durch Nadelwald erklimmt und verschwindet. Der See liegt idyllisch eingebettet in ein Rund bewaldeter Felsenhänge. Greta und Mercedes zwinkern sich zu: Sie sind hier ganz allein.

Von der Anlegestelle steigen sie in das Boot. Greta ergreift die Ruder, stößt gekonnt ab und gewinnt rasch Fahrt.

»Trainierst du mit der Mannschaft von Oxford oder mit der von Cambridge?«, hören wir Mercedes staunend fragen.

Greta rudert zu einer kleinen Insel. Am Steg legt sie geschickt an, springt heraus, bindet das Boot fest und nimmt die Taschen und Körbe entgegen, die Mercedes ihr reicht. Gemeinsam mit den beiden gehen wir einen moosigen Pfad entlang und treffen, hinter Fichten verborgen, auf eine einfache Blockhütte, die aus nur einem Raum besteht: ein Tisch mit vier Stühlen, eine eiserne Kochstelle, ein Bett sowie ein offener Kamin. Während Mercedes auspackt, inspiziert Greta den Ziehbrunnen vor der Hütte sowie etwas abseits ein Plumpsklo. Hinter einem Schuppen stößt sie auf einen Holzstapel. Sie findet auch ein Beil und probiert sogleich den Hackklotz aus. Nach fünf Scheiten, die sie zu Anfeuerholz zerkleinert, wird ihr warm. Sie zieht ihren Sommerpullover aus und schlingt ihn sich um die Schultern, die Ärmel vor der Brust geknotet. Trägt sie darunter tatsächlich nichts?

Mercedes ruft fragend nach ihr. Mit einem handlichen Apparat fotografiert sie den See und die Hütte. Als sie Greta entdeckt, wirft die sich in Pose, ein Fuß auf dem Hackklotz, das Beil in der Hand, einen Arm angewinkelt wie ein Muskelprotz, der seinen Bizeps vorführt. Stolz strahlt sie in die Kamera.

Klick!

Für ein zweites Foto lässt Greta den Pullover fallen. Wir sehen leider nur, wie Mercedes, um Atem ringend, den Auslöser drückt.

»Jetzt müssen wir getauft werden«, ruft Greta, rennt zum Ufer und schlüpft aus den weißen Shorts, was wir jedoch von weitem nur unscharf erkennen. Mit einem Hechtsprung taucht sie ins Wasser und krault mit kräftigen Zügen weit in den See hinaus. Schließlich dreht sie sich nach Mercedes um und winkt. Die folgt ihr, wieder etwas unglücklich, und zieht sich auf dem Steg ebenfalls aus. An einer Metallleiter lässt sie sich langsam hinab. An ihrem Zögern merken wir, wie kalt es ist. Mutig schwimmt sie los, den Kopf weit aus dem Wasser. Greta krault zu ihr.

»Und für die Überquerung des Ärmelkanals trainierst du also auch?«, fragt Mercedes.

Greta umkreist sie glucksend. »Für eine Spanierin hältst du dich in diesem eiskalten Wasser hervorragend – bravo!«

»Gibt es eigentlich etwas, was du nicht kannst?«, fragt Mercedes, ein bisschen schnaufend.

»Gutes Englisch«, antwortet Greta. »Aber das bringst du mir jetzt bei.« Sie spritzt Mercedes Wasser ins Gesicht, die lässt sich nicht lumpen und geht zum Angriff über. Wir hören spitze Schreie und Gelächter. Schließlich kehren sie bibbernd ans Ufer zurück. Was wir sehen wollen, ist immer gerade von einem Baum oder einem Felsen verborgen.

Drinnen entzündet Greta ein Kaminfeuer. Davor sitzend, rubbeln sie sich trocken. Mercedes sieht nass zerzaust viel besser aus als mit ihrer Brillantine. Sie kämmt Gretas ungestufte, kinnlange Haare glatt nach hinten.

Greta lacht. »Machst du mich zu deinem Spiegelbild?«

Mercedes rückt etwas ab und betrachtet sie. »Für die Schlussszene von *Mata Hari*. Wenn du zur Hinrichtung musst. Und dazu mein schwarzes Cape mit dem hohen Kragen. Du wirst umwerfend aussehen.«

»Ich kann's Adrian ja mal vorschlagen. Wäre eine Erlösung nach allem, was er mich vorher anzuziehen zwingt. Ein javanesisches Tanzkostüm, das eigentlich nur aus Löchern und Aussparungen besteht, dazu ein mehrstöckiger Tempel als Kopfputz.« Greta beschreibt ihn mit ausladenden Gesten. »Glitzernde Strumpfhosen aus Metallringen, dazu ein Oberteil ganz aus Goldfäden, eigentlich eine Rüstung – aber am Rücken so tief ausgeschnitten, wie sich das deine Schwester nie getraut hätte. Alles so überkandidelt – grauenhaft!«

Mercedes überlegt. »Mach es doch *so* überkandidelt, dass es schon wieder gut ist. Camp, verstehst du?«

»Du meinst, wie ein Damenimitator?«

»Genau so. Spiel, als seist du ein Mann, der eine Frau spielt.«

Gretas Augen weiten sich. Über ihr Gesicht huscht eine Erinnerung. Und tanzen die Möglichkeiten. »Ramon Novarro ist fast mädchenhaft hübsch – und sehr, sehr schwul.«

»Hat er die männliche Hauptrolle also bekommen?« Mercedes ist begeistert. »Damit wirst du Mrs Dietrich endgültig ausknocken. Die kommt nicht mehr hoch.«

»Arme Marlene.« Greta betrachtet den Wasserkessel, den sie an die Glut gestellt hat.

»Arme Marlene?«, fragt Mercedes erstaunt.

»Na, Sternbergs Scheidungsskandal wächst sich doch nun zu einer ernsthaften Gefahr für ihre Karriere aus. Im Radio hieß es, seine Frau habe Marlene wegen Verleumdung auf 100 000 Dollar Schmerzensgeld verklagt. Marlene soll einer Zeitung gesagt haben, Frau Sternberg komme ihren ehelichen Pflichten nicht mehr nach … Und 500 000 Dollar will die Gattin, weil Marlene ihr den Mann weggenommen habe. Und dann ist Marlene auch noch ohne ihren eigenen Gatten, nur mit ihrer Tochter zurückgekehrt. Die glauben ihr hier doch gar nicht, dass sie wirklich verheiratet ist. Ich würde diesen ganzen Klatsch nicht aushalten.«

Mercedes blickt Greta ungläubig an. »Liest du denn keine Illustrierte? Mr Dietrich stattet seiner Frau und Tochter soeben einen Besuch ab.«

»Äh – nein. – Er heißt Herr Sieber. Rudi.«

»Man entkommt den Fotos der glücklichen Familie Dietrich doch gerade gar nicht.«

»Ist Tamara auch dabei?«

»Wer?«

»Rudis Geliebte.«

»Also auf den Fotos ist sie nicht. – Die Rechnung scheint schon aufzugehen. Es heißt, Paramount habe sich mit Frau Sternberg außergerichtlich geeinigt.« Mercedes stutzt. »Woher weißt du eigentlich – kennst du sie doch persönlich? Ich dachte, ihr seid euch noch nie –«

»Marlene ist zwar eine liebende Mutter, aber ich bin ein stolzer Vater.«

Mercedes lacht konsterniert.

»Ich habe in Schweden einen Sohn.« Greta kostet Mercedes' Sprachlosigkeit aus, bevor sie fortfährt. »Meine Freundin Mimi hat ein Kind bekommen. Ich freue mich unbändig, wenn ich sie demnächst wiedersehe. Ich horte schon Geschenke. Vielleicht zeigst du mir, mit welchem Seil man am besten Lasso werfen kann?«

Mercedes hört Greta mit wachsendem Entsetzen zu. »Wann reist du denn ab?«, fragt sie tapfer und betrübt zugleich.

»Noch drei Filme, *Mata Hari, Menschen im Hotel* und *Wie du mich wünschst,* dann ist mein Vertrag zu Ende und ich fahre nach Hause.«

»Kann ich mitkommen?«

»Du? Mit nach Schweden? Dir sind ja schon die High Sierras zu kalt.«

Mercedes packt Gretas Oberarme. »Ich möchte immer mit dir zusammen sein. Willst du nicht bei mir einziehen? Oder wir mieten ein Haus nur unter meinem Namen, und niemand wird wissen, wo du wohnst, nicht einmal das Studio, so wie hier.« Mercedes lockert ihren Griff und streichelt Gretas Schultern. »So, wie du es dir immer erträumst. Kein Fan erschreckt dich im Garten, niemand wirft sich wegen eines Autogramms vor dein Auto. Ich werde dich vor allem Bösen beschützen.«

Greta zögert. »Jetzt lass uns doch erst einmal genießen, was wir hier haben.« Schelmisch fügt sie hinzu: »Geheiratet wird erst, wenn wir müssen. Soll ich dir auch ein Kind machen?« Sie schlägt die Wolldecke über sie beide und beugt sich über Mercedes, die sich nach hinten fallen lässt und Greta am Nacken mit sich zieht. Sie liebkost Gretas Wange, fährt ihre Augenbrauen entlang, die Kontur ihrer Lippen. »Sind deine Wimpern wirklich echt?«

»Überzeug dich selbst.«

Mit größter Zartheit nimmt Mercedes Gretas Wimpern zwischen die Lippen und zieht nicht wenig an ihnen.

»Meine ungewöhnlich tolerante Mutter hat sie mir vererbt. Sie sagt immer: ›Mit langen Wimpern muss man nicht alles sehen.‹« Auge in Auge mit Mercedes sucht Gretas Hand, wir ahnen, was. Mercedes seufzt leicht auf. Da schwebt Gretas Gesicht über uns. Wir könnten sie küssen, wenn wir wollten. Langsam nähert sie sich uns, bis das Bild schwarz wird.

Gerne wären wir noch im Dunkeln geblieben.

Doch nun sehen wir die junge Greta Garbo von weitem, wie sie, das Gesicht von einem Hut mit breiter Krempe halb verborgen, durch das Blitzlichtgewitter wartender Fotografen einen Bahnsteig entlang zum Zug eilt. In ihrem Schlafwagenabteil lauert ihr ein Reporter auf, der sich dort versteckt haben muss. Der Schaffner – er ist der einzige Schwarze unter lauter Weißen – bittet sie kurz ins nächste Abteil, doch kaum merken die dortigen Gäste, wer bei ihnen Unterschlupf sucht, bestürmen sie Greta um Autogramme. Sie flieht wieder. Währenddessen können die Gepäckträger kaum ihre vielen Koffer verladen, so sehr werden auch sie von Fotografen bedrängt. Als der Zug, *The Chief,* dann durch die Prärie rattert, sehen wir, übergeblendet, Zeitungen aus Druckmaschinen gleiten: *Greta Garbo leaves Hollywood – for good?* heißt es da in großen Lettern auf der Titelseite, oder *Die Garbo: Wiedersehen in Deutschland?* und *Greta kommer hemma!* Auch in arabischen, indischen, chinesischen Schriftzeichen titeln die Zeitungen offenbar Ähnliches.

In einer Metropole an einem großen See, könnte Chicago sein, verlässt Greta den Zug schon am Stadtrand mit nur einem Köfferchen. Ein bereitgestellter Wagen bringt sie in ein Durchschnittshotel, während ein Double mit tief ins Gesicht gezogenem Hut von der Grand Central Station aus mit dem großen Gepäck in das mondäne *Stevens* eincheckt. Dennoch starrt Greta bald einem Fotografen ins Gesicht, der von der Feuerleiter aus durch ihr Fenster linst. Panisch flieht sie auf den Flur. Ein Zimmermädchen schleust sie durch die Küche zu einer Hintertür, doch schon auf dem Weg zur nächsten Unterkunft haben Reporter ihre Spur wieder aufgenommen.

Im nächsten Zug ähneln sich die Vorfälle, und Greta traut sich nicht aus dem Abteil. Die Skyline von New York taucht auf. Gretas Weg durch die Straßenschluchten Manhattans zum Hotel gleicht einem Spießrutenlauf. Am Hafen wartet dann eine unüberschaubare Menschenmenge vor dem Transatlantikdampfer *Gripsholm*. Sechs robuste Herren in Straßenanzügen und Hut nehmen Greta in die Mitte und bugsieren sie zur Gangway und aufs Schiff, wo der Kapitän sie mit Blumen begrüßt. Als sie die Tür ihrer Kabine hinter sich zusperrt, rutscht sie zu Boden, sinkt in sich zusammen und vergräbt das Gesicht in den Händen.

»Wer wird denn weinen, wenn man auseinandergeht«,

hören wir Marlenes Stimme, aber Greta hört sie nicht. Sie blickt, nun eingehüllt in einen Herrenbademantel, durch ein Bullauge ihrer Kabine aufs offene Meer.

»Wo an der nächsten Ecke schon 'ne andre steht.«

Greta liest in ihrer Kabine, schläft, träumt und lässt sich dort auch die Mahlzeiten servieren.

»Man sagt ›Auf Wiedersehen‹ und denkt sich heimlich bloß,
Na endlich bin ich wieder ein Verhältnis los.«

Wir hören auch jemanden weinen, ja schluchzen, aber Greta ist es nicht. Als die *Gripsholm* wieder landet, im Hafen *Göteborg*, wartet auch dort ein riesiges Menschenmeer. Greta schluckt, aber sie wirkt weniger angespannt als in den USA. Ein junger Mann und eine junge Frau werden unter Blitzlichtgewitter an Bord gelassen. Er hat starke Ähnlichkeit mit Greta, groß, blond, ebenmäßiges Gesicht. »Sven!«, ruft sie und fällt ihm um den Hals. Er hebt sie ein bisschen an, sie hämmert ihm die Faust auf die Schulter. Kann nur ihr Bruder sein. Endlich löst sie sich von ihm und wendet sich der Frau zu. »Mimi«, lesen wir von ihren Lippen ab. Tränen schießen ihr in die Augen. Einander wiegend liegen sie sich lange in den Armen, während Sven die Gepäckträger instruiert. Dann holt Greta mit verschwörerischer Miene ein Seil aus der Tasche und sucht etwas Kleines um Mimis Beine, aber Mimi schüttelt lachend den Kopf und scheint auf später zu vertrösten. Sie und Sven nehmen Greta schließlich in die Mitte und steigen gut gelaunt die Gangway hinab.

»Falling in love again, never wanted to«,

singt Marlene auf die Melodie von *Ich bin von Kopf bis Fuß auf Liebe eingestellt*,

»what am I to do, I can't help it.«

Wer schluchzt da nur?

Dieses Mal fahren *wir* durch die Straßen von Los Angeles. Hinter unserem dünnen, dafür recht großen Lenkrad und der langen Motorhaube sehen wir andere Automobile den Verkehr meistern. Wir steuern auf ein Gebäude zu, das an die Akropolis erinnert. Zwischen den Säulen öffnen sich drei Bögen. *Metro-Goldwyn-Mayer* prangt darüber. Wir bremsen. Der Pförtner erkundigt sich, nickt, öffnet das schmiedeeiserne Tor und weist uns gestikulierend den Weg. Wir passieren einen offenen Schuppen mit Generatoren, Scheinwerfern, Kabeltrommeln und Mikrophongalgen, lassen einem Kosaken und einem Gladiator den Vortritt, umkurven vorsichtig die pelzige Attrappe eines haushohen Gorillas und weichen einem drahtigen Mann mit beginnender Glatze sowie einer temperamentvollen Blondine aus, die weit ausgreifende Tanzschritte üben. Ein süßer kleiner Lockenkopf schaut ihnen gebannt zu.

Vor einem Bürogebäude kommt unser Wagen zum Halten.

Heraus steigt Mercedes. Sie betritt eine mit Marmor ausgekleidete Lobby, in der lebhaftes Gewusel herrscht. Mercedes entdeckt einen Paternoster und springt lässig hinein. Vier Stockwerke höher verlässt sie ihn wieder. Der weite Flur hier oben ist deutlich ruhiger. Gedämpft hört man Telefongespräche. Mercedes findet die Tür, die sie sucht, klopft und tritt ein.

»Ja, bitte?« Die Sekretärin tippt weiter.

»Mercedes de Acosta. Für Mr Mayer.«

Die Sekretärin scheint Herrn Mayers Terminkalender zu prüfen. »Ah ja, richtig. Sie haben Glück, er ist tatsächlich da. Kommen Sie.« Die Sekretärin erhebt sich, zupft an ihren Ärmelschonern und bittet Mercedes zu einer Flügeltür. Sie klopft und steckt sogleich nur den Kopf ins Nachbarzimmer: »Miss de Acosta.«

Wir blicken in ein geräumiges Büro. Auf einem Podest steht ein riesiger Schreibtisch, an dem ein gedrungener Mann im Anzug gerade den Hörer zurück auf die Gabel seines Telefons legt. Er mustert Mercedes durch seine dunkel umrandete Nickelbrille. »Ah, Sie sind das! Bitte kommen Sie herein. Setzen Sie sich doch.« Mercedes liebäugelt mit einer Sitzgruppe aus schwarzem Leder und Chrom, doch er deutet auf einen Sessel vor seinem Schreibtisch, der nicht auf dem Podest steht. Mercedes begreift und nimmt halbschief auf der Armlehne Platz. Statt das Gespräch zu eröffnen, studiert Mayer Mercedes' spitze Schnallenschuhe, ihr schwarzes Cape und ihre weiße Hose. »Ich muss schon sagen, Miss de Acosta«, beginnt er schließlich. »Also, ich kenne Greta ja bereits seit vielen Jahren. Ich habe sie schließlich in Berlin entdeckt. War ein bisschen dick damals, aber das hat sich dann ja gegeben. Aber seitdem sie Sie kennengelernt hat, ist die schönste Frau der Welt noch schöner geworden. Was machen Sie nur mit ihr?«

Mercedes unterdrückt ein Lächeln. »Ich habe ihre Ernährung umgestellt. Rein vegetarisch. Und dann haben wir jeden Tag … machen wir jeden Tag ein Stündchen Yoga.«

»Jo – was?«

»Yoga. Eine indische Weisheitslehre, Meditation mit körperlichen Übungen, wie sie Krishnamacharya in Mysore und in New York neuerdings auch Yogendra lehren.«

»A-ha?«

»Außerdem gehen wir viel spazieren, in den Hügeln von Santa Monica oder am Strand, wir schwimmen im Meer, spielen Tennis, und gelegentlich reiten wir auch aus.«

»Greta *reitet*? Haben wir ihr das nicht vertraglich verboten? Das ist doch zu gefährlich!«

»Keine Sorge. Ich habe ihr das Reiten beigebracht, und jetzt sitzt sie im Sattel wie ein geborener Cowboy. Sie wagt sich selbst auf wilde Mustangs. Wir stehen jeden Morgen um fünf Uhr auf und gehen sehr früh ins Bett. Das sogenannte Nachtleben von Hollywood verachten wir.«

»Bei ihren Filmpremieren könnte sie sich schon zeigen. Marlene Dietrich hat letztens das Blitzlichtgewitter genossen bei Gretas *Menschen im Hotel*, weil die Hauptdarstellerin mal wieder fehlte. Die Fans, die Presse, niemand versteht sie mehr.«

Mercedes streicht über das Leder ihres Sessels. »Greta versteht nur, wer sie so erlebt hat wie ich in Silver Lake. Sie ist ein Geschöpf der Elemente. Von Luft und Wasser, von Felsen und Bäumen.« Sie genießt Mayers Erstaunen. »Man muss vor allem auch den Norden kennen, Wind, Regen und dunkel dräuende Wolken.« Mercedes studiert den Himmel durch das Fenster. »In ihrer gegenwärtigen Inkarnation wird sie immer ein Wikinger-Kind sein, verstört von einem Traum aus Schnee.«

Hat es Mayer die Sprache verschlagen? Da er nichts sagt,

redet Mercedes weiter. »Wir nehmen keine Einladungen an, selbst Weihnachten und Silvester haben wir nur zu zweit miteinander verbracht. Wir haben einen Baum geschmückt, die Kerzen angezündet und uns beschenkt. Ich habe von Greta Gummistiefel und einen Südwester bekommen. Mein glühendster Wunsch für sie ging allerdings erst am nächsten Morgen in Erfüllung. Da war alles ganz verschneit.«

»Verschneit? Hier in Los Angeles?«

»Da, wo wir waren, schon. Ich hatte inniglichst um Schnee gebetet.«

»Gebetet?«

»Ja.«

»Ach so.«

»Tatsächlich fing es bald an zu regnen, aber wir sind dennoch spazieren gegangen. Wir lieben es, von der höchsten Höhe das Meer und die Blitze zu beobachten und dem Donner zu lauschen. Sturm beglückt und erregt uns.« Mercedes legt eine Kunstpause ein.

»Hm.« Mayer deutet mit dem Kinn auf ihr Cape. »War das *Ihres* in der Schlussszene von *Mata Hari*?«

»Sie sieht hinreißend darin aus, nicht?«

»Und diese schwulen Dialoge? Stecken Sie da dahinter? Wenn Mata in diesen Club will, weil es dort so ›gay‹ ist? Oder wenn sie ihren Führungsoffizier auffordert, er solle selber ihren alten Liebhaber handhaben, sie kämen doch so prächtig miteinander aus. Und dazu ihr anzüglicher Blick. Das stand doch alles gar nicht im Drehbuch!«

»Was glauben Sie, weshalb man sich in den Warteschlangen um Kinokarten prügelt? Sie kennen die Zahlen natürlich besser, aber der Streifen bricht doch alle Rekorde.«

Mayer nickt. »*Mata Hari* war der erfolgreichste Film des Jahres 1931. Und *Menschen im Hotel* läuft jetzt noch besser.

Und das in diesen Zeiten! Greta erhält mittlerweile fünftausend Fanbriefe pro Woche. Wir kommen mit dem Verbrennen kaum hinterher.«

»Verbrennen?«

»Sie liest ja keinen einzigen. Vorher sehen aber unsere Sekretärinnen nach, ob nicht etwa Wertsachen beigelegt sind. Oder ob der schwedische König ihr einen Orden verleihen oder Eleanor Roosevelt ihr ihre Bewunderung zu Füßen legen möchte. Könnten Sie sie nicht dazu bewegen, uns wenigstens gedruckte Autogrammkarten und signierte Fotos zu erlauben?«

»Greta wird nie ein Autogramm geben. Ihre Fanpost foltert sie, und sie leidet körperlich und seelisch unter der Verehrung, die sie auslöst. Deshalb ist Greta auch bei mir eingezogen.«

»Bei Ihnen eingezogen?«

»Ja. Bevor sie nach Schweden gereist ist. Nur ich kann sie beschützen.«

Mayer betrachtet Mercedes noch einmal von Kopf bis Fuß. »Wann kommt Sie eigentlich zurück?«

Mercedes zögert. »Wenn sie Ihnen ihre Pläne nicht mitteilt, dann möchte ich auch nicht –«

Lächelt Mayer süffisant? Er lehnt sich in seinem Sessel zurück und wechselt den Ton. »Sagen Sie, Mercedes, Greta meinte, Ihr Vertrag bei der Paramount sei ausgelaufen –«

»– könnte jetzt erneuert werden.«

»– und Sie hätten Kapazitäten frei? Greta hat Sie mir empfohlen. Was haben Sie denn schon so gemacht?«

»Ich habe drei Gedichtbände und zwei Romane veröffentlicht. Für Eleonora Duse habe ich ein Stück geschrieben, *The Mother of Christ.* Sie hat das Manuskript über und über mit Anmerkungen versehen. ›Damit werde ich auf der ganzen Welt auftreten‹, hat sie zu mir gesagt. Aber leider ist sie dann ja gestorben. In Pittsburgh, ausgerechnet! Ich habe für ihre würdevolle Aufbahrung in einer katholischen Kirche gesorgt und die Nachtwachen gehalten. Dann wurde ihr schwarzer Sarg auf ein schwarzes Schiff gehievt und –« Mercedes bricht ab, von Gefühlen überwältigt.

»Könnten wir das Manuskript mal sehen?«, fragt Mayer.

»Ich habe es mit ihr beerdigen lassen.«

»Wie bitte?«

»Ich habe es ihr in den Sarg gelegt. Es gehörte Eleonora.«

Mayer runzelt die Stirn. Er räuspert sich. »Und welche Rollen sehen Sie für Greta?«

»Mit der Kameliendame würde sie mit der Duse und Sarah Bernhardt aufschließen. Ich könnte sie mir aber auch als Dorian Gray vorstellen– wäre sie nicht die Idealbesetzung? Sie selbst hat es auf den Hamlet abgesehen.« Bemerkt Mercedes nicht, dass Mayer unruhig wird? »Die ultimative Rolle für sie ist aber die heilige Johanna. Da George Bernard Shaw die Filmrechte an seinem Stück nicht vergibt, könnte ich aus meiner eigenen Bühnenvorlage ein Drehbuch erstellen. Es wurde in Paris höchst erfolgreich aufgeführt, am Théâtre de la Porte Saint-Martin. Seine Exzellenz der Botschafter der USA nahm an der Premiere teil, zusammen mit dem Ministre des Beaux-Arts de France.« Mercedes' französische Aussprache ist gar nicht schlecht. »Als heilige Johanna könnte Greta eine Rüstung tragen! Brustpanzer, Arm- und Beinschienen, Helm mit Federbusch, das Visier erst geschlossen, dann klappt sie es auf, und zum Vorschein kommt dieses Jahrhundertgesicht! Sie wird wie ein herrlicher Jüngling wirken, Göttin und Gott zugleich!«

Mayers Brauen ziehen sich immer finsterer zusammen.

»Man könnte natürlich auch etwas aus dem Stoff rund um Königin Christina von Schweden machen, ich hatte da mal einen Einfall, habe viele Notizen gemacht und eine ungefähre Beschreibung fertiggestellt. Aber wie so häufig in Hollywood ist mir die Idee gestohlen worden. Jetzt arbeitet jemand anderes an meiner Geschichte. Vielleicht könnte man sie hier in Hosen zeigen, aber ich glaube, als Ganzes taugt das nichts.«

»Kommen Sie mir nicht mit Hosenrollen!«, dröhnt Mayer. »Da haben wir Greta über so viele Jahre so teuer als glamourösen Vamp aufgebaut –«

»– als liederliches Weib, wie Greta selber sagt –«

»Jetzt hören Sie mir mal zu. Greta ist unser letzter Trumpf in der gegenwärtigen Wirtschaftskrise – und da wollen Sie sie und uns ruinieren! Wissen Sie, wie viele Leute da draußen arbeitslos sind? Dreizehn Millionen! Die Industrie nutzt nur noch einen Bruchteil ihrer Kapazitäten, die Löhne sind drastisch gesunken, und Präsident Hoover wagt sich an keine Reformen. Aus 90 Millionen Kinobesuchen pro Woche sind 60 Millionen geworden. Letztes Jahr haben 2000 Kinos in den USA schließen müssen, und 1932/33 dürfte die schlechteste Kinosaison seit zehn Jahren werden. Die Filmindustrie rechnet mit 100 Millionen Dollar Verlust. Und da wollen Sie Greta Garbo Hosen anziehen!«

»Marlene Dietrich trägt doch auch –«

»Schluss mit dem Unfug! Wissen Sie, was der *Rambling Reporter* über Sie geschrieben hat, ja, über Sie, Miss de Acosta? *Greta Garbos neue Liebe: ihre Kumpelin*. Darunter ein Foto von euch beiden in Hosen, wie ihr gerade einen Army-Navy-Store verlasst! Einen Army-Navy-Store! Greta muss bei *Bullock's* gesehen werden! Und zwar in der Damenabteilung!«, fügt er sicherheitshalber hinzu. »À propos!« Mayer deutet ein Zitat an. »*Über keine Frau reden Ehefrauen in Hollywood so viel, ohne sie jedoch zu fürchten* … Wie deutlich soll die Presse denn noch werden? Sie machen mir Greta nicht zum Mannweib!«

»Niemand kann Greta zu irgendetwas machen, das wissen Sie selbst.«

»Ihr Image machen immer noch *wir*. Und deshalb darf sie es nicht zu weit treiben. Wenn Greta die Catholic Legion of Decency oder die konservativen Frauenvereine allzu sehr provoziert, können die mit organisiertem Protest antworten, ja sogar zum Boykott ihrer Filme aufrufen. Das müssen wir unbedingt vermeiden!« Mayer ändert wieder den Ton, wird sanft. »Mercedes, Sie sind mir sympathisch, ich gebe Ihnen eine Chance. Entwickeln Sie einen Stoff für Greta, aber mit Achtung vor dem Hays Office.«

»Hays Office?«

»Kennen Sie doch von der Paramount, unsere ›freiwillige Selbstkontrolle‹. Lassen Sie sich von meiner Sekretärin die Liste mit Mr Hays' Don'ts und Be Carefuls geben. Sie soll sie auch in die Vertragsabteilung führen. 300 Dollar pro Woche, beiderseits wöchentlich kündbar. Ich erwarte in sechs Wochen einen Entwurf oder eine ausgearbeitete Idee für Greta. Einverstanden?«

Mercedes kann oder will ihre Freude nicht verbergen. »Mr Mayer, ist Ihnen überhaupt bewusst, dass noch niemals in der Geschichte eine einzige Frau so viele andere Frauen beeinflusst hat – und Männer auch. Vor dem Film gab es zwar Theaterstücke, die die ganze Welt kannte, von Shakespeare, von Ibsen – aber doch überall in anderen Inszenierungen, in verschiedenen Sprachen und so weiter. Der Film hat die Reichweite von Schauspielerinnen ins schier Unendliche potenziert. Greta ist längst viel bekannter, als Sarah Bernhardt und Eleonora Duse je waren. Hunderte Millionen Menschen auf der ganzen Welt folgen ihr. Damit hat sie auch einen Einfluss wie noch keine andere Frau vor ihr. – Nun, vielleicht ausgenommen die englischen Königinnen Elisabeth und Victoria.

Greta beeinflusst das Leben, das Sein, das Denken, das Lieben, die Mode, alles. Ich werde ihr einen Film auf den Leib schneidern, der dieser gewaltigen Verantwortung Rechnung trägt. Mr Mayer« – Mercedes deutet einen Diener an und wendet sich zum Gehen.

Noch bevor sie die Klinke gedrückt hat, fliegt die Tür auf, und herein kommt – Salka Viertel, die Haare fluffig wie je.

Beide treten überrascht einen Schritt zurück.

Salka fängt sich zuerst. »Oh, Miss de Acosta! Wie gut Sie ausschauen! Schön, Sie mal wieder zu treffen!«

»Mrs Viertel, wie geht es Ihnen? Alles in Ordnung mit Berthold und den Jungs?«

»Könnte nicht besser gehen! Na dann – man sieht sich!« Salka lässt Mercedes vorbei und schließt hinter ihr die Tür. Mit dem Rücken zu Mayer scheint sie einen Moment lang nachzudenken. »Die Arme«, sagt sie dann, als sie sich ohne Aufforderung in den Sessel setzt, dessen Lehne noch warm von Mercedes sein muss.

»Die Arme?«, fragt Mayer nach.

»Na, Greta spielt ihr schon übel mit. Erst dieser Riesenkrach. Und dann so ohne jeden Abschied nach Schweden abzureisen. Dafür waren sie doch zu eng. Na ja, *zu* eng eben für Gretas Geschmack. Mercedes wollte bei ihr einziehen, wollte keine Sekunde mehr ohne Greta sein, ihr vorschreiben, was sie isst und wann, was sie tut und lässt. Weil Greta nicht mit ihr wohnen wollte, hat Mercedes das Haus nebenan gemietet. Das war dann der Funke, der das Pulverfass zum Explodieren brachte. Greta hat ja zudem feststellen müssen, dass Mercedes ihr auch künstlerisch nicht guttut.«

»Ach nein?«

»Denken Sie doch nur an ihre Marlene-Dietrich-Parodie am Anfang ihres letzten Films.«

»Marlene-Dietrich-Parodie?«, wiederholt Mayer fassungslos. »In *Wie Du mich wünschst?*« Er scheint in seinem Gedächtnis zu kramen, wie der Film anfängt.

Salka hilft ihm. »Greta spielt da doch eine Nachtclubsängerin mit tiefer rauchiger Stimme, platinblonder Perücke und diesem schwarzen Catsuit. Die ersten zwanzig Minuten macht sich der Film nur über Marlene lustig.«

»Aber – das haben wir doch gar nicht so –«

»Greta scheint es auch zu bereuen. – Letztes Jahr wirkte sie schon sehr verliebt, aber als sie gemerkt hat, dass Mercedes mit ihr prahlt, ist sie sehr rasch erkaltet.«

»Ach ja?«

»Die erste Krise war schon an Weihnachten, da ist Greta vor Mercedes geflohen. Nach New York. Hat sich auf meine Empfehlung einige Stücke am Broadway angesehen.«

»Und ist in einschlägigen Bars gesichtet worden. Mit lauter Lavender Boys und Ramon Novarro. Was hatte unsere Publicity-Abteilung für eine Mühe, daraus für die Presse eine Romanze zwischen den beiden Stars aus *Mata Hari* zu basteln!«

Mayer und Salka sehen sich in seufzendem Einverständnis an.

»Ich hatte ihr Rouben Mamoulians Inszenierung von *Porgy and Bess* ans Herz gelegt. Der käme meiner Meinung nach auch als Regisseur für *Queen Christina* in Betracht.«

»Aber Greta will doch unbedingt Lubitsch. Wenn ihn die Paramount hergibt. Wann kommt sie eigentlich zurück?«

»Nicht vor nächstem Frühjahr. Sie ist übrigens auf eine ganz abenteuerliche Idee verfallen. Sie will von Göteborg ein Frachtschiff nehmen, um ihren Fans und der Presse zu entkommen.«

»Einen Frachter? Aber das dauert doch noch viel länger! Und ist ohne jeden Luxus!«

»Greta braucht nicht viel.«

»Davon merken wir bei ihren Gehaltsverhandlungen nichts.«

»Das Schiff nimmt wohl nur eine Handvoll Passagiere mit, klappert, einmal an der amerikanischen Ostküste angekommen, jeden Industriehafen ab und schippert dann durch den Panamakanal bis San Diego. Dort soll ich sie abholen.«

»O Gott, das werden wir unter allen Umständen verheimlichen müssen. Greta Garbo zwischen Briketts und Stückgut!«

»Sie will halt auch die Eisenbahn sowie die Hotels in New York und Chicago vermeiden.«

»Und was macht sie jetzt so lange in Schweden? Dreht sie doch hinter unserem Rücken? In Deutschland gar?«

»Von der Idee hat sie Abstand genommen. Nein, sie kauft jede Menge Bücher über Christina und Schweden und Europa während ihrer Regentschaft. Sie recherchiert in Museen und im Reichsarchiv in Stockholm und ist nach Uppsala gefahren, wo sie sich das Schloss hat aufsperren lassen, in dem Christina abgedankt hat. Dieses eine Mal empfindet sie ihren Ruhm wohl doch als Vorteil. Man zeigt ihr auch Urkunden und Schriftstücke, die sie sonst nicht zu sehen bekommen hätte. Sie hat Christinas Thron fotografiert und verfertigt für Adrian Zeichnungen von Kleidungsstücken, Hüten, Schuhen, Waffen, sogar Details von Stickereien. Das heutige Schloss in Stockholm ist übrigens unbrauchbar, das von Christina ist abgebrannt.«

»Wunderbar. Dann müssen wir nichts kostspielig nachbauen lassen.«

»Aber Mr Mayer – Sie wollen den Stoff schon historisch treu verfilmen?«

»Mrs Viertel – historische Treue ist das größte Hindernis für ein gutes Drama.«

»Warum vergreift man sich dann überhaupt an historischen

Persönlichkeiten, wenn man sie nicht so zeigen will, wie sie wirklich waren?«

»Aber Sie schreiben doch in Ihrem Treatment selbst« – Mayer zieht einen Stapel Papier zu sich und blättert –, »hier: *Christina war exzentrisch und hochbegabt, ihre maskuline Erscheinung und ihre komplizierte Sexualität machen sie zu einer sehr modernen Figur.*«

Salka sieht ihn baff an.

»Tatsächlich haben Sie uns erst auf die vielen Garbo-Spiegelungen aufmerksam gemacht, die in dem Stoff liegen: Greta ist wie Christina rätselhaft, provokativ, eigensinnig, einsam, unverheiratet. Vor allem auch mächtig, königlich, schwedisch, nordisch, Wind, Regen und dunkel dräuende Wolken, ein Wikinger-Kind in einem Traum aus Schnee, nicht wahr?«

Salka legt den Kopf schief und verengt die Augen. »Sie werden sie nicht wieder in ihre Garbo-Formel pressen, das lasse ich nicht zu. Greta will *meinen* Film. Einen Film über Christina, nicht über sich selbst. Noch für kein Projekt hat sie sich so sehr eingesetzt.«

»Sicher. Und natürlich machen wir *Queen Christina*. Es ist nur die Frage, wer das Drehbuch schreibt.« Mayer lehnt sich zurück.

Salka wirkt erst verwirrt, dann fassungslos. »Wir verhandeln hier also nicht über mein Treatment?«

»Aber Mrs Viertel, über was sollen wir denn verhandeln? Sie haben kein Copyright. Jeder kann sich hinsetzen und eine Story über ein historisches Thema schreiben.«

Salka bebt vor unterdrücktem Zorn. Dann scheint ihr etwas aufzugehen. »Sie haben dieses Treffen extra hinausgezögert, bis Greta weg ist, sonst würden Sie sich das nicht trauen. Ich habe mich erkundigt, so ein Treatment ist 10 000 Dollar wert.«

»5000, allerhöchstens. Unsere Stoffentwicklungsabteilung wäre sicher auch ohne Ihre Mithilfe bald auf die einzige nennenswerte Königin in der schwedischen Geschichte gestoßen.«

Salka atmet einmal tief durch. »Geschichte wird immer durch die Brille von heute betrachtet. Und diese Brille ist *mein* Beitrag an dem Stoff, an dem ich sehr wohl ein Urheberrecht habe. Mein Treatment zeigt das 17. und das 20. Jahrhundert gleichermaßen. Sehen Sie nicht die Parallelen? Damals wie heute: Krise überall, Elend, Leid und Not, religiöser, rassistischer und politischer Fanatismus. Skrupellose Männer greifen nach der alleinigen Macht. Europa rüstet zum Krieg. Christinas unbedingter Wille zum Frieden ist die Haltung der Stunde! Christina schätzte die Künste und Wissenschaften höher als das Kriegshandwerk. Wie aktuell das ist!«

»Oh, Mrs Viertel, Europa ist weit weg. Und für das amerikanische Publikum jenseits der großen Städte ist Greta schon immer *zu* europäisch, das muss man nicht noch betonen. Und mit Verlaub« – Mayer wedelt mit Salkas Treatment –, »die Gründung einer Akademie gibt doch dramaturgisch nichts her.«

»Aber ein Gespräch zwischen Christina und Descartes schon! Wenn sich Macht und Geist zusammentun, kann die Wendung zum Guten gelingen!«

Mayer seufzt vernehmlich.

»Stöhnen Sie nicht, Mr Mayer. Hier in Amerika hungern derzeit dreizehn Millionen Arbeitslose. Wenn Präsident Hoover sich endlich von Sachverständigen beraten ließe, könnte die Wirtschaftskrise vielleicht überwunden werden.«

Mayers Gesicht verändert sich. Er steht auf, kommt hinter seinem Schreibtisch hervor und deutet auf die Sitzgarnitur. »Salkele«, sagt er fast zärtlich. »Lomir sogn a wort in mameloschn.«

Salka erhebt sich irritiert. Sie wählt das Sofa, Mayer nimmt neben ihr Platz und legt den Arm auf die Rückenlehne. »Mrs Viertel, in Ihrem Treatment fehlt a Techtelmechtel. Alles, was das Publikum von einem Greta-Garbo-Film erwartet, ist eine Liebesgeschichte. – Um die herum kann mancherlei anderes erzählt werden«, ergänzt er mit einer vagen Geste.

»Christina beendete den Dreißigjährigen Krieg, sie hatte keine Zeit für eine Liebesgeschichte.« Salka streicht ihren Rock glatt.

Mayer birgt die füllige Wange in einer Hand. »Sagen Sie, haben Sie *Mädchen in Uniform* von Leontine Sagan gesehen? Lief ja auch hier wochenlang.«

»Natürlich. Mit der Leontine habe ich übrigens in Wien auf der Bühne gestanden. Toller Film. Danke, dass Sie mich an ihn erinnern. Mit einer antifaschistischen Aussage kann man also einen Welterfolg landen. Sehen Sie?«

»Sie erwähnen in Ihrem Treatment eine Hofdame, Ebba, die mit Christina das Bett geteilt haben soll. Erinnert das nicht an *Mädchen in Uniform*? Geschmackvoll inszeniert, würde uns das überaus reizvolle Szenen bescheren.«

Salka sieht Mayer überrascht an. »Die große Elisabeth Bergner hat vor kurzem eine schöne Hosenrolle gespielt, ein Liebesdreieck à la Shakespeare. *Doña Juana* heißt der Film. – Dürfte ich Greta denn Hosen tragen lassen?«

»Nur zu.«

»Und der Hays Code?«

»Den lassen Sie meine Sorge sein. Wissen Sie, Mrs Viertel, die einzigen Filme, die immer noch gut laufen, sind solche mit starken Frauen und viel Sex Appeal, sprich die Filme von Garbo und Dietrich. In der *Exhibitors Herald World* war gerade eine aufschlussreiche Statistik zu lesen. In der derzeitigen Wirtschaftskrise werden 75 Prozent der Kinokarten von Frauen gekauft. Frauen entscheiden also über den Erfolg beziehungsweise Misserfolg von Filmen. Und diese Frauen wollen auf der Leinwand Frauen sehen, die Verbotenes wagen, sich Träume erfüllen, Liebhaber, Erotik, Reisen, Exotik, Glamour –«

»Einen Schulabschluss, eine gute Anstellung, eine regelmäßige Lohntüte.«

»Armut und Elend haben diese Frauen zu Hause genug. Das Kinogeld soll sie in ein gewagteres Leben entführen. Und deshalb ziehen nur noch Garbo und Dietrich. Und von daher dürfen wir nicht nur ein bisschen mutig sein, wir müssen es sogar, damit die Kasse stimmt.«

»Und fürchten Sie sich nicht vor den konservativen Women's Clubs und den Kirchen?«

»Deren Proteste spiegeln nicht die Meinung der meisten Frauen wider. – Ich schlage vor, Sie fangen hier bei uns in der Drehbuchabteilung an, 350 Dollar pro Woche, befristet bis zum Dreh-Ende des Films, von beiden Seiten wöchentlich kündbar. Meine Sekretärin wird Ihnen ein Büro und ein Team zuweisen. Wir halten hier nichts von einsamen Genies, die besten Drehbücher entstehen im Austausch. Wir brauchen Talente, aber Talente brauchen auch uns.« Mayer hält ihr die Hand hin.

»Nur, wenn Sie mein Treatment kaufen.«

Mayer wiegt den Kopf. »Ir sent a hart farhandler. Na gut, 7500 Dollar als Anerkennung für die Recherche, die Sie schon in den Stoff gesteckt haben. Einverstanden?«

Salka zögert. Dann schlägt sie ein.

Mayer nickt zufrieden. »Na also. – Wir können aber nicht nur ihre Zuneigung zu dieser Schickse zeigen. Christinas entscheidende Liebe muss natürlich einem Mann gelten. Für den sie dann abdankt, um ihn heiraten zu können.«

Salka fährt aus der Haut. »Aber das ist doch gegen jede

historische Wahrheit! Wir wissen nicht genau, weshalb sie abgedankt hat – aber wegen eines Mannes ganz gewiss nicht.«

»Waren wir uns nicht einig, dass historische Treue der größte Feind gelungener Dramatisierungen ist? Das hier ist Hollywood, nicht Princeton oder Yale. Salkele – zi is nit do a poschete lejsung?«

Salka zuckt unwirsch mit den Schultern. »Na, weil sie letzten Endes in Rom landet, könnte es vielleicht ein italienischer Diplomat sein.«

»Is wos!«

»Hast du gerufen, Schatz?« Marlene, eine Schürze umgebunden, steckt den Kopf durch die Tür.

Heidede sitzt zu Hause auf dem cremefarbenen Sofa hinter einem gläsernen Couchtisch. Sie ist noch größer und noch pummeliger geworden. »Nein, Mutti.« Ohne aufzusehen, drückt sie sorgfältig einen Autogrammstempel auf eine Fotografie ihrer Mutter im weißen Frack.

»Oh, machst du das schön, mein Liebling! Was für ein Spaß, nicht, Heidede?«

Heidede wedelt die Tinte trocken, legt die Fotografie auf einen Stapel und greift von einem anderen eine neue.

Marlene zieht sich zurück. In der Küche sehen wir sie am Herd. In einer gebutterten Pfanne wendet sie Zwiebelringe, in einer anderen Apfelscheiben. In einer dritten zischt und brutzelt es.

Es klingelt. Marlene wischt sich die Hände an einem Geschirrtuch ab, eilt aus der Küche und reißt die Haustür auf.

Wir sehen – Mercedes. Noch ganz so angezogen wie vorhin bei Mayer. »Mein weißer Prinz!« Marlene himmelt sie an.

»Meine Goldene!« Mercedes schlingt die Arme um Marlene.

Sie küssen sich, mit offenem Mund und suchenden Zungen.

Heidede sieht mit unbeteiligter Miene zu.

Mercedes schiebt ihre Hand unter Marlenes Brustlatz.

Marlene entwindet sich. »Erst gibt's was zu essen. Ich habe für dich gekocht! Ganz ohne Fleisch!« Sie rauscht zurück in die Küche. »Fast fertig.«

Mercedes schnuppert. Sorge schleicht sich in ihr Gesicht. Sie gibt sich einen Ruck und schlendert zu Heidede. »Na, hast du heute keine Schule?«

Heidede kräuselt die Nase und streckt Mercedes die Zunge heraus.

»Setzt euch«, ruft Marlene aus der Küche.

Mercedes und Heidede nehmen am Esstisch Platz, der schon eingedeckt ist mit Porzellan, Silber, Leinenservietten, Blumen.

Marlene trägt eine dampfende Platte herein. »Vorsicht, heiß. Leber Berliner Art mit Kartoffelpüree.«

Heidede reibt sich die Hände und baumelt mit den Beinen.

Mercedes starrt auf die Platte. »Marlene, mein Alles. Es ist so wundervoll, dass du für mich kochen möchtest. Aber ich esse kein Fleisch.«

»Aber Leber ist doch kein Fleisch!«

Mercedes lächelt sie unglücklich an.

»Keine Leber? – Heidede, verstehst du das?« Marlene spricht mit ihrer Tochter, wie wenn Mercedes nicht am Tisch säße. »Aber wo krieg ich hier bloß eine Nordseescholle her? – Mit Speckwürfeln und Kartoffelsalat vielleicht?«, fragt sie Mercedes.

»Marlene – unser lebendiger Körper soll kein Grab für tote Tiere sein.«

»Wie? Tote Tiere? Natürlich tot, was denn sonst! Lebendig würd ich sie doch nicht essen! – Was soll denn das? Liebling, du bist so blass – deine Wangen würden blühen, wenn du mein Rindsgulasch essen würdest! Und überhaupt, wer meine Leberknödel nicht gekostet hat, der kennt mich gar nicht! – Stimmt doch, Heidede, oder?«

Heidede klappert ungeduldig mit dem Besteck.

»Sei still, du unartiges Kind«, herrscht Marlene sie an. »Gut, dann essen wir heute halt nichts. Ich muss sowieso wieder abnehmen, für diesen schrecklichen Film. Heidede, leg mir schon mal mein Epsomer Bittersalz parat. Und meine falschen Wimpern kannst du auch noch ausdünnen. Und das Tigerfell müsste mal wieder mit Sauerkraut eingerieben werden.«

»Mit Sauerkraut?«, fragt Mercedes.

»Es gibt keinen besseren Schutz vor Motten, nicht wahr, Heidede, gutes Kind?«

Heidede gleitet vom Stuhl und geht.

»Es tut mir so leid«, ruft Mercedes ihr hinterher. Heidede dreht sich nicht um.

Die Platte mit der Leber Berliner Art dampft unberührt in der Mitte des Tisches.

Marlene geht zum Sofa und bedient sich aus dem verchromten Zigarettenspender. Mercedes fummelt aus dem dazugehörenden Behälter ein Streichholz, entzündet es an der Reibefläche und gibt ihr Feuer. Dann nimmt sie sich ebenfalls eine Zigarette. »Welcher schreckliche Film, meine Goldene?«, fragt sie nach drei Zügen Stille nebeneinander auf der Couch.

»Der letzte meiner Karriere.«

»Bestimmt nicht. Was ist los?«

»Sternberg lässt mich fallen. Er knickt ein und wird meinen nächsten Film nicht inszenieren.«

»Habt ihr euch überworfen?« Mercedes überlegt. »*Ich* bin

doch hoffentlich nicht die Ursache, mein hinreißender Feuervogel?«

»*Du*? Bild dir bloß nichts ein. Und denk nicht so spießig von Sternberg. Er und ich haben uns ganz andere Sachen zu verzeihen. Nein, das Weichei hat dem Druck der Paramount nachgegeben.« Marlene deutet mit dem Kinn auf den Stapel Fotografien. »*Blonde Venus* ist ein totaler Flop. Die Amis mögen mich nicht als deutsche Hausfrau.«

Mercedes schmunzelt. »Die zugleich verruchter Revuestar ist, hingebungsvolle Mutter und feurige Liebhaberin von diesem – wie heißt der noch gleich?«

»Cary Grant, junger Engländer, aber den Namen musst du dir nicht merken. Der wird als Herrenausstatter enden. Hat im Atelier Oberhemden verkauft, kannst du dir das vorstellen? Aus Barmherzigkeit habe ich ihm drei abgekauft, eins für Papilein, eins für Sternberg und eins für mich.«

Mercedes greift zu einer der Fotografien. »Du hast ihm bestimmt auch beigebracht, wie man einen Frack trägt.«

»Dafür hat er mir bei meiner *Hot Voodoo*-Nummer mit dem Gorilla-Kostüm geholfen.« Marlene zieht an ihrer Zigarette.

»Um was geht es denn in dem neuen Film, und wer ist der Glückliche, der dich inszenieren darf?«

»Rouben Mamoulian. So 'ne Schwester vom Broadway. Und der Film soll auch noch *Das Hohe Lied* heißen! Marlene Dietrich im Alten Testament! Ich höre sie schon spotten. – Weißt du, ich bin nichts ohne Sternberg. Ich bin sein Geschöpf, ganz von ihm gemacht. Er höhlt meine Wangen aus, bringt meine Entennase zum Verschwinden und lässt meine Augen größer erscheinen. – Mein eigentlicher Beruf ist Hausfrau. Ich kann kochen, putzen und mich perfekt kleiden. Und vielleicht so kleine Lieder am Mikrophon singen.«

»Das ist nicht dein Ernst.«

»Doch. Das Einzige, was ich zu meinen Filmen beitrage, sind die Kostüme. Wenn ich schon nicht spielen kann, muss ich wenigstens schön aussehen.« Marlene drückt ihre Zigarette aus. »Ach übrigens, sag mal, hat die Garbo letztens etwa versucht, mich nachzumachen? In diesem scheußlichen Film da, in dem sie wie ein gebleichtes Huhn aussieht?«

»Dich nachzumachen? In *Wie du mich wünschst?* Wie kommst du denn darauf? Nein, du bist doch unnachahmlich.«

»Gott sei Dank hat *Menschen im Hotel* nur als angeblich bester Film den Oscar bekommen und sie nicht auch noch.«

»Lass uns von dir sprechen.« Mercedes spielt mit den Volants von Marlenes Schürze. »Ich danke dir so sehr, dass du so schön bist. Dass du *du* bist. Ich bin so glücklich, dass es dich gibt.«

Marlene legt den Kopf auf der Sofalehne ab, senkt die Lider und summt die Melodie von *Ich bin von Kopf bis Fuß.*

Mercedes schlingt die Arme um Marlene. »Heute sind es genau acht Wochen, dass deine ungezogene Hand eine rote Rose geöffnet hat. Die Nacht danach war noch schöner, und seitdem wird es jedes Mal noch erregender.«

Marlene erhebt sich und zieht Mercedes an der Hand durchs Erdgeschoss, die Treppe hinauf in ihr Schlafzimmer. Auf ihrem Bett gehen sie sofort zur Sache, soweit sich das erkennen lässt hinter den deutschen Federbetten, die sich hoch aufplüschen. Unnatürlich bald – ist hier ein Zeitraffer am Werk? – hört es sich nach einer ersten Erlösung an, noch ein bisschen mehr Geruckel, dann ein zweites tiefes Seufzen. Ein doppeltes, leises Kichern, sich beruhigende Atemzüge, Stille.

»Ich bete deine Hände an.« Marlene küsst jeden von Mercedes' Fingern. Sie haben sich nicht einmal richtig ausgezogen.

»Marlene. Darf ich mir was wünschen?«

»Alles, mein weißer Prinz.«

»Keine Blumen mehr, ja?«

Marlene rückt halb von Mercedes ab. »Liebst du mich nicht mehr? – Aber du magst doch Blumen!«

»Ja, aber nicht zweimal am Tag zehn Dutzend Rosen oder zwölf Dutzend Nelken. Ich weiß doch gar nicht, wohin damit.«

»Hat *Bullock's* die Lalique-Vasen nicht geschickt?«

»Doch, exquisit, danke, aber du verwandelst mein Haus in einen Begräbnissalon.«

Marlene schmollt. »Kommst du also immer noch nicht von ihr los?«

Mercedes legt sich auf den Rücken und verschränkt die Arme im Nacken. »Wir haben uns halt schon in früheren Inkarnationen gekannt. Jetzt, während sie in Schweden ist, kann ich mich in ihr Zimmer imaginieren und sehe alles genau so, wie es ist, sie wird es mir eines Tages gar nicht beschreiben müssen.«

»Komisch, ich kenne auch allerhand Leute, die sich in mein Zuhause imaginieren«, sagt Marlene.

»Aber ich verstehe meine Gefühle für Greta selbst nicht. Vermutlich habe ich in meiner Phantasie einen Menschen geschaffen, der gar nicht existiert. In Wirklichkeit ist sie nichts als ein schwedischer Bauerntrampel. Interessiert sich nur für Geld, ihre Gesundheit, Sex, Essen und Schlaf. Aber ihr von Gott berührtes Gesicht verwirrt meinen Verstand und weckt eine Sehnsucht, die gar nicht ihr gilt. Verstehst du? Ich liebe nur die Person, die ich geschaffen habe, nicht die wirkliche Greta.«

»Hm. Ist da ein Unterschied? Du belügst doch nur dich selbst. Und mich.«

Mercedes erschrickt. »Nein! Glaube mir!« Sie ergreift Marlenes Arm, doch die bleibt kühl. »Du sollst sehen, wie sehr ich dich liebe«, sagt Mercedes schließlich, lehnt sich aus dem

Bett, angelt ihre Anzugsjacke vom Boden und holt aus der Innentasche einen Briefumschlag. »Als Beweis meiner Liebe zeige ich dir, was ich sonst nie jemandem zeigen würde.« Sie übergibt Marlene den Umschlag.

Marlene sieht sie fragend an.

»Nur zu«, sagt Mercedes.

Marlene holt Fotos mit gezackten Rändern heraus. Sie betrachtet das erste und stutzt. »Oh!« Sie zieht das nächste vor. »Ooh!« Sie schaut genauer hin. »Aha.« Das dritte Bild hält sie sehr lange in Bann. »Wart ihr da zu dritt? Wer hat denn das geschossen?«

»Selbstauslöser.«

Marlene zieht eine Schnute. »Ihr seid mir ja zwei. Darauf würde ich aber sehr gut aufpassen. Greta muss dir ja irrsinnig vertrauen.« Marlene gibt Mercedes die Aufnahmen zurück, wie etwas Wertvolles, das nicht beschädigt werden darf.

»Im Gegenteil. Gretas größtes Problem ist ihr Misstrauen. Sie glaubt den ihr Nächsten nicht, und dann vertraut sie wieder wildfremden Leuten, die sie nur ausnutzen wollen.«

»Du meinst Salka Viertel?«

»Zum Beispiel.«

Marlene nimmt Mercedes in den Garbo-Griff. »Na, wirst du's ihr erzählen, sollte sie je wieder zurückkehren, wie gut ich war?«

»Ach Marlene.«

Marlene dreht Mercedes auf den Bauch und legt sich auf sie. »Und warum sind eigentlich ihre Männer alle vom anderen Ufer? Kennt sie den Trick mit der Essigspülung aus dem Gummiballon nicht?«

»Nicht alle sind schwul. John Gilbert zum Beispiel nicht.«

»Was hat sie an dem nur gefunden?«

»Er kommt aus noch ärmlicheren Verhältnissen als sie, und

viel liederlicheren.« Mercedes windet sich aus Marlenes rückwärtiger Umarmung. »Alkohol, Gewalt, Missbrauch. Er hat sich selber das Lesen beigebracht und auch das Schauspielern. Ich glaube, er hat ihr gezeigt, dass Leute wie er und sie es doch schaffen können. Sich zu bilden, mit besser Situierten zurechtzukommen. Er war wirklich verrückt nach Greta, und ist es, trotz mehrerer Ehen, glaube ich, immer noch. Aber wer ist das nicht?«

»Na gut, also John Gilbert ist nicht schwul, aber alle anderen. Auch ihre Regisseure. Bei der Filmpremiere wurde erzählt, Edmund Goulding habe nur deshalb *Menschen im Hotel* inszenieren dürfen, um der Garbo und Joan Crawford zu helfen, ihre feminine Seite in sich zu entdecken!« Marlene feixt. »Weißt du, ein Film funktioniert nur, wenn der Regisseur mit der Hauptdarstellerin ins Bett geht. Wenn der Regisseur aber den Hauptdarsteller vögeln will, ist alles nüscht.«

»Greta hat im Atelier immer nur eine Liebesbeziehung, und das ist die mit der Kamera.«

Marlene denkt nach. »Trotzdem: Was wollen all diese Homos nur von ihr? Und vor allem: Was machen sie mit ihr?«

»Andersherum: Was macht *sie* mit *ihnen*? Erinnerst du dich an *Mata Hari?*«

»Natürlich. Der müde Abklatsch von meinem *Entehrt.*«

Jetzt legt sich Mercedes ihrerseits auf Marlene und hält ihre Handgelenke fest. »Greta und Ramon Novarro haben sich vorher abgesprochen: Er macht den ganzen Film über auf Mädchen und sie auf Macker. In einer Szene ist er gekränkt, ganz die Sissy, sie besucht ihn nachts in seiner Wohnung, schmeichelt ihm, er wendet sich keusch ab, sie aber schmiegt ihre Hüften an seinen Hintern, presst sich an ihn und nimmt ihn quasi von hinten.« Mercedes spielt es nach. »Greta hat keinen Frack wie du, deshalb muss sie sich anders behelfen.«

Marlene versucht, Mercedes zu kitzeln. »Meinst du, sie hat – sie benutzt – einen künstlichen –?«

»Marlene!« Mercedes fährt zurück. »Was habt ihr Deutschen doch nur für eine schmutzige Phantasie!« Sie lässt Marlene los und setzt sich auf.

Marlene lacht. »Wenn du wüsstest. – Ach, Berlin.«

Mercedes wirkt ernsthaft beunruhigt. »Du willst doch nicht etwa auch nach Hause zurückkehren?«

»Ich würde unendlich gern meine Mutter und meine Schwester wiedersehen, meine Freunde dort. Und auch mal wieder in einer richtigen Stadt leben. Das hier ist ja –«

»Lass mich dir New York zeigen, mein blauer Engel.«

»Auch New York ist nicht halb so witzig und geistreich wie Berlin. Aber Papilein hat mir dringend von der Reise abgeraten.«

»Will er mit Tami allein sein?«

»Ach was. Papilein meint, Deutschland gleite ins Dunkel. Im Sommer hat es schon eine Art Staatsstreich gegeben, der Papen, das ist der Reichskanzler, hat ganz ungesetzlich die von der SPD geführte Landesregierung von Preußen entlassen. Und einen neuen Polizeipräsidenten installiert, der mit eisernem Besen Berlins Nachtleben auskehrt. Statt in der *Silhouette* trifft man sich jetzt am Alex.« Marlene schnaubt höhnisch. »Am Alexanderplatz steht das Polizeipräsidium«, fügt sie hinzu. »Salka hat mir einiges erzählt. Berthold ist gerade dort.«

»Ach ja?«

»Er hat sich doch auch am Broadway gleich wieder mit allen verkracht, und jetzt irrlichtert er in der Heimat herum. Die Nazis sollen sogar Umerziehungslager planen, schreibt er. – Na ja, Hindenburg hat den Reichstag zum x-ten Mal aufgelöst, und im November soll's Neuwahlen geben. Glaubst du's, dabei mischen sogar die Filmleute mit! Der Hugenberg etwa, der früher dick mit meinem Onkel Willibald war und dem die Ufa gehört, dreht wohl am ganz großen Rad – aber in die falsche Richtung.«

Mercedes deutet an, dass sie von alldem keine Ahnung hat.

»Papilein jedenfalls prophezeit nur noch Aufmärsche und Saalschlägereien vor der Wahl, und hinterher erst recht. Und so hab ich also die Schiffspassage für Heidede und mich storniert und ihm stattdessen eine Stelle bei der Paramount in Paris verschafft. Für die Synchronisation amerikanischer Filme ins Französische. Er ist mit Tami gerade umgezogen. – Ich bleib dir also erst einmal erhalten.« Marlene lächelt Mercedes an. »Sag mal, isst du denn wenigstens Eier?«

»Wenn sie unbefruchtet sind, den Hühnern dankbar, die sie uns schenken.«

»Normalerweise gibt's meine berühmten Rühreier nur zum Frühstück, aber du musst doch etwas essen, nachdem du dich so verausgabt hast.« Marlene knufft Mercedes in die Seite. »Was machst du eigentlich, sollte die Garbo zurückkehren, und ich bin immer noch da?«

Mercedes antwortet nicht.

»Ich liebe dich für immer und ewig«, sagt Marlene.

Mercedes nimmt ihre Hand. »Ich liebe dich mehr denn je, heute mehr als gestern und morgen mehr als heute. Aber sag nicht ›immer‹. Wenn es um Liebe geht, ist das Blasphemie. Die Liebe kennt keine Fesseln.«

»Wenn du eines Tages genug von mir hast, werde ich ins Grab steigen, ohne dich mit einer einzigen Träne zu belästigen.«

»Mein wunderschönes Etwas.« Mercedes küsst zärtlich Marlenes Lider. »Dann lege ich dir ins Bett, wen du willst.«

Marlene sieht Mercedes in die Augen. »Dann bring mir die Garbo.«

»Bring dem Nosferatu die Kochhaube, die muss er sich noch aufbügeln, die hat gestern gelitten.« Die junge Erika reicht einem Liftboy einen überdimensionierten weißen Stoffschlauch. »Er soll ordentlich Stärke nehmen.« Einem zweiten Liftboy setzt sie das Käppi schiefer auf den Kopf. Sind wir hier backstage in einem Theater? An Federboas und bayerischen Trachten, Zylindern, Hüten mit Gamsbart und einer Skiausrüstung vorbei eilt der erste Liftboy nach links in eine Garderobe. Rechts erspähen wir einen roten Vorhang. Von dort ertönt eine Schlusskadenz am Klavier. Beifall braust auf. Erika blickt nervös zur Tür. »Die Theres ist noch nicht aus den Kammerspielen zurück. Ich mach eure Ansage ein bisschen länger.« Sie legt ihren froschgrünen Narrenkragen neu über ihren Gehrock von gleicher Farbe. »Und ich sag Rolf, dass er nach euch ein Zwischenspiel einlegen muss.«

Eine dralle Blondine in rosa Kostüm kommt von der Bühne.

»Zauberhaft, Biggi, wie immer«, haucht Erika, klopft Biggi auf den Po und schlängelt sich durch den Spalt des Vorhangs.

»Gott, was bin ich froh, dass wir dieses Programm heute zum letzten Mal spielen!«, stöhnt Biggi. »Ich kann nicht mehr!«

»Hast du denn was für die Spielpause?«, fragt der erste Liftboy, der die Kochmütze losgeworden ist.

»Machst du Witze? Der Falckenberg will mich nicht.«

»Kann dir egal sein. Die Theres erzählt, dass allen dort die Gage um ein Drittel gekürzt wurde«, sagt der andere Liftboy.

»Ja, seitdem die Nazis im Stadtrat mitregieren.« Aus einem tiefen Fauteuil hört man eine Stimme. Ist das nicht die von –

»Oh, hallo Klaus!« Richtig, Klaus Mann! Den haben wir ja lange nicht gesehen. »Auch mal wieder da?«, fragt Biggi. »Schreibst du uns fleißig was Schönes fürs nächste Programm?«

»Aber du weißt doch, dass mir die kurze Form nicht liegt. Ich bin Romancier, Epiker. Und außerdem: Ein fleißiger Künstler – das wäre ein Paradoxon!«

Biggi rollt mit den Augen, grunzt und geht ab.

Klaus schaut zu den Liftboys. Einer guckt zurück. Darauf vertieft sich Klaus wieder in die Zeitungen und Zeitschriften auf seinem Schoß. Mit einer Schere schneidet er Artikel aus. Neben ihm steht ein großer Koffer.

Applaus aus dem Saal. Erika kommt strahlend zurück. »Wahnsinnspublikum heute Abend. Das sind keine Novizen, die waren alle schon mal da und scheinen traurig, die nächsten vier Wochen auf uns verzichten zu müssen. Ab mit euch!« Sie klopft einem der Liftboys auf den Po, beide laufen los.

Erika stellt sich an ein großes Pult und greift zum Telefonhörer. »Ferngespräch in die Schweiz bitte. Das Grand Hotel in Lenzerheide. – Ja, ich warte.« Sie hält den Hörer an die Schulter und wendet den Kopf. »Ist die Theres immer noch nicht da? – Ja, bin noch dran.« Sie lauscht. – »Ja, ja, schon gut, mon cher monsieur le directeur, das kommt in den besten Häusern vor. Also, unsere Lieblingszimmer im zweiten mit Südbalkon. – Gut. – Dann bis morgen, Herr Direktor. – Ja, ja, mach ich, au revoir.« Erika legt auf. »Du musst gar nicht auspacken, wir fahren gleich morgen früh«, sagt sie zu Klaus. – »Ich darf nachher meine Ski nicht vergessen!« Erika deutet auf Bretter und Stöcke. Sie blättert in dem großen

Buch auf ihrem Pult. »Wenn die Theres nicht gleich kommt, musst du als Ausdruckstänzer improvisieren, wie damals in der *Silhouette* vor Anita Berber, weißt du noch?«

Erika und Klaus tauschen einen verschwörerischen Blick.

»Das *Serenissimus* in Schwabing ist jetzt fest, für den ganzen April. Die bauen sogar eigens für uns um. Die *Bonbonniere* hier wird einfach zu klein. Und danach gehen wir auf Tournee durch ganz Deutschland – unglaublich, oder?« Erika strahlt Klaus an.

Der grinst zurück. »Wir haben's geschafft, Frau Schwesting. Deine *Pfeffermühle* und meine Memoiren –. Nach unseren Skiferien will ich nach Berlin, Transmare hat mir einen Vertrag für meinen nächsten Roman angeboten.«

»Die Greise finden es übrigens gar nicht üsis, dass deine Memoiren so reißenden Absatz finden. Sie sind gerade in Arosa und erholen sich von Zauberers Vortragsreise in Sachen Wagner. Von Lenzerheide aus könnten wir sie treffen. – Aber wo bleibt nur die Theres?« Erika sieht besorgt zu jener Tür.

»Anscheinend kriegt sie heute besonders lange Ovationen. – Hier, alle Kritiken für eure Pfeffermühlenchronik.« Klaus hebt die ausgeschnittenen Artikel hoch. »Therese wurde am meisten hervorgehoben. *Die große Giehse* heißt sie überall, selbst bei den Rechten. Aber Frau Schwesting kommt auch nicht schlecht weg.« Er sucht, liest dann vor. »Hier, *Frankfurter Zeitung*: *Die Pfeffermühle ist ein neues Kabarett, von dem man, ohne Lorbeer auf Vorschuss, sagen muss, dass es ein gutes, ja ein sehr gutes Kabarett ist, das man sich, was das Niveau betrifft, auch in Paris würde vorstellen können.* Oder da: *Es ist eine Tochter des Dichters Thomas Mann, die dem Kabarett die besondere feine Haltung gibt. Selten hat man die Nummern so charmant ansagen hören: mit so viel Distinktion, mit so viel Anmut und so überzeugend«* – hier muss Klaus prusten – »*damenhaftem Stil.*«

Erika kichert mit, schreibt oder rechnet aber weiter.

»Hier, die aus der *Neuen Zürcher Zeitung* kannte ich noch gar nicht. *Es ist zu vermerken, dass der Charme Erika Manns in der Geschichte des deutschen Brettl etwas Neues bedeutet. Man lässt sich die Frauenemanzipation gern gefallen, wenn sie mit so viel lächelnder Eleganz verbunden ist und –*«

In diesem Moment fliegt die Tür auf, und herein kommt eine untersetzte bajuwarische Gestalt, die sich im Gehen die Haare zu einem Dutt knotet.

»Jessas mei, Theres, dass du noch kimmst!«, ruft Erika so erleichtert wie vorwurfsvoll. Eilig nimmt sie einen weißen Kittel vom Garderobenständer. Klaus hilft Therese aus dem Mantel.

»Seid's mer ned bös, ich bin froh, dass ich's überhaupt g'schafft hab, die kurze Streck! – Grüß Gott, Klaus. Frisch aus Paris? Morgen zum Schifahrn? Vorm Hofbräuhaus steht alles voller SA, die nimmer neipassen, alles voll –«

»Voll besoffen, ganz gewiss.«

Therese verzieht besorgt ihren Mund. »Wenn die nicht noch heut Nacht einen Fackelzug oder was Schlimmeres anstellen wollen. Habt ihr nix g'hort?«

»Man hört sie deutlicher hinter der Wand als sonst, aber so weit keine Störer. Meinst du, wir sollen die Saalwache verstärken?« Erika knöpft den Kittel auf Thereses breitem Rücken zu.

»Ich mein schon. Bazis, die.«

Erika wispert in Thereses Ohr. »Und, hast du Falckenberg gefragt?«

»Er mag dir nimmer nix anbieten«, antwortet Therese leise über die Schulter. »Deine Kritiken nach *Don Carlos* waren insgesamt zu grauslich. Er meint, dein Talent schlägt vielleicht doch mehr ins Schriftstellerische aus.« Sie deutet vage auf den Raum. »Und als Prinzipalin hier.«

Applaus von nebenan, kurz danach kommen die Liftboys hereingelaufen und prallen sogleich freudig zurück. »Ah, Gott sei Dank, unsere Schönheitskönigin ist da!«

»Ich kündige dich an.« Erika geht ab.

Der eine Liftboy hilft Therese mit einer Stirnbandleuchte, der andere legt ihr ein Stethoskop um den Hals und überreicht ihr ein überdimensioniertes Skalpell. Therese schließt die Augen und konzentriert sich.

»Aufi«, sagt sie, als Erika zurückkommt, und marschiert auf die Bühne, vom Saal stürmisch begrüßt.

Die Liftboys reißen sich die Käppis vom Kopf und die Jäckchen vom Leib.

Klaus reicht ihnen Kleiderbügel. »Der linken Presse fehlt allerdings klassenkämpferisches Engagement«, sagt er, zu Erika gewandt, den Faden von vorhin wieder aufgreifend. »Hier mahle man nicht bissigen Pfeffer, sondern knabbere süße Pfeffernüsse zum Tee.« Mit einem Klaps auf den Po schickt er die Liftboys in die Garderobe.

»Nach der Theres seid ihr als Vertreter dran!«, ruft Erika ihnen hinterher. »Und wo bleibt der Nosferatu?«

Aus dem Zuschauerraum ertönen Lachsalven. Klaus greift noch einmal nach den Zeitungsartikeln. »Da war in der zurückliegenden Zeit aber auch Erschreckendes dabei, Eri«, sagt er verhalten. »Davon hast du mir ja gar nicht geschrieben?«

»Was soll ich den Dreck wiederholen?« Erika addiert und subtrahiert an ihrem Pult.

Klaus liest staunend vor. »*Ein besonders widerliches Kapitel stellte das Auftreten Erika Manns dar, die ihre ›Kunst‹ dem Heil des Friedens widmete.*«

»Ach, das war nur der *Völkische Beobachter* nach meinem Aufritt bei der Internationalen Frauenversammlung für den Frieden.« Erika radiert und fegt den Abrieb vom Blatt.

»Ja, aber – auf der Titelseite! *In Haltung und Gebärde ein blasierter Lebejüngling, die Haare über einem nicht ganz kopfähnlichen Gebilde in Herrenschnitt frisiert.*«

Erika lacht auf. »Dafür hab ich den Schriftleiter verklagt. Und dem Gericht ein schönes Foto von meinem kopfähnlichen Gebilde geschickt.«

»Ach ja?« Klaus ist ganz verstört. »*Kurz, schon rein äußerlich eine heillose Begriffsverwirrung, brachte sie ihren blühenden Unsinn über die deutsche Zukunft vor. Die sogenannte Emanzipation der Frauenwelt ist ein Merkmal des Volksverfalles, dessen Fortschreiten sie beschleunigt, und sie dient dem Ende jeder wahren Freiheit.*« Er sinniert. »Den letzten Satz muss man sich auf der Zunge zergehen lassen.«

Erika nickt. »Fragt sich nur, wessen Freiheit.«

»*Das Kapitel* Familie Mann *erweitert sich nachgerade zu einem Münchner Skandal, der auch zu gegebener Zeit seine Liquidierung finden muss.*« Klaus lässt den Ausschnitt sinken.

Erika sieht von ihren Rechnungen hoch. »Buh!«, erschreckt sie ihren Bruder. »Lass dir doch keine Angst einjagen! Der Spuk ist bald wieder vorbei. Der Rechtsstaat ist auf unserer Seite. Der Schriftleiter da wurde von der ersten Instanz wegen Beleidigung deiner Frau Schwesting zu 1500 Mark verdonnert, jetzt in zweiter Instanz immer noch zu 1000. Wegen mir kann der mich gern weiter beleidigen, wir brauchen jeden Pfennig!« Sie deutet auf ihre Zahlenkolonnen.

»Ich weiß nicht. Vor meiner Abreise hab ich in Paris noch Onkel Heinrich getroffen. Das mit dem Ausschluss aus der Akademie der Künste hat ihn sehr getroffen. Er will sich jetzt in Südfrankreich niederlassen. Schreibt ein Buch über Henri IV.«

»Henri IV.? Was will er denn mit einem historischen Roman in diesen Zeiten?«

»Hast du noch nicht bemerkt, dass historische Romane immer von der Gegenwart handeln?«

»Hm. – Nun, nicht, dass wir Onkel Heinrich sehr vermissen würden. – Und wie geht es dir eigentlich? In Paris und so?«

Klaus fährt mit der Hand durch die Luft. »Ich verschwende mich an die Vielzuvielen. Gebe mich mit Menschen ab, die weit unter mir stehen. Ich kann mein Ich nicht verschenken so wie du deins an Theres. Mir fehlt die wahre Hingabefähigkeit.«

Aus der Garderobe tritt ein älterer Mann, eine weiße Kochjacke am klapperdürren Leib, eine riesige, zum Ballon gebauschte Kochhaube auf dem Kopf. »Smörrebröd, Smörrebröd«, summt er vor sich hin.

Durch eine Tapetentür erscheint ein distinguierter Herr, wohl vom Proszenium. Er lüftet den Hut und verneigt sich. »Verzeihen Sie die Störung, aber man hört im Parterre, des verehrten Herrn Thomas Manns Sohn sei heute hier anzutreffen?«

»Äh – ja?« Klaus hebt den Kopf. »Sie wünschen, bitte?«

»Ich lese gerade mit Vergnügen Ihre Memoiren.« Er holt ein Buch aus seinem Überzieher hervor. *Kind dieser Zeit* können wir entziffern. »Ob Sie wohl so freundlich wären –?«

»Aber gerne doch.« Klaus zieht aus der Innentasche seines Jacketts einen Füllfederhalter.

»Für einen Band mit Erinnerungen sind Sie ja noch reichlich jung«, bemerkt der Herr, während Klaus signiert.

»Finden Sie? Jung bin ich nur an Jahren. An Erfahrung hingegen –«

»Also was Sie von der Herzogparkbande schreiben und

dem Laienbund Deutscher Mimiker – herrlich! Dass man dem großen Thomas Mann einmal so nahe treten darf!«

»Die schwierigste Stelle war natürlich meine erste Liebe, zu einem Klassenkameraden.«

»Also, ich fand die Stelle am schönsten, wo Thomas Mann an jeder Straßenkreuzung umständlich vom Fahrrad absteigt. Sehr amüsant.«

Klaus fährt unbeirrt fort. »Ich habe zur Darstellung dieser Liebe weniger Mut gebraucht, als man vielleicht annehmen würde. Das liegt an jenem eingeborenen Exhibitionismus, der mit der künstlerischen Begabung einhergeht.«

Aus dem Saal hört man Gejohle und Bravo-Rufe.

»Dann will ich mal nicht weiter stören.« Der Herr verneigt sich abermals. »Wenn Sie Ihrem Herrn Vater vielleicht meinen ergebensten Gruß –«

Therese kommt zurück. Ihr Ernst passt nicht zu dem Jubel, mit dem sie vom Publikum verabschiedet wird. »Heut haben wir aber hohen Besuch.«

»Wie? – Die Vertreter auf die Bühne!«, brüllt Erika Richtung Garderobe. »Ich sage euch an!« Sie geht ab.

Der distinguierte Herr hat den Koch bemerkt. »Ach, entschuldigen Sie bitte, haben Sie nicht den schrecklichen Vampir gespielt in diesem Film da, von dem großen, leider so früh verstorbenen Friedrich Wilhelm Murnau?«

»Schreck ist mein Name, Max Schreck, und das ist wirklich wahr, falls Sie mir nicht glauben wollen.«

Der Herr schmunzelt. »Würden Sir mir vielleicht auch ein Autogramm –? Gern mit bürgerlichem und, wie soll ich sagen, künstlerischem Namen?« Er hält ihm Klaus' Buch hin.

»Schon gut, ich bin's gewohnt.« Der Koch schreibt seinen Namen ebenfalls in *Kind dieser Zeit*.

Therese bemerkt Klaus' Missvergnügen. »Sei so gut und

mach mir die Knöpfe auf.« Sie wendet Klaus den Rücken zu und hängt ihre medizinischen Instrumente ordentlich an den Haken.

Die Liftboys schießen in schlechtsitzenden Anzügen und geschmacklosen Bindern aus der Garderobe und auf die Bühne, gerade, als Erika von ihrer Ansage zurückkommt.

»Hast du ihn nicht erkannt?«, fragt Therese. »Dritte Reihe.«

»Nein«, antwortet Erika unsicher.

»Reichsinnenminister Frick. Und sein Sekretär neben ihm macht sich eifrig Notizen.«

»Ach geh – so haben wir endlich die Ehre, unsere Namen auf einer schwarzen Liste der Nazis zu finden.«

»Erika, dös is nicht mehr lustig. Es ist ernst.« Thereses Blick fällt auf den Koch. »Nosferatu, meinst du, du kannst noch grotesker spielen, diabolischer, verstehst? Mit größeren Gebärden« – sie macht sie ihm vor – »und so überg'schnappt wie dern ihrn ›Führer‹?«

Nosferatu nickt. »Du meinst, steigern, bis sich am Ende die Stimme überschlägt? Ich versuch's. Denen soll das Lachen wie mein Essen im Hals stecken bleiben.«

»Es ist übrigens bei Hitler ebenfalls alles Schauspielerei.« Klaus setzt sich wieder in den Sessel. »Kurz bevor Erika und ich letztes Jahr in die Ferien nach Finnland gefahren sind –«

»Finnland?«, unterbricht Nosferatu, »ich dachte, ihr seid nach Persien? Ich wollte euch immer mal danach fragen.«

Klaus und Erika sehen sich betrübt an.

»Ja. Aber dann, am Vorabend der Reise –« Erika bricht ab.

»– hat unser Freund und geplanter Reisegefährte Ricki Hallgarten den bewundernswerten Mut gehabt, das sogenannte

Geschenk des Lebens, das wir alle ungebeten empfangen haben, dem Nichts wieder zurückzugeben.«

Nosferatu starrt Klaus an. »Äh – hat er sich umgebracht?«

»Da sind wir natürlich nicht nach Persien.«

»Oh, tut mir leid, wusste ich ja nicht,« stammelt Nosferatu.

»Schon gut«, macht Klaus weiter. »Also bevor wir nach Finnland sind, haben wir Hitler zufällig im *Carlton* gesehen. Umgeben von ein paar seiner Spießgesellen ließ er sich ein Erdbeertörtchen mit Schlagrahm schmecken. Ich konnte mich nicht sattsehen an seiner widerlichen Fresse und dachte: Du wirst nicht siegen, und wenn du dir die Seele aus dem Leibe brüllst. Du willst Deutschland beherrschen? Diktator willst du sein – mit der Nase? Du bist derartig mies, dass du einem beinahe leidtun könntest. Du kommst nie zur Macht! – Wenn Sie können, Herr Nosferatu, spielen Sie also einen Kleinbürger, der Diktator spielt.«

Die Vertreter kommen unter freundlichem Beifall zurück, Erika geht den Koch ansagen. Einer der Vertreter erwidert Klaus' Blick. Der andere gibt jenem einen Klaps auf den Po und scheucht ihn in die Garderobe.

Erika kehrt zurück und schickt Nosferatu los.

»Im neuen Programm müssen wir mehr wagen«, richtet sich Therese an Erika und Klaus. »Wir sind viel zu harmlos. Denkt's dran, wenn euch hoffentlich beim Schifahrn auch die ein oder andere Nummer einfällt. Was ist der Welt geholfen mit einer Kunst, die nur gefallen will? In Berlin hat der Friedrich Hollaender in seinem *Tingel Tangel* die Habanera aus der *Carmen* umgedichtet.« Sie singt. »*An allem sind die Ju-u-u-den schuld!*«

»Aber das ist doch geschmacklos«, unterbricht Klaus.

»Nicht aus dem Mund eines Juden«, versetzt Therese.

»Vergiss nicht, dass wir Geld verdienen müssen.« Erika zupft an ihrem froschgrünen Gehrock. »Wir können nur hier und da eine gepflegte Spitze unterbringen. Für Anklage und Protest zahlt uns keiner was. Die gibt's auf der Straße umsonst.«

Es arbeitet in Therese. »Kunst ist kein Selbstzweck. Und auch Unterhaltung trägt Verantwortung. Wer –« Sie setzt sich zu Klaus. »Schau. Vor vier Wochen hat Hindenburg den Reichstag schon wieder aufgelöst, dieses Mal auf Hitlers Wunsch. Und seit gestern brennt das Reichstagsgebäude. Die parlamentarische Demokratie wird gerade abg'schafft, ohne dass es jemand verkündet oder auch nur zu wollen behauptet! Es g'schieht einfach, weil zu viele es geschehen lassen.«

»Ich weiß doch«, sagt Klaus müde zu Therese.

»Weil die Mehrheit resigniert, kann sich die Minderheit durchsetzen!« Therese spricht so leise wie eindringlich. »Bald sind Recht und Gesetz nur noch Schall und Rauch.«

Im Saal klatscht man. Der Koch erscheint wieder, in Begleitung eines gebeugten Mannes mit auffallend großen Ohren und lockigbraunem Wuschelhaar.

»Rolf! Bärig aufg'fangen vorhin! Applaus, Applaus!«, begrüßt ihn Erika. »Und jetzt zum Schluss alle noch einmal auf die Bühne!« Sie nimmt Therese bei der Hand, die den Koch, der die beiden Vertreter, die mal hübsche Liftboys waren, Biggi, die dralle Blondine, galoppiert auch aus der Garderobe, den Schluss der Kette bildet Rolf. Er setzt sich wieder ans Klavier. Alle singen aus vollem Hals.

»Es tanzten alle Puppen
's war auf der Bühne Licht
Wir sangen, bis der Schuppen
Wackelt und zusammenbricht«

Klaus beobachtet hinter dem Vorhang stolz, wie sich zum

Schluss alle gleichzeitig verbeugen. Blumen werden auf die Bühne geworfen, einzelne und ganze Buketts.

Der Jubel will gar kein Ende nehmen, da tritt Erika aus der Reihe und bittet per Handzeichen um Stille. »Hochverehrtes Publikum, wir danken Ihnen von Herzen für die große Treue, die Sie uns jetzt zwei Programme lang hier in der *Bonbonniere* gehalten haben, und hoffen auf ein glückliches Wiedersehen im *Serenissimus* in Schwabing ab dem 1. April. Pfüat ei!«

Sie tritt wieder in die Reihe, der Beifall beginnt von neuem. Da macht Therese ebenfalls einen Schritt vor, wieder verstummt die Menge. »Als Zugabe und weil's heut die letzte Vorstellung unseres Programms ist, jetzt noch ein Witz, aus aktuellem Anlass frisch aus Berlin. Vatter und Sohn sitzen bei Tisch. Fragt der Sohn: ›Papa, wer hat denn den Reichstag angezündet?‹ Antwortet der Vater: ›Ess, ess, mein Junge.‹«

Ein Erschrecken geht durch die Menge. In der dritten Reihe springt ein uniformierter Mann auf und verlässt eiligen Schrittes den Saal, ihm nach sein Adjutant, der hastig Papiere in eine Aktentasche knüllt. Donnernder Applaus. Abblende ins Dunkel.

Düster vor lauter Gegenständen ist der vollgestellte Raum, den die junge Greta Garbo betritt. Gerührt bleibt sie stehen und blickt sich um. Kommoden, Regale und Sessel, gestapelte Kisten und Koffer, Lampen, Gemälde, Hausrat. Zögernd legt sie die Hand auf einen eingerollten Orientteppich und schlägt das fransige Ende um. Tränen treten ihr in die Augen. Sie öffnet den Deckel der Kiste daneben. Eine Wasserpfeife, ein silbergetriebenes Tablett, Teegläser. Zärtlich streicht sie mit dem Finger darüber. Sie entdeckt einen halbhohen Schrank an der Wand, geht zu ihm, betrachtet ihn, als hätte sie noch nie einen Schrank gesehen, und streichelt seine glatte Oberfläche. Sie berührt auch den Kerzenhalter, der darauf steht, und umfasst eine runde Schachtel mit beiden Händen. An der Wand hängt die Ansicht einer nördlichen Stadt am Meer. Vorsichtig legt sie die flache Hand darauf. In einem kleinen Spiegel erkennt sie schräg hinter sich an einer Garderobe eine Ballonmütze in Pfeffer und Salz. Sie nimmt sie vom Haken, küsst den Stoff, erst leicht verschmitzt lächelnd, dann voller Schmerz. Sie setzt sich die Mütze auf, greift zu einem Mantel und vergräbt ihr Gesicht in seinen Falten. Tief atmet sie seinen Geruch ein. Eine Weile verharrt sie reglos. Schließlich schüttelt sich ihr Rücken vor lautlosem Schluchzen.

Da erscheinen zögerlich zwei Gestalten im Bild. Sven und Mimi. Gretas Bruder räuspert sich. Mimi berührt ihre Schulter. Greta richtet sich auf und nickt. Sie schnäuzt sich in Mimis Taschentuch und geht mit ihnen.

Wir sehen die drei in einem Industriehafen wieder, Greta mit einem kleinen Kind an der Hand. Ein Schiff nimmt Ladung auf. Seine Kräne vorne und hinten heben Ballen, Fässer, große Holzkisten an Bord. Über eine Gangway tragen Matrosen jede Menge Koffer zu der mehrstöckigen Schiffsbrücke. Neben einem riesigen Kohlehaufen verabschiedet sich Greta von Sven, Mimi und dem Jungen. Wieder fließen Tränen. Schließlich steht Greta oben an der Reling und winkt den einsamen Gestalten am Kai mit dem Taschentuch zu, während das Schiff ablegt. Der Junge wirft ein Seil nach ihr, doch die Schlinge landet in einer Pfütze.

Im nächsten Bild sehen wir Greta in einem Ölmantel, bis zum Hals geschlossen, einen Südwester auf dem Kopf. Bei hohem Seegang schlendert sie über das Deck, hält sich mal an einem Beiboot, mal an einer Taurolle fest. Um den vorderen Kran herum erreicht sie den Bug, windet sich um Anker und Seile und stellt sich ganz nach vorn. Sie öffnet den Kinnriemen und nimmt den Südwester ab. Der Wind greift in ihre Haare, und sie blickt unverwandt zum Horizont.

»Es war einfach nur großartig!« Greta steht in einem urigen Gasthof mit dicken Balken, rohen Tischen und einer offenen Herdstelle samt Attrappe eines großen Bratens. Beleuchter umringen sie, Tontechniker und wer sonst noch auf einem Filmset so zu tun hat. »Selbst bei ordentlich Seegang bin ich an Deck spazieren gegangen«, erzählt sie weiter, »solange die Wogen nicht über die Reling geschwappt sind. In der Kabine wäre ich vermutlich seekrank geworden. Mein Lieblingsplatz war ganz vorne am Bug.«

Die Männer um sie herum schmunzeln. Man merkt es: Sie sind alle in Greta verliebt, oder verzaubert von dem Moment.

Unbemerkt tritt Salka hinzu.

»Die Besatzung fabelhaft«, fährt Greta fort. »Sie haben sich überhaupt nicht um mich gekümmert! Dazu hatten sie auch gar keine Zeit, weder in den Häfen noch auf hoher See. Als einziges Extra bekam ich – bei sanftem Seegang – die Mahlzeiten in einem Rettungsboot serviert.«

Gretas Zuhörer lachen auf.

»Ach Adrian –« Greta boxt einem überaus gepflegten jungen Mann in Knickerbockern spielerisch in die Rippen, »was für ein Luxus, sich nicht jeden Tag dreimal umziehen und schön machen zu müssen! Und die Ruhe und die Zeit an Bord!«

»Wie lange dauert denn so eine Überfahrt, einschließlich Panamakanal?«, fragt jemand aus dem Kreis.

»Vierunddreißig Tage! Ich konnte alle Bücher über die schwedische Geschichte lesen, die ich mitgebracht habe. – Der Reichssaal ist übrigens sehr schön geworden, Alexander«, wendet sich Greta an einen der Umstehenden. »Und die Sitzordnung der Stände, Edwin«, richtet sie sich an einen anderen, »ganz wie auf dieser Abbildung da. Ihr setzt das phantastisch um, tausend Dank.«

»Für die falschen Bärte der Komparsen kommt morgen –«

Leider bekommen wir nicht mit, wer oder was morgen kommt, weil dieser Mann mit der Hornbrille, den wir von Murnaus Leichenschmaus kennen, Salka erspäht hat und herzlich begrüßt. »Danke, dass du gleich gekommen bist! Geht es dir gut?«

»Ausgezeichnet, danke, Rouben. Der Heizungsbauer hat zwar links mit rechts verwechselt, und der Zimmermann hat die Treppe zum neuen Gästezimmer über der Garage abgerissen, statt auszubessern, aber ansonsten geht es mir gut.«

»So große Arbeiten am Haus, in diesen Zeiten?«

»Es gehört doch jetzt mir!«

»Oh? Das wusste ich gar nicht. Gratulation!«

»Rund um Roosevelts Amtseinführung sind ja so viele Banken pleitegegangen, da konnte ich das Haus günstig erwerben. Und solange die Handwerker noch arbeitslos und also billig sind, lasse ich jetzt machen, was gemacht werden muss. – Warum hast du mich kommen lassen? Hast du einen Fehler im Drehbuch entdeckt?«

»Nein, nein. Aber du weißt doch, nicht alles kann im Drehbuch stehen, und wir kommen jetzt an eine Stelle, wo ich gerne etwas durch Improvisation erarbeiten würde, aber Greta weigert sich. Vielleicht könntest du ihr zureden?«

Salka runzelt die Stirn.

»Sie probt ja auch nie«, beklagt sich Rouben weiter. »Das macht mich schier wahnsinnig. Weigert sie sich, weil ich nicht Lubitsch bin?«

»Nein. Im Atelier probt sie nie. Sie spielt alles vorher in ihrem Kopf durch, beim Auswendiglernen zu Hause und mit Kostüm in der Studiogarderobe. – Sie kommt halt nicht von der Bühne, sondern ist durch und durch Filmschauspielerin.«

Rouben seufzt. »Greta meint, überhaupt keinen Regisseur zu brauchen. Oder nur, um den Laden zusammenzuhalten und eine gute Stimmung zu schaffen. – Marlene ist da ganz anders.«

Greta tritt hinzu, die das Gespräch schon ein paar Sekunden lang verfolgt hat. »Wie ist denn die Marlene so?«, fragt sie beiläufig. »Grüß dich, Salka.« Die beiden Frauen hauchen sich Küsschen auf die Wangen. Greta sieht Rouben erwartungsvoll an.

Der sucht nach einem Einstieg. »Tja, Marlene? – Überraschend. Sternberg, der Tyrann, hat ihr alles diktiert, und das hat sie dann auch von mir verlangt. Sie hatte nichts auswendig gelernt, ja nicht einmal das Drehbuch gelesen. Sie hatte sich nur allgemein erzählen lassen, um was es geht, um die Kostüme zu entwerfen, die sie als ihre eigentliche Domäne betrachtet. Sie hat mich bei jeder Einstellung gefragt, ob sie nach links oder rechts, nach oben oder unten sehen und bis wie viel sie dabei zählen soll. Er macht Marlenes schläfrigen Tonfall nach. ›Bis vier oder bis zehn, Mr Mamoulian?‹«

»Ernsthaft?« Salka hört nicht weniger neugierig zu als Greta.

»›Aber Sie sind doch Schauspielerin, liebe Marlene, mich interessiert, wie *Sie* diese Rolle spielen wollen‹, sage ich. ›Spielen?‹, fragt sie ungläubig. ›Ich spiele nicht! Der Film ist etwas

Technisches – lass die Maschinen und ihre Meister ihre Wunder vollbringen. Ein Schauspieler hat sich ruhig zu verhalten und zu tun, was ihm gesagt wird. Wer spielen will, gehört ins Theater!‹«

Salka kreischt fast vor Vergnügen. Greta ist still fasziniert.

»Damit alles wird wie in einem Sternberg-Film, hat *sie* dann, nicht ich, den Beleuchtern Instruktionen gegeben. Zur Kontrolle hat sie den Ganzkörperspiegel verlangt, den Sternberg ihr immer in die Szene gestellt hat. Als ich aus reiner Diplomatie gesagt habe, ›Wunderbar, Marlene. Einfach wunderbar!‹, schaut sie an mir herab, fixiert meinen Schritt und sagt kalt: ›Sie können aber auch gar nichts, Mr Mamoulian.‹«

Salka schlägt die Hand vor ihr erschrockenes Prusten, Greta beißt sich stumm lachend auf die Unterlippe.

Rouben klatscht in die Hände. »Aber genug geplaudert. Ich habe Salka hergebeten, weil der Rohschnitt der ersten vierzig Minuten aus dem Labor gekommen ist. Lasst uns den doch zusammen ansehen, damit wir wissen, was klappt und wo wir vielleicht noch justieren müssen.« Rouben bittet in einen Vorführraum.

»Ruft mich, wenn ihr mich wieder braucht, ich bin in meiner Garderobe.«

»Aber Greta?«, fragt Rouben ihr hinterher.

Salka zieht ihn am Arm fort. »Sie sieht sich doch auch nie die täglichen Schnellabzüge an.«

»Marlene habe ich kaum aus dem Vorführraum wegbekommen, so fasziniert ist sie von sich selbst auf der Leinwand. – Kennt Greta denn überhaupt ihre fertigen Filme?«

»Doch, doch. Sie nimmt an den Previews teil und besucht dann eine Matinee irgendwo am Stadtrand. Aber sie ist nie mit sich zufrieden. Das Ergebnis zerstört ihre Vorstellung, wie sie hatte spielen wollen. Die Wirklichkeit kann nie mithalten, deshalb bleibt sie zumindest während der Dreharbeiten lieber bei der Vorstellung.«

»Sie glaubt also an die *wirkliche* Illusion?« Rouben schüttelt den Kopf und folgt Salka und den Technikern in den Vorführraum. »Und der Mythos Greta Garbo –?«

»Für den ist sie selber völlig unempfänglich.«

Das Licht erlischt. Sie sitzen im Dunkeln.

Auf der Leinwand sehen sie einen lichten, verschneiten Wald. Eine schlaksige Gestalt galoppiert durch das Bild, den Mantel fest gegürtet, die Hose in kniehohen Stiefeln, einen Hut mit breiter Krempe tief ins Gesicht gezogen. Mühelos springt sie über einen Busch, einen Graben hinunter und wieder hinauf. Am Fuß einer breiten Steintreppe steigt sie vom Pferd und spurtet nach oben, zwei Stufen auf einmal. Mit großen Schritten eilt sie durch die Räume einer Burg. Schließlich bleibt sie stehen, und wir sehen die Gestalt von der Seite. Ihre Brust hebt und senkt sich noch stark von ihrem raschen Ritt. Sie nimmt den Hut ab. Wir erschrecken, ein wenig. Oder erstaunen. Oder beides.

»Exquisit«, murmelt Rouben gebannt.

»Hast du meisterlich gemacht«, hören wir Salka. »Ihr Gesicht so lange nicht zu zeigen und dann wie ein Kunstwerk zu enthüllen.«

»Das Kostüm funktioniert auch, oder? Die Hosen stehen ihr hervorragend. Und die Stulpenstiefel.«

»Fielen ihre Haare bei den Probeaufnahmen nicht weicher auf die Schultern, mit einem schlichten Seitenscheitel? Warum jetzt so streng nach hinten gekämmt? Fehlt nur noch die Brillantine, dann sieht sie aus wie in der Schlussszene von *Mata Hari*.«

»Sie wollte es so. Eine Haartracht weder für Frauen noch für Männer.«

»Aha. Na ja, historisch ist die Frisur so oder so nicht.«

Auf der Leinwand berichtet ein alter Mann Christina stolz von einem glänzenden Sieg der Schweden in dem Krieg, der nun schon dreißig Jahre dauere. Erst auf ihre Nachfrage gibt der Alte, Reichskanzler Oxenstierna, zu, dass auch zehntausend Schweden gefallen, vierhundert Pferde und zweihundert Geschütze verloren gegangen sind. Trotzdem beschwört er Christina, neue Mittel für weitere Schlachten zu bewilligen. Sie will das jedoch im Parlament besprechen.

»Das ist gut geworden, so implizit, dass sie nicht allein herrschen, sondern alle einbeziehen will«, flüstert Salka. »Aber sag mal, wann immer ich sie habe ›Reichstag‹ sagen lassen, spricht sie jetzt vom ›Parlament‹. Bestimmt fünf Mal!«

»Eine Ständeversammlung war doch eine Vorform des Parlaments, oder?«, fragt Rouben zurück. »Ich wollte Präsident Roosevelt daran erinnern, bei seinem New Deal alle mitzunehmen und wie Christina immer auch die Ärmsten zu fragen, was die meinen.«

»Vielleicht verbieten die Nazis den Film in Deutschland, wenn ausgerechnet die Königin das Parlament als den rechtmäßigen Ort staatlicher Entscheidungen respektiert.«

»Das müssen wir riskieren, Salka. Gerade *weil* Greta dort eine riesige Fangemeinde hat.«

Im versammelten Reichstag fragt Christina dann die Bauern, ob auch sie noch so kriegslüstern seien wie Adel und Kirche. »Beute, Ruhm, Flaggen und Trompeten. Was verbirgt sich hinter diesen hochtrabenden Worten? Tod und Zerstörung. Eine Armee verkrüppelter Männer. Schweden siegreich in einem verwüsteten Europa? Ein Eiland in einer toten See. Ich sage euch, ich habe genug davon. Ich will, dass mein schwedisches Volk endlich in Ruhe leben kann. Ich werde Kunst und Wissenschaft zu neuer Blüte führen. Das soll mein

Triumph sein. Ich will Frieden und ich werde Frieden bekommen.«

»Sehr stark«, befindet Salka.

»Was meinst du, das Publikum wird die Reminiszenzen an *Im Westen nichts Neues* doch verstehen, oder?«

»Aber sicher. Und von Greta so leidenschaftlich vorgetragen wie bei der Internationalen Frauenliga für Frieden und Freiheit!«

»Ich glaube, Greta war überhaupt noch nie in einem Film so laut und bestimmt. – Ah, jetzt kommt der nächste Morgen.«

Wir sehen Christina in einem altertümlichen Bett in einem Burgsaal beim Schein einer Kerze lesen. Ihr Diener, ein prächtiger alter Haudegen, bringt ihr das Frühstück. Sieht ziemlich karg aus, eine silberne Tasse und eine trockene Scheibe Brot. Er tadelt Christina dafür, zu lesen anstatt zu schlafen. Sie sagt, sie hätte sonst keine Zeit dafür. Er öffnet die Fensterläden, und sie klettert ins Freie.

»Schöne Beine«, wispert Rouben Salka zu.

»Die Fesseln nicht so elegant wie die von Marlene. Aber – wo habt ihr denn bloß den Schnee herbekommen?«

Auf den Burgzinnen liegt frisch gefallener Schnee, mit dem sich die Königin herzhaft das Gesicht abreibt.

»Sägespäne. Ganz ganz fein gemahlen.«

»Die arme Greta.«

Beim Frühstück liest Christina weiter in ihrem Buch, während der Diener ihre Haare kämmt.

»Nicht schlecht, dieser Molière«, sagt Christina auf der Leinwand. »Hier macht er sich über pretiöse Damen lustig: *Was mich betrifft, Onkel, so kann ich nur sagen, dass ich die Ehe an sich für etwas ganz Ungeheuerliches halte. Wie kann man auch nur die Vorstellung ertragen, mit einem Mann in einem Raum zu schlafen?* – Na, wie findest du das, Aage?«

Im Dunkeln hören wir Salka. »Oh, das ist mir doch etwas steif geraten, oder? Christina Molière zitieren zu lassen? So mit dem Zaunpfahl? Soll ich das umschreiben?«

»Wir lassen es erst einmal. Ihre Liebe zu den Künsten, die nachher so wichtig wird, darf keine leere Floskel bleiben.«

Jetzt reicht Aage Christina ein Paar Hosen und hilft ihr mit den Stiefeln.

»Die eingespielte Kameradschaft zwischen den beiden habt ihr perfekt getroffen. Halb Kumpel, halb Vater – Tochter.« Salka ist ganz absorbiert.

Es klopft aus den Lautsprechern.

»Ebba! Komm herein!«, ruft Christina mit der Cello-Stimme Greta Garbos.

»Jetzt aber nicht tändeln, Eure Majestät, Ihr habt einen langen Tag vor euch«, mahnt Aage.

Herein kommt eine junge Frau im Reifrock, mit Rüschen und Löckchen. Sie eilt freudig zu Christina, macht einen tiefen Knicks und küsst ihr die Hand. Christina hebt sie zu sich empor, umschließt Ebbas Wangen mit beiden Händen und drückt einen zärtlichen Kuss auf ihren Mund.

Salka stubst ihren Ellbogen in Roubens Seite. »Das wird Mayer gefallen. Wie bestellt. Nimm das, *Mädchen in Uniform*!«

Auf der Leinwand tändeln die beiden jetzt doch, wie Aage schon geahnt hat, es geht ums Schlafen und Glücklichsein. Ebba beschwert sich, Christina habe so wenig Zeit für sie, Christina verspricht ihr einen Ausflug mit dem Schlitten, sogar für mehrere Tage. Aber da kommt schon der französische Botschafter, der Christina vor dem spanischen Gesandten warnt, der Dekan der Universität Uppsala, der sie vor französischen Gelehrten warnt, und wir sehen sie mit müde gelesenen Augen über Staatspapieren brüten, während Reichskanzler Oxenstierna sie zum wiederholten Mal drängt, den Helden dieser gewonnenen Schlacht zu heiraten, um einen Erben zu gebären und ihre Dynastie zu sichern.

»Kämpfen langweilt mich.«

»Das Schwert allein hat Schweden großgemacht.«

»Ja, aber übertreiben wir es nicht damit, Kanzler?«

»Ihr könnt die Welt nicht verändern, Eure Majestät.«

»Warum nicht? Seht, Kanzler, die Philosophen verwandeln sie, die Künstler verwandeln sie, die Gelehrten verwandeln sie, warum also nicht wir, die wir die Macht haben? Die Menschen folgen blindlings den Generälen, die sie in den Tod führen. Werden sie nicht auch uns folgen, zu einem besseren Leben, in eine Welt voll Anmut und Schönheit, Fröhlichkeit und Freiheit?«

»Europa ist ein Schlachtfeld, Eure Majestät, kein Idyll mit Hirten und Lämmern.«

Im Dunkeln atmet Salka erleichtert auf. »Dafür hat sich jeder Streit mit dem Story Department gelohnt. Egal, was jetzt noch kommt, Rouben, ich bin schon einmal sehr zufrieden.«

Zuletzt fragt Oxenstierna Christina fassungslos, ob sie als alte Jungfer sterben wolle.

»Das ist nicht meine Absicht, Kanzler«, antwortet sie. »Ich werde als Junggeselle sterben!« Blitzt ihn an und geht mit Schwung ab.

»Wenn das durch die Zensur geht, fresse ich einen Besen«, kommentiert Salka.

»Die Selbstverpflichtung ist freiwillig, das Hays Office kann uns gar nichts«, meint Rouben zuversichtlich.

Der Junggeselle Christina will jetzt mit Ebba Schlitten fahren, aber die ist verschwunden. Christina findet sie tête-à-tête mit einem jungen Mann. Wütend sagt Christina die Partie ab und fordert stattdessen Aage zu einem Reitausflug auf.

Und schon sehen wir die beiden durch lichten, verschneiten Wald reiten.

»Alles Sägespäne?«

»Alles Sägespäne.«

Christina und Aage beobachten, wie eine Kutsche im Schnee stecken bleibt. Es ist der spanische Gesandte mit seinem Gefolge.

»Ein Spanier?«, wundert sich Salka. »Bei mir kam der Gesandte doch aus Italien.«

»Greta kam ein Spanier feuriger vor.«

»Aha.« Wir hören Salka förmlich überlegen. »Die Haare fast wie in *Mata Hari,* ein Spanier – hat sich Greta etwa wieder mit Mercedes versöhnt?«

»Marlene ist ja gerade in Europa.«

»Hm. Weißt du eigentlich, dass Greta nach ihrer Rückkehr von Schweden bei der Paramount um eine Privatvorführung von *Das Hohe Lied* gebeten hat?«

»Ich dachte, um zu sehen, wie ich arbeite.«

»Aber auch, um ungestört die Frau in Augenschein zu nehmen, mit der Mercedes sie während ihrer Abwesenheit betrogen hat.«

»Laut den Spionen von MGM hat Greta in Schweden viel Zeit mit einer gewissen Gräfin verbracht. Zu zweit sind sie auch nach London und Paris, wo sie in den einschlägigen Nachtclubs gesichtet worden sind.«

»Die in Berlin sind ja jetzt alle dicht.«

Auf der Leinwand gibt Christina Anweisungen, wie die Kutsche anzuschieben ist.

»Greta ist vor Schnee atemberaubend fotogen«, murmelt Rouben. »Und wie locker sie zu Pferde sitzt. Du siehst, wir haben sie tatsächlich nicht doubeln müssen.«

»Immerhin dafür war Mercedes gut.«

Man begegnet sich am Abend in einem Gasthof wieder. Christina, das heißt der junge Edelmann, für den sie gehalten wird, hat das letzte und beste Zimmer bekommen. Der spanische Gesandte dagegen geht leer aus. Beim Essen, zu dem er den ›jungen Herrn‹ zum Dank für die Hilfe bei dem Kutschenunfall einlädt, kommt man rasch ins Plaudern über Calderón und Velázquez. Der Spanier freut sich ungemein, einen so kundigen Gesprächspartner in dieser schwedischen Einöde zu treffen, und die verkleidete Königin ist entzückt, endlich mal mit jemandem reden zu können, der dieselben Bücher mag wie sie. Da sich die beiden noblen Gäste so gut verstehen, wagt der Wirt den Vorschlag, die beiden Herren könnten sich doch das Zimmer teilen, das Bett sei schließlich breit genug. Christina lehnt ab, möchte lieber am Feuer schlafen, aber das kann der spanische Kavalier natürlich nicht zulassen, es geht hin und her, bis Christina nicht mehr widerstehen kann, auch nicht mehr widerstehen will, wie sie dem verblüfften Aage klarmacht, dem sie mit nur einem Blick heißt, sich zu trollen.

In dem Gastzimmer befindet sich ein großes Bett mit Baldachin sowie ein Kamin, in dem die Kammermagd ein Feuer entfacht hat. Vor dem ›jungen Mann‹ kniet sie nieder und möchte ihm beim Ausziehen der Stiefel behilflich sein.

Mit einem kalten »hm« lehnt Christina ab.

»Hat der junge Herr denn noch einen Wunsch?«, fragt die Magd und tätschelt Christinas Oberschenkel.

»Nein, danke.«

Die Magd steht auf, lächelt Christina an und lässt ihr Brusttuch von der Schulter gleiten. »Der Wirt sagt, Ihr sollt alles haben, was Ihr benötigt.«

»Hm«, knurrt Christina erneut, ohne genau hinzuschauen.

An der Tür macht die Magd einen letzten Versuch. »Solltet

Ihr doch noch etwas brauchen – meine Kammer ist gleich nebenan.« Und zwinkert Christina zu.

»Das ist aber mehr, als Mayer bestellt hat, oder?«, fragt Salka. »Greta spielt, als ob sie ihr ganzes Leben in pikanten Verwechslungskomödien aufgetreten wäre.«

Schließlich wird es auf der Leinwand Zeit, ins Bett zu gehen. Der spanische Gesandte zieht sich aus, wundert sich, dass der ›junge Mann‹ so trödelt, doch irgendwann steht auch Christina nur noch im Hemd da, und Antonio guckt wie vom Donner gerührt.

»Du kannst John Gilbert doch nicht so die Augen aufreißen lassen!«, moniert Salka.

»Du weißt nicht, der wievielte Versuch das war! – John ist nur noch ein Schatten seiner selbst. Wenn er zu viel getrunken hat, stellt sich Greta krank, um ihn zu schützen. Warum bloß wollte Greta ausgerechnet ihn als Co-Star?«

»Aus Anhänglichkeit. Er hat ihr am Anfang ihrer Karriere sehr geholfen, hat ihr Amerika erklärt, das Studio, Englisch beigebracht. Jetzt revanchiert sie sich.«

»Auf Kosten unseres Films.«

Die Szene blendet aus, indem sich das verflossene Paar Greta Garbo – John Gilbert vor dem lodernden Kaminfeuer tief in die Augen sieht.

»Wie – ohne Kuss? Ich habe doch einen Kuss verlangt«, erinnert sich Salka.

»Ja, aber Greta hat sich vertraglich zusichern lassen, dass sie John insgesamt nur zweimal küssen muss. Und diese Küsse brauche ich woanders«, antwortet Rouben. »Sieh doch, es wird mehr als zweideutig.«

Auf der Leinwand klopft es am nächsten Morgen, der Diener des spanischen Gesandten tritt ein – und bemerkt verdattert die zugezogenen Vorhänge des Bettes. Er wagt kaum hinzusehen. Er meldet, dass sie eingeschneit sind und nicht abreisen können – was sein Herr hinter dem Vorhang zu seiner großen Verwirrung gelassen hinnimmt.

»Wann wird der Herr aufstehen?«

»Ich werde gar nicht aufstehen.«

Der Diener schluckt schockiert. »Sehr wohl, Euer Gnaden. Wünscht Ihr jetzt gleich eine Schokolade?«

»Ja.«

Zögerlich der Diener: »Und der junge Herr, wünscht der auch eine Schokolade?«

»Ja, der junge Herr nimmt auch eine Schokolade.«

Unter heftigem Kopfkratzen verlässt der Diener die Szene.

»Haha, köstlich«, freut sich Salka. »Shakespeare hat es nicht besser hinbekommen.«

Die Leinwand zeigt Zahlen und Zeichen, im Vorführraum geht das Licht wieder an.

»So weit sind wir nun.« Rouben steht auf und klopft nervös mit dem Rücken der einen Hand gegen die Innenseite der anderen. »Alle am Set bitte wieder auf ihren Platz«, ruft er in die Runde. »Auch Miss Garbo und Mr Gilbert.«

Die Techniker und Hilfskräfte schwärmen aus. Ist das nicht Mercedes, die sich aus der letzten Reihe rasch verdrückt?

Rouben schlendert mit Salka zu der Kulisse, die wir gerade auf der Leinwand gesehen haben: dem Zimmer mit dem großen Bett. John Gilbert kommt im weißen Hemd mit weiten Ärmeln, schwarzer Kniehose und ebensolchen Strümpfen.

Greta schlurft in einem bodenlangen hellen Gewand herein. »Glaubt ihr ernsthaft, dass eine Frau in Männerkleidern bei einem Reitausflug so ein Negligé dabeihat?« Sie zieht an dem zarten Stoff. »Warum kann ich nicht ihr Hemd anlassen? Man hat damals untendrunter tags und nachts dasselbe getragen.«

»Dein Hemd reicht nur bis zu den Oberschenkeln«, antwortet Rouben. »Wenn du das anbehältst, müssen wir dich im Bett oder unbewegt mit einer Decke am Kamin lassen, das schränkt uns zu sehr ein.« Rouben sucht Hilfe bei Salka.

»Hat Aage nicht so eine Sattelrolle dabei? Da passt der leichte Fetzen doch gut rein. – Es ist schlicht genug, um glaubwürdig zu sein«, beruhigt Salka ihre Freundin.

»Also, Greta«, übernimmt Rouben, »wir sind jetzt am Morgen danach. Im Drehbuch kommt als Nächstes dein Glücksausbruch, äh, Text?«

»Glück – ich habe es mir oft vorgestellt«, leiert Greta herunter, »aber Glück kann man sich nicht vorstellen, Glück muss man empfinden, Freude muss man fühlen. So muss Gott zumute gewesen sein, als er die Erde erschuf mit all ihren atmenden und lebenden Geschöpfen. – Ich habe den Text ein bisschen verändert, weil die Vorlage unmöglich war, so redet doch kein Mensch.«

Salka schluckt.

»Wunderbar, Greta. Worte sind das eine. Wir brauchen an dieser Stelle aber noch eine bildliche Sequenz ohne Dialog. Das Publikum weiß zwar, dass ihr miteinander geschlafen habt, aber es hat die Liebe, die euch verbindet, noch nicht gesehen. Fällt dir vielleicht etwas ein, das dich zu einem stummen Spiel inspiriert?«

»Wird das jetzt hier doch eine Improvisation?«

»Schau, in Moskau gibt es diesen russischen Schauspiellehrer, Stanislawski mit Namen –«

»Mauritz Stiller war nicht in allem mit ihm einverstanden.«

»Aber doch mit einigem? Also nach Stanislawski soll man auf der Bühne agieren, als ob man die Person sei, die man verkörpere. Parallelen im eigenen Leben finden, und wenn es keine gibt, sich welche ausdenken. Wirklichkeit spielen.«

Greta stöhnt. »Rouben – willst du mir nicht einfach sagen, bis wie viel ich zählen soll?«

»Was hast du denn schon so getan, wenn dich eine Liebe in deinen Grundfesten erschüttert hat?«

Greta wirft Rouben einen langen Blick zu. »Meine ganze Liebe gilt meinen Tomatenbeeten, meinem kleinen Kartoffelacker und den beiden Orangenbäumchen, die ich frisch gepflanzt habe.«

»Wunderbar, Greta. Dann, dann« – Rouben durchstreift die Kulisse – »dann könntest du vielleicht mit diesen herrlichen Weintrauben hier arbeiten?«

Greta hebt fassungslos einen Zweig mit schwarzglänzenden Weinbeeren hoch. »Rouben! Wir sind in Schweden mitten im tiefsten Winter. Wo sollen die denn bitte herkommen?«

»Die hat der spanische Gesandte im Gepäck.«

»Aber der muss doch schon seit Wochen, nein, Monaten unterwegs sein. Die wären doch schon längst verdorben.«

»Ach, Greta«, schaltet sich Salka ein. »Nutze sie als Symbol.«

»Als Symbol?«

»Für alles, was du liebst.«

Greta betrachtet die Trauben.

»Vielleicht könntest du eine essen und Antonio dabei ansehen?«, schlägt Rouben vor.

»Zu obszön«, befindet Greta.

»Und mit den Fingern stibitzen wirkt so, so –«

Salka hat das Wort noch nicht gefunden, da sagt Greta, »Einverstanden. Wir probieren etwas. Aber wir nehmen auch schon auf, sicherheitshalber.«

»Wunderbar, Greta. – Am Kamin, ja? Wir tun in der gesamten Szene so, wie wenn das Feuer die alleinige Lichtquelle wäre. Kamera? Alle in Position.«

Greta und John setzen sich auf das Fell vor dem Kamin. »John, reichst du mir dann einen besonders vollen Zweig?« Sie suchen ihn gemeinsam aus.

»Vielleicht mit beiden Händen«, ergänzt Rouben. »Als etwas ganz und gar Kostbares. Wie ein Geschenk – oder dich selbst.«

»Verstehe«, sagt John freundlich.

Greta streicht ihr Gewand glatt und legt sich der Länge nach hin, ein Bein aufgestellt.

»Auf dem Rücken!«, entfährt es Salka. »Rouben, das ist zu gewagt. Sie kann nicht am Morgen danach im Negligé auf dem Rücken liegen.«

»Aufnahme läuft.«

Antonio reicht der liegenden Christina beseelt den schweren Weintraubenzweig. Sie bestaunt ihn, betastet ihn, legt ihn auf ihrem Gesicht ab und liebkost ihn mit den Wangen –

»Was macht sie bloß?«, wispert Salka fasziniert.

Greta hält die Trauben über sich, so zärtlich wie den Kopf ihres Liebhabers. Schließlich öffnet sie den Mund, pflückt eine Weinbeere mit den Lippen und zerdrückt sie mit der Zunge am Gaumen.

»Erotischer als jeder Kuss«, flüstert Rouben hingerissen. »Mit offenem Mund und Zunge!«

»Die Zensoren werden schäumen.«

»Aber wieso, sie isst doch nur eine Weintraube.«

Greta hustet.

»Stopp«, ruft Rouben. »Greta, phantastisch.«

Sie setzt sich auf und hustet sich frei. »Wenn ich eins hier in diesem Atelier lerne, dann, dass man nicht auf dem Rücken liegt, wenn man Trauben essen möchte. – Und wie jetzt weiter?«

»Ja das ist eben die Frage.« Rouben steht von seinem Regie-

»Welche Musik?«, fragt Greta.

»Mir schwebt schon die ganze Zeit ein barockes Tok-tak vor, tok-tak-tok-tak-tok-tak« – Rouben ahmt gestisch ein Uhrwerk nach –, »und darüber eine beschwingte Melodie.« Er fährt sich durchs Haar. »Was würden Herr Sternberg und der große Fritz Lang –«

»Fritz Lang?«, fragt Salka nach. »Der alte Nazi?«

»Äh, er hat die Führerschaft über den deutschen Film doch abgelehnt, die Goebbels ihm angeboten hat«, antwortet Rouben. »Er ist jetzt auch im Exil. Wie Marlene, ohne jüdisch zu sein.«

»Oh.« Salka ist überrascht.

»Erinnert ihr euch an *M*?«

»Aber natürlich«, sagt Salka. »Mit meinem ehemaligen Bühnenpartner Peter Lorre als Kindsmörder und diesem aasigen Gustaf Gründgens.«

»Genau.« Rouben pfeift eine hektisch ansteigende Melodie. »Immer dann wird's in *M* bedrohlich.« Seine Augen wandern ruhelos, bis sie aufleuchten. »Wenn wir die Herberge im Schnee von außen in der Totale zum ersten Mal zeigen, legen wir schon diese Musik darunter, die dann voll erst in deinem Solo am Morgen danach ertönt. Und dieselbe Musik« – er breitet beide Arme aus – »verwenden wir dann auch für den tragischen Schluss! So binden wir die entscheidenden Wegmarken mit einer akustischen Klammer zusammen!« Seine Stimme zittert vor Glück.

Salka bemerkt, dass Greta Rouben zärtlich ansieht.

»Panerotisch wird das«, murmelt er quasi zu sich selbst. »Liebe an sich. Transzendent. Nur Garbo, der Raum, die Kamera –«

»– und wir, das Publikum«, ergänzt Salka.

»Das wird die Kulmination des Kinos.« Melancholisch putzt Rouben seine Brille am Hemdzipfel.

Am Kaminfeuer dreht sich Greta ab. »Lass sie reden.«

»Ich versteh dich.« John spielt schüchtern mit dem Saum ihres Nachthemds. »Du belebst ein letztes Mal den Stummfilm.«

Wir hören einen Motor brummen.

»Wird mein Tribut an Moje. Und Murnau.« Greta scheint den laufenden Motor nicht zu hören.

John auch nicht. »Das wird der Film deines Lebens. Nicht Christinas. *Deines.*«

Das tiefe Motorengeräusch wird lauter.

Ein überlanges Automobil fährt umsichtig durch eine schmale Gasse. Die hohen Wohnhäuser sehen ärmlich aus, trotz der schmiedeeisernen Balkongeländer. Sind wir in Paris? Vor einem einfachen Hotel, eher einer Absteige, hält der Wagen. Ein Chauffeur in Uniform steigt aus. Sofort bildet sich eine Traube von Kindern und Passanten um den Wagen, aber auch um den Chauffeur, denn sie haben wohl erst selten einen Schwarzen gesehen. Zusammen mit den Neugierigen verfolgen wir durch ein Fenster, wie er an der Rezeption den Portier anspricht. Der nickt und schickt einen Jungen eine enge Stiege hinauf. Nach einer Weile kehrt er mit drei abgerissen wirkenden Männern zurück. Sie staunen nicht schlecht, als sie den Chauffeur erblicken. Er weist einladend auf das Automobil, das die ganze Straße blockiert. Sie lachen und zeigen ihm den Vogel. Der Chauffeur bittet dringlicher, sie mögen einsteigen. Die drei albern herum und schubsen sich gegenseitig. Einer nimmt dem Chauffeur die Mütze ab, setzt sie sich selbst auf und spielt Autofahren. Der Chauffeur verbeugt sich höflich und wiederholt nochmals dasselbe. Die drei werden unsicher und besprechen sich. Der mit der Mütze fragt ungläubig nach. Dann zuckt er mit den Schultern und bittet den Portier, ein Telefongespräch führen zu dürfen. Er gibt bei der Vermittlung eine Adresse durch und schüttelt dabei den Kopf über sich selbst. Am anderen Ende meldet sich jemand. Der mit der Mütze katzbuckelt demütig und scheint sich zu entschuldigen – da lauscht er gebannt, hält inne, seine Augen werden größer und größer, er nickt, sieht seine Kameraden verwirrt an, nickt nochmals und legt auf. Höchst konsterniert erklärt er seinen Kumpels etwas. Sie glauben ihm nicht. Peinlich berührt von sich selbst gibt er dem Chauffeur, eine Entschuldigung murmelnd, die Mütze zurück. Zusammen komplimentieren sie die immer noch protestierenden Kameraden in das Auto. Der Junge bringt rasch noch eine erbetene Mappe, und schließlich fährt der Chauffeur langsam aus der Gasse, findet eine Avenue, einen breiten Boulevard, dann eine Landstraße, die durch eine Vorstadt führt. In der Ferne sehen wir ein riesiges Schloss – könnte Versailles sein. Das Automobil durchquert einen Park, ein schmiedeeisernes Tor öffnet sich, der geharkte Kiesweg führt zu einem weiteren Schloss, nein, Hotel. Auf den Stufen steht im Nadelstreifenanzug Marlene Dietrich und breitet die Arme aus.

Vor einem schlichten Mehrfamilienhaus stehen Signe und Erika. Am Ende der Straße sieht man die Kirche mit dem zu hohen Turm. Wir sind anscheinend wieder in Klosters. Erika schaut stirnrunzelnd an dem Gebäude hoch. »Immerhin sympathisieren unsere zukünftigen Nachbarn mit der ČSSR.«

Signe folgt ihrem Blick. Von einem Fenster hängt eine weiß-rote Flagge mit blauem Dreieck herunter. »Ob die auch die Fahne der Dominikanischen Republik gehisst haben, als die Amerikaner einmarschiert sind? Und warum nicht auch eine von Vietnam?« Sie drückt Erika einen Eimer und einen Korb mit Putzsachen in den Arm, um aus der Handtasche einen Schlüssel ziehen und die Eingangstür aufsperren zu können.

Drinnen hat Erika Mühe mit der Treppe. »Wir hätten doch etwas mit Fahrstuhl nehmen sollen. Oder Erdgeschoss.«

Signe hilft ihr, obwohl sie Eimer und Korb wieder an sich genommen hat. »Wird dich gelenkig halten.«

Im Obergeschoss öffnet sie die linke der beiden Türen. Sie entdeckt am Rahmen abgeplatzten Lack. »Diese Handwerker. Reparieren das eine und machen das andere kaputt.« In der Wohnung ist es schummrig. Langsam schlendern sie durch drei leere Räume. Signe fasst an einen Heizkörper. »Lau.«

»Wir brauchen dringend Lampen. Viel zu dunkel hier.« Erika zählt die Lichtauslässe in Decken und Wänden.

»Das Stäbchenparkett ist doch ganz schön«, meint Signe.

»Aber kein Fischgrät.«

»Hier im Wohnzimmer legen wir einen Teppich hin. Habt ihr nicht einen übrig?«

»Bevor ma pauvre maman nicht gestorben ist, kann ich nichts aus dem Haus holen.«

Signe deutet an eine Wand. »Hier passt mein Klavier hin.«

»Wann erlaubst du mir endlich, dir einen Flügel zu schenken?« Erika will sich bei ihr einhaken.

Signe dreht sich schwungvoll um. »Ach, sind die 1000 Dollar von der Garbo doch wieder aufgetaucht? Mit Zins- und Zinseszins von fünfunddreißig Jahren vielleicht?«

»Signissima, ich schwöre, ich weiß nicht, wovon sie redet. – Aber an die Wand da könnten eines Tages auch die beiden Lübecker Bücherschränke.«

»*Lübecker* Bücherschränke?«

»Ja. Alte Stücke aus dem Familienbesitz.«

»Aber ihr seid doch 33 geflohen? Wie –«

»Getreue halfen uns, einiges Wenige zu retten. – Komisch, ich hab beim Liegen mit diesen Kopfschmerzen dieser Tage viel daran gedacht. Muss wohl Salkas Buch sein, das die alten Erinnerungen weckt. Salka hatte es ja gut, weil sie 33 schon längst in Hollywood etabliert war. Unsereins dagegen –«

»Ihr hättet auch bleiben können. Zumindest noch eine ganze Weile. Das bisschen *Pfeffermühle* hat doch niemandem weh getan.«

»Hör mal! Ich wurde von den deutschen Bühnen boykottiert. Wir haben in der *Bonbonniere* Wand an Wand mit, nein gegen Hitler im Hofbräuhaus gespielt! Unsere Veranstaltungen wurden durch die SA massiv gestört!«

»Weihnachten 33 hab ich noch *Viktor und Viktoria* im Kino gesehen, Renate Müller im Frack, so anzüglich wie Marlene Dietrich zuvor. Es war noch manches möglich.« Signe geht in die Küche und inspiziert den Herd.

Erika folgt ihr. »Du warst zu jung, um das alles beurteilen zu können, Mümmelin.« Sie lässt sich auf einen einsamen Küchenstuhl mit dünnen Metallbeinen nieder.

Signe drückt einen Gasknebel. Man hört es rauschen. »Erst mit den Nürnberger Rassegesetzen hättet ihr wirklich gehen müssen. Und die kamen ja erst später. – Hast du mal ein Streichholz?«

Erika zieht eine Schachtel aus der Manteltasche. »Was sagst du da?«

»Du weißt doch besser als ich, dass du, deine Geschwister und deine Mutter so wenig einen Ariernachweis bekommen hätten wie deine Großeltern Pringsheim.« Signe hält die Flamme ins Gas. »Deine Mutter war eine getaufte Jüdin, ergo bist du eine Halbjüdin. Ja, ihr musstet fliehen –«

Erika blickt Signe entgeistert an. »Unsinn. Alles Unsinn.«

»– aber weniger panisch wäre auch gegangen. Dann hätten wir jetzt vielleicht einen schönen Teppich!« Signe merkt, dass ihre Bemerkung nicht gut ankommt. Rasch probiert sie die übrigen Flammen aus. »Der neue Herd ist prima. Ich wisch ihn ab, dann ist er einsatzbereit.« Aus ihrem Korb nimmt sie Spüli, Schwamm und Lappen.

»Die Nazis wollten meinem Vater, Klaus und mir aus *politischen* Gründen an die Gurgel.« Erika klopft eine Zigarette aus der Packung. »Meinem Vater haben sie nie verziehen, dass er in der Neuausgabe seiner unsäglichen *Betrachtungen eines Unpolitischen* die reaktionärsten Passagen gestrichen hatte. Und dass er in seinem berühmten *Appell an die Vernunft* das Bürgertum aufgerufen hatte, sich mit der Sozialdemokratie zu versöhnen. Und dass er die Rotte der Barbarei genauso verabscheute wie das niveaulose Gefasel von Rassereinheit und Übermenschentum. Ich weiß es noch wie gestern. Klaus und ich waren Anfang März zehn Tage Skifahren in Lenzerheide. Währenddessen waren die Wahlen vom 5. März. Als –«

»Ihr seid also nicht wählen gegangen?« Signe stellt den Eimer in die Spüle und prüft, wie heiß das einlaufende Wasser wird.

Erika entzündet die Zigarette. »Als wir am 11. März zurück in München waren, hingen überall Hakenkreuze – obwohl die Nazis bekanntlich nicht die absolute Mehrheit gewonnen hatten! –, und auf den Straßen verprügelte die SA jeden, der einen anders lautenden ›Volkswillen‹ äußerte. Otto Falckenberg, der Leiter der Kammerspiele, war wie viele andere in

›Schutzhaft‹ genommen.« Erika inhaliert tief. »Also riefen Klaus und ich unsere Eltern in Arosa an. Mein –«

»Deine Eltern sind also auch nicht wählen gegangen?« Signe wedelt mit dem Handrücken den Zigarettenrauch weg.

»Die waren doch unterwegs, mit dem Festvortrag zu Wagners fünfzigstem Todestag, von München nach Amsterdam, Brüssel und Paris, und schließlich direkt in den Urlaub nach Arosa. Dort riefen wir sie also an, vorerst bloß nicht heimzukommen. Klaus reiste sofort nach Paris zurück, ich packte für meinen Vater das Manuskript des dritten *Joseph*-Romans ein, *Joseph in Ägypten*, mitsamt den Vorarbeiten und Notizen, damit ihn nicht die Arbeit zurücklockte.« Erika sucht einen Aschenbecher.

Signe ist mit dem Herd fertig. »Ich putze auch gleich die Fenster. Ist doch schöner, wenn alles frisch ist. – Für die Küche nehmen wir was Fröhliches, oder? Als Vorhänge, meine ich.«

Erika sieht Signe leicht befremdet an. »Die Theres wollte erst nicht mit. Hitlers Lieblingsschauspielerin fühlte sich sicher. In Verkennung aller Tatsachen hatte der *Völkische Beobachter* früher mal gejubelt, *endlich ein deutsches Weib in diesem verjudeten Haus*.« Sie nimmt einen weiteren Zug und hält dann die Zigarette aufrecht, die Asche in Balance.

»In Verkennung –?«, fragt Signe irritiert.

»Therese ist waschechte Münchner Jüdin.«

»Diese bajuwarische Urgestalt?«

»Justement. So viel zum Rassenwahn der Nazis. – Doch kaum war ich weg, riss sie in den Kammerspielen wieder einen Witz, wurde denunziert –«

»Einen Witz?«

»Sie ist mit einem Hitler-Bild auf die Bühne.« Erika hält einen imaginären Rahmen in der Hand. Die Asche bleibt ruhig auf der Zigarettenspitze. »Probiert aus, wo es am besten zur Wirkung kommt, mal hier, mal da, kann sich nicht entscheiden, und sagt schließlich: ›Man weiß gar nicht, ob man ihn aufhängen oder an die Wand stellen soll.‹«

Signe reißt die Augen auf.

»Rolf, unser Klavierspieler in der *Pfeffermühle*, brachte sie von den Kammerspielen direkt an die Grenze zu Österreich, wo ich sie abholte. Schon am 15. März war sie ebenfalls in Arosa. – Mann, bin ich viel Auto gefahren in diesen Tagen, und das alles mit meinem alten Rumpelford, den ich bei dem Autorennen damals gewonnen hatte!«

Signe rückt den frisch gefüllten Eimer ans Küchenfenster.

»Und wenn du jetzt immer noch denkst, das war hektisch und panisch – es war gerade noch rechtzeitig«, fährt Erika fort. »Um den Publikumsliebling zurückzuzwingen, verschleppten die Nazis sofort Thereses Bruder Max nach Dachau. Später erfuhren wir, dass schon damals ein Schutzhaftbefehl gegen meinen Vater vorlag. Von wegen, wir hätten nicht gleich fliehen müssen.« Erika ascht in Signes Spülwasser.

Signe steht auf den Zehenspitzen und wischt eifrig.

Erika schnaubt durch die Nase. »Mitte April erschien dann der ›Protest der Richard-Wagner-Stadt München‹ gegen den Festvortrag meines Vaters, Ende April holten sie seine drei Autos aus der Poschingerstraße ab, im Mai wurden seine Bankkonten gesperrt und die Bücher von Onkel Heinrich sowie die von Klaus verbrannt. Am 1. Juli 33 hatten die Nazis unser Haus beschlagnahmt und bereits an eine Amerikanerin vermietet.«

Signe will ihren Lappen auswaschen. Sie stutzt – und sieht Erika ungläubig an. »Hm. – Und wie konntet ihr dann die Lübecker Bücherschränke retten?«

»Treue Hausangestellte gaben das ein oder andere ›zur Reparatur‹, besagte Schränke, den Schreibtisch meines Vaters, die silberne Taufschale, und natürlich –«

»Die Taufschale der Castorps aus dem *Zauberberg?*«

»Genau die. Nichts, was mein Vater schrieb, war erfunden. Alles déjà-vu où déjà lu.« Erika genießt Signes Erstaunen. »Aber des weitaus größeren Teils seines Vermögens wurde er beraubt. Der Literaturnobelpreis war ja keine vier Jahre her, die Volksausgabe der *Buddenbrooks* hatte sich über eine Million mal verkauft, *Der Zauberberg* war in den USA zum Bestseller geworden. Und dann: Alles geklaut und gestohlen!« Erika wirft ihre glimmende Kippe in den Eimer.

Signe scheint das ›alles‹ zu bezweifeln, sagt aber nichts. Stattdessen nimmt sie den Eimer, verlässt die Küche, wir hören eine Toilettenspülung, sie kommt zurück und füllt den Eimer neu.

»Mein Vater war weit eher zum Repräsentanten geboren als zum Märtyrer, und höchst Falsches musste geschehen, damit sich sein Leben so unnatürlich gestaltete. Die Stilwidrigkeit und Schicksalsirrtümlichkeit seiner Vertreibung bereitete ihm lähmendes Herzasthma, bis er seine Arbeit als Widerstand begriff. So konnte er den dritten *Joseph* vollenden. Die ganze Tetralogie: ein Hymnus auf das jüdische Volk im Angesicht seines Untergangs, und ich habe einen Teil davon für meinen Vater und die Welt gerettet.«

Signe dreht das Wasser ab. »I wo. – Mit den *Joseph*-Romanen hat er doch schon angefangen, lange bevor das in Deutschland losging. Zu Beginn hat ihn ganz anderes gefesselt, das Verhältnis von Mythos, Geschichte und Erzählung. Und er wollte eine Tetralogie zustande bringen, weil Wagner eine geschafft hat. Hinterher sagt es sich leicht, er habe den Juden ein Denkmal gesetzt, als sie – komm, nimm deinen Stuhl, ich mach im Wohnzimmer weiter.«

Sie ziehen in den nächsten Raum. Erika blickt sich kritisch um. »Wie sollen wir denn hier Gäste empfangen? Wir brauchen doch etwas Größeres. Ein Haus muss her.«

»Wir können Gäste auch in die *Grischuna* einladen. Wenn wir die Mittel dazu haben.« Signe taucht vor einem der beiden Fenster ihren Lappen ins Wasser. »Und du? Wie ging es denn damals bei dir weiter?«

Erika setzt sich zu ihr. »Ich hatte gerade mein zweites Kinderbuch fertig, *Muck der Zauberonkel*, aber Levy und Müller in Stuttgart konnten es nicht mehr herausbringen, es ist dann ein Jahr später in Basel erschienen. Therese und ich sind erst einmal nach Paris, wo wir die *Pfeffermühle* neu zu eröffnen hofften.«

»Auf Französisch?«

»Nein, auf Deutsch natürlich. Paris war seit dem Ermächtigungsgesetz und dem Aufruf zum Boykott jüdischer Geschäfte voll mit Flüchtlingen aus Deutschland. Fast die gesamte geistige Elite des Landes.« Erika pausiert, leicht vorwurfsvoll, doch Signe widmet sich ganz den Streifen auf dem Fenster. »Schriftsteller, Rechtsanwälte, Journalisten, Musiker. Da gab's für die *Pfeffermühle* also an sich schon ein Publikum. Es fehlte aber halt wie immer an Geld, man muss ja investieren, bevor wieder etwas hereinkommt, und so bat ich Annemarie aus Zürich ebenfalls nach Paris, die etwaig so ein Unternehmen anschieben konnte.«

»Welche Annemarie?«

»Erzähl ich dir später. Also, wir drei und Klaus gehen ins *Belle Aurore*, weil uns das *Maxim's* dann doch zu inakzeptabel plüschig vorkam im Sommer 33. Therese und ich erzählen Annemarie gerade von den zwei Münchner Programmen der *Pfeffermühle*, da rauscht Marlene Dietrich mit großer Entourage herein!«

Marlene Dietrich rauscht mit Ehemann, Tochter, einer Dame und zwei Herren in ein Nobelrestaurant. Sofort umschwärmen fünf Kellner die Angekommenen, nehmen ihnen die Hüte und Sommermäntel ab, geleiten sie zu einem bevorzugten Tisch und rücken die Stühle zurecht.

»Ach, schaut mal, wer da kommt!«, sagt Klaus Mann, der am kleinen Nachbartisch mit der jungen Erika sitzt, Therese Giehse und dem Bubi Annemarie Schwarzenbach.

Der untersetzte Patron eilt mit wehenden Frackschößen herbei, verneigt sich und verlangt mit einem Schnipsen neuen Blumenschmuck für Marlenes Tisch. Schon erkundigt sich der Oberkellner nach den Wünschen der Gäste für den Aperitif.

»Fast hätte ich sie im Abendkleid gar nicht erkannt!« Erika feixt.

»Wieso?«, fragt Annemarie.

»Berichtet die *NZZ* nicht über ihre Spaziergänge im Nadelstreifenanzug über die Champs-Élysées? Man hat die Stadtväter von Paris aufgefordert, sie deshalb auszuweisen.«

»Da hat sie auf den Herbstschauen dann gleich mal für ein Vermögen eingekauft, wie man sieht«, fügt Klaus hinzu.

Während die anderen über Marlene Dietrich reden, nimmt Therese Annemarie in Augenschein.

»Ach, noch eine Flasche Champagner!«, ruft Klaus, doch der Kellner eilt mit den Speisekarten zu Marlenes Tisch.

»Und welcher ist jetzt ihr gegenwärtiger Liebhaber?« Erika späht nach drüben.

»Und welcher ihr zukünftiger?« Klaus reckt den Kopf.

»Und ist die Frau ihre Geliebte?«

»Ich glaube, das ist die Geliebte ihres Mannes.«

»Die Tochter ist in Amerika aber dick geworden«, befindet Annemarie und rollt das r.

»Marlene hat sich mit ihrer Mutter und ihrer Schwester in Österreich getroffen und ist kein einziges Mal nach Deutschland.« Klaus zieht anerkennend die Mundwinkel herunter.

Währenddessen bestellt Rudi Champagner und Limonade. »Aber aus frisch gepressten Zitronen!« Dann beugt er sich über Marlenes Menükarte. »Muttilein, wenn du wirklich auf Kalbfleisch statt Lamm bestehst, dann musst du statt der Sellerie à la Grecque die Artischocken vinaigrette essen.« Flink weist er mit dem Zeigefinger hin und her. »Statt der Früherbsensuppe die cremige Gurkensuppe, statt der Soufflé-Kartoffeln die Pommes duchesse, statt der Gartenbohnen Blattspinat und statt der Endivien Tomatensalat. Ausgeschlossen ist die karamellisierte Birne, aber du könntest die Crème Brûlée wählen.«

Nebenan versiegt das Gespräch, weil man aufmerksam zuhört.

An Marlenes Tisch kommen die Getränke. »Halt!«, herrscht Rudi Heidede an. Er kostet selbst von ihrer Limonade und verzieht das Gesicht. »Das darfst du auf keinen Fall trinken! – Kellner, das ist ja ungeheuerlich. Diese Limonade ist aus Zitronen gerührt, die schon heute Morgen gepresst worden sind. Wahrscheinlich sind sie beim Frühstück übriggeblieben. Ungenießbar.« Mit einer herrischen Geste scheucht er Limonade und Kellner weg.

Ein weiterer Kellner hat bereits den Champagner ausgeschenkt. Marlene und ihre Entourage stoßen an.

»Papilein, ich kann dir nur danken, mich auf Maurice hingewiesen zu haben.« Marlene tätschelt den Mann zu ihrer Rechten. »Er ist ja so dufte! Wie er sich bewegt!«

Verstohlen zwinkern sich Erika, Therese und Klaus zu.

»Muttilein, ich habe dir gleich gesagt, dass er dich betören würde, dass du ihn dir anschauen musst. Siehst du? Ich hatte recht«, sagt Rudi.

»Ach, Papilein, ja! Natürlich hattest du recht. Aber du hast ja immer recht.«

Erika, Therese und Klaus mühen sich, nicht loszuprusten.

»Was ischt denn so luschtig?«, fragt Annemarie ratlos. Zwischendurch schielt sie nervös zu Therese.

»Willst du Marlene nicht begrüßen und ihr erzählen, dass die *Silhouette* würdig untergegangen ist, Frau Schwesting?« Weil Klaus den Nachbartisch beobachtet, bemerkt er nicht, dass Erika ihn mit spitzem Mund zu schweigen bittet. »Während es das *Eldorado* ja noch mit Hakenkreuzfahnen versucht hat«, fährt er unbeirrt fort.

»Wann kommt denn endlich unsere zweite Flasche Champagner?«, ruft Erika schnell dem Kellner nach, der eine neue Limonade bringt.

»Sie soll zwar einen Plattenvertrag mit der deutschen Polydor abgeschlossen haben, macht die Aufnahmen jedoch hier in Paris mit Musikern, die aus Deutschland vertrieben worden sind«, erläutert Therese Annemarie. »Täglich schickt sie ihren überlangen Cadillac in eine erbärmliche Klitsche, lässt ihre alten Kollegen aus dem *Blauen Engel* abholen und nach Versailles zu sich ins *Palace Trianon* bringen. Erst bewirtet sie sie anständig, dann proben sie und nehmen auf. Hat mir der Friedrich Hollaender erzählt.«

»Das wäre ein Coup, wenn wir den für die *Pfeffermühle* gewinnen könnten«, meint Erika.

»Wir müssen aber auch französische Künstler finden, sonst bekommen wir keine Auftrittsgenehmigung«, erinnert Therese.

Drüben schickt Rudi den Wein zurück, der die Vorspeise begleiten soll.

»Was für ein lächerlicher Aufstand!« Erika verdreht die Augen.

»Wie wenn Europa gerade kein dringenderes Problem hätte«, ergänzt Klaus. »Wo bleibt denn aber nun unser Champagner?«

»Also ins *Aurore* kann man nicht mehr gehen«, sagt Erika, »die Bedienung war erbärmlich.«

Signe ist beim zweiten Fenster. »Erzählst du mir jetzt von dieser Annemarie?«

»Ja, gleich. Ich hab dann abgewartet, bis Marlene nach vier Gängen und dem Käse zur Toilette verschwand, samt Tochter und der Geliebten ihres Mannes. Ich mit etwas Verzögerung hinterher. Doch bei den Damen, stell dir vor – lässt mich das Kind nicht hinein! Sie stellt sich in die Tür und breitet beide Arme aus. Und sieht mich an wie die Türsteherin früher in der *Silhouette*. Da höre ich aus zwei Kabinen Würgen, Spucken, Erbrechen, dann hastiges Spülen, Räuspern und Husten – und ich kehre auf dem Absatz um, bevor ich eine Marlene Dietrich in Verlegenheit bringe.«

Signe hält inne. »Das arme Kind. Hoffentlich hat sie ihr nicht auch noch den Finger in den Hals gesteckt. – Aber du sagst, Marlene Dietrich hat damals ihre Mutter nicht in Berlin besucht? Der hätten sie doch nichts getan!«

»Sie ist aus Anstand nicht zurückgegangen.« Erika wirft Signe einen strengen Blick zu.

»Weil sie es sich leisten konnte. Eigentlich ist sie ja überhaupt nicht emigriert, wie Salka war sie doch schon vorher weg. – Übrigens finde ich Salkas Memoiren noch schlechter als du. Enttäuschend wenig über die Garbo, und dann auch noch absichtlich vage. War zum Beispiel der deutsche Filmstar, der auf dem Sofa nicht Platz gemacht hat, die Dietrich?«

»Hast du eigentlich etwas gegen Marlene?«

»Man muss sich im Leben entscheiden. Aristoteles oder Platon, Goethe oder Schiller, Tolstoi oder Dostojewski, Brahms oder Wagner.« Signe grinst. »Garbo oder Dietrich.«

»Clemens Krauss oder Erika Mann?«

Signe fährt Erika mit dem Lappen übers Gesicht, aber nur fast.

»Marlene sieht übrigens mittlerweile aus wie der Damenimitator Max Waldon in der *Silhouette* damals«, schmunzelt Erika. Signe versteht sie nicht. »Na, wie bei Shakespeare, Viola in *Was ihr wollt*: Eine Frau, die einen Mann spielt, der eine Frau spielt.«

Sie glucksen.

»Jetzt erzähl aber endlich von dieser Annemarie.«

Erika seufzt. »Annemarie Schwarzenbach war die Tochter eines der bedeutendsten Seidenfabrikanten der Welt.«

»War? Schon tot?«

»Ja, schon tot. Offiziell ein Fahrradunfall. Inoffiziell –« Erika zündet sich eine neue Zigarette an. Signe nimmt ihr die Streichholzschachtel ab, kippt Hülse und Streichhölzer in Erikas Manteltasche und bestimmt die Lade zum Aschenbecher.

Erika genießt ihren ersten Zug. »Annemarie war bestürzend schön. Also, wenn man's flach mag. Aber sie hatte keinen Funken Humor. Sie hatte so etwas Schlappes. Es ist nicht viel herausgekommen bei ihr, weder menschlich noch produktiv. Bisschen Reisen, bisschen Whisky, bisschen Thun –«

»Ich mag es nicht, wenn du eure Drogen verharmlost.«

»– Verzweiflung an der Welt, an sich selbst –«

»Verzweiflung an dir?«

»Ich habe sie damals auch nach Paris gebeten, damit sie mich mit Therese erlebt. Mein Gott, sie konnte jede haben, warum dann ausgerechnet mich?«

Wir sehen, Signe sympathisiert mit Annemarie.

»An jenem Abend schien es mir einmal, als ob sie selbst Marlene Dietrich aufgefallen wäre!«

»Und wie ging's dann weiter?« Signe poliert den Fensterknauf.

»Unsere Pläne erwiesen sich als nicht realisierbar. In Frankreich waren Annemarie die Hände gebunden, aber in der Schweiz konnte sie uns diskret unterstützen. Und so landeten wir schließlich in Zürich, auch weil Therese ein Engagement am dortigen Schauspielhaus erhielt. Und meine Eltern nachkamen. Mein Vater war aber mit der einzige Emigrant, den die Schweiz freundlich aufnahm. Es war so schwer, Arbeitsbewilligungen zu bekommen. Annemarie vermittelte uns Schweizer Künstler, denn ohne Inländer hätte uns die Fremdenpolizei gar nicht auftreten lassen, ganz wie in Paris. Im *Hirschen* in der Altstadt, Niederdorfstraße, fand ich eine Spielstätte, aber das war eine Mischung aus Stundenhotel und Bierkaschemme.« Erika lacht, halb vergnügt, halb bitter. »Im Engimatthof, einer Herberge für Junggesellen, mieteten Therese und ich zwei Zimmer – noch bescheidener als das hier.« Erika betrachtet Tür und Laibung. »Aber damals waren wir jung.«

Signe dreht sich um, den Lappen in der Hand, und lehnt sich an den Heizkörper. »Du hast Angst, dass dir das hier zu eng wird, nicht?«

»Ach, Signe.« Erikas Augen füllen sich mit Tränen. »Ist das hier wirklich unser Traum? Unser Niemandshäuschen?«

»Ja, Muckerl. Macht dir unser Niemandshäuschen Angst,

weil es kein Traum mehr ist, sondern schnöde Wirklichkeit?« Signe legt ihre Hand auf Erikas Schulter.

»I gfrei mi damisch auf das Le'm mit dir. – Aber sollen wir uns nicht doch lieber in Bayern niederlassen? Du weißt doch: Heiße Frau Motzknödel, bin Leberknödler, wohnhaft zu Breznhausen im Senftal.« Erika spielt mit Signes Fingern.

»Bist du wieder mit deiner blau-weißen Blindheit geschlagen?« Signe deutet mit dem Kopf zum Fenster der Nachbarn. »Es hat sich ein zweiter Student in Prag angezündet. Es wird Krieg geben. Lass uns lieber in der Schweiz bleiben. Die haben es noch immer geschafft, sich aus allem rauszuhalten.«

»Und dabei Geld zu verdienen. – Könnten jetzt schon ein paar Tschechen reinlassen. Die sollen doch so gute Handwerker sein.«

»Wenn ich dir auf die Nerven gehe, kannst du immer für ein paar Nächte ins *Pardenn*. – À propos, wir sollten jetzt endlich wenigstens die ersten zwei Wochen begleichen.«

»Nicht so voreilig. Der Herr Direktor wird sein Geld schon irgendwann bekommen, zumindest das, was er verdient.« Erika zieht ein letztes Mal an ihrer Zigarette.

Signe öffnet das Fenster und wirft die Kippe hinaus. »Muckerl, wir müssen über Geld reden. Und über Drogen. Und dein mörderisches Rauchen.«

»Ach geh. Ich bin doch unzerstörbar, mir Hornvieh schadet nichts.«

»Du verharmlost deine ›Kräuter‹ und ›Bonbons‹ und ›Pülverchen‹ viel zu sehr.«

»Anders hält dein Stoffel die stickschwüle Atmosphäre zu Hause nicht aus. Wenn ich so gar zerfranst, verrupft und angefeindet werde.«

»Unser Niemandshäuschen soll uns das Leben erleichtern, da sind deine Mittelchen doch gar nicht mehr notwendig.«

Erika atmet schwer auf und nickt. »Und du? Wirst du auch etwas für mich tun? Vielleicht nicht mehr gar so früh aufstehen?«

»Muckerl, das geht nicht, ich muss in der Früh mit den Hunden raus.«

Erika lächelt sanft. »Wie viele Hunde werden wir eigentlich haben?«

Signe küsst Erikas Hand. »Das überlegen wir im Frühling, nach der Schneeschmelze.« Sie stößt sich von der Heizung ab und räumt die Putzsachen zusammen.

Erika hilft ihr. »Wenn du mit Salkas Memoiren fertig bist, kannst du ja jetzt *Mephisto* lesen.«

Signe überlegt. »Sollen wir nach Davos in die Buchhandlung?«

»Würde mich wundern, wenn ausgerechnet die das Buch haben.«

»Wir rufen vorher an. – Ich würde auch gern mal wieder den Berghof sehen.« Signe geht in die Küche und stellt den Eimer umgekehrt in den Spülstein.

»Soll ich dir was beichten? Ich war noch nie dort.«

»Wie – du warst noch nie auf dem Zauberberg?«

»Nein! Was für Davos allgemein gilt, gilt noch viel mehr für den Berghof. Familie Mann non grata.«

»Na, dann sollten wir das schleunigst nachholen.« Signe zögert. »Wir könnten Frau Viertel und die Garbo mitnehmen.«

»Eine Spritztour mit dem Auto? Wenn die Wege geräumt sind?«

Mercedes räumt eine Taurolle aus dem Weg und weicht einem Schauspieler im Waffenrock und mit angeklebtem Spitzbart aus. Neben den Bug eines Segelschiffs hat man das dazugehörige Schiffsdeck nachgebaut, mit Anker und Beiboot, Mast und Takelage. Wir sind wohl wieder am Set von *Königin Christine*. Paravents versperren die Sicht auf die Szene, die gerade aufgenommen wird. Mercedes bemüht sich, nicht aufzufallen, tritt leise auf, macht dem Kabelträger Platz. Als der Junge mit der Klappe sie verscheuchen will, legt sie begütigend ihren Zeigefinger auf die Lippen. Neben einem Beleuchter findet sie einen Winkel, durch den sie sehen kann, was die Kamera aufnimmt. Mercedes erstaunt. Oder erschrickt. Oder beides.

»Sie ist so unfassbar schön«, murmelt sie.

»Ja, das war die Annie Johnson«, meint der Beleuchter.

»Annie Johnson?« Mercedes dreht alarmiert den Kopf.

»Stopp, danke«, hören wir Roubens Stimme.

Sogleich hantiert der Beleuchter mit seinem Scheinwerfer. Mercedes fürchtet, bemerkt zu werden, und schleicht wieder davon. Wir folgen ihr zum Ausgang.

»Hi Mercedes!« John Gilbert, weites Hemd, Kniehosen, Strümpfe, öffnet ihr zuvorkommend die Tür.

»Oh, hi John! Schön dich zu sehen. Wie geht's?«

»Ich soll gleich sterben, weiß aber nicht wie. Vielleicht bin ich auch schon tot.« Er deutet mit dem Kopf ins Atelier. »Sie rätseln noch. – Besuchst du Greta?« Mercedes bejaht. »Sag ihr doch – ach nein.« John winkt ab.

Verlegen verabschieden sie sich.

Mercedes schlendert durch Flure und ein Treppenhaus, betritt, ohne anzuklopfen, eine Künstlergarderobe und nimmt auf einem Sessel Platz. Wartend betrachtet sie die Pinsel und Stifte, Quasten und Döschen vor dem großen Spiegel, den links und rechts Glühbirnen hell erleuchten. Ein Grammophon steht auf einer Anrichte daneben. Mercedes studiert mit schräg gelegtem Kopf die Titel der Schallplatten.

Die Tür geht auf. Greta stutzt. Im Federhut, stoffreichem Samtkleid und klobigen Handschuhen bis zum Ellbogen. »Wusst ich's doch. Du warst im Atelier, stimmt's?«

»Nur ganz kurz. Soll ich verschwinden?«

Greta zögert, schließt dann aber die Tür hinter sich. »Wir machen ohnehin eine künstlerische Zwangspause. Salkas Schluss funktioniert nicht.«

Jauchzt Mercedes kurz auf? »Oh das tut mir aber leid.«

»Soso.« Greta nimmt den großen Hut ab und hängt ihn an einen Haken. »Ich habe meine Garderobiere schon in den Feierabend geschickt. Hilf mir mal.« Sie dreht sich um. Während Mercedes die Häkchen des überfallenden Kragens löst, knöpft Greta ihr Oberteil vorne auf. »Antonio ist im Duell von meinem Exliebhaber, dem Schatzmeister, getötet worden. Christina verzweifelt.« Greta schlüpft aus der Jacke und nestelt an ihrem weiten Rock. Mercedes bemüht sich vergeblich, nicht hinzugucken. »Wir sehen zuletzt das Schiff in die Ferne segeln, alle sind traurig, auf der Leinwand und im Publikum. Total deprimierend. Mayer ist außer sich.« Greta zieht einen gestreiften Herrenbademantel über, während Mercedes Rock und Oberteil sorgsam an den Garderobenständer hängt. Unwirsch zupft Greta den Stoff zurecht. »Ich darf nur bis zu der ersten Liebesnacht in der Herberge Hosen tragen. Wenn der spanische Gesandte mich dann zur Frau gemacht hat« – sie wirft Mercedes einen Blick zu –, »muss ich enge Mieder mit tiefem Ausschnitt und Röcke tragen.« Sie schnaubt sarkastisch durch die Nase.

»Aber das schmale Kleid in Schwarz mit dem weißen Tellerkragen ist doch sensationell.«

»Deine Farben, was? Adrian meint, das sei mein Nonnenhabit, das nehme den Schluss schon vorweg.« Greta wirft sich auf das Sofa und zündet sich eine Zigarette an.

Mercedes setzt sich wieder auf den Sessel. »Und das weiße Nachthemd, mit dem du vor der Abdankung durch den leeren Thronsaal geisterst, ist auch sehr gelungen. – Marlene tobt.«

Greta wendet nur die Augen Mercedes zu. »Ah ja?«

»Nachdem du jetzt eine schwedische Königin verkörperst, sucht Sternberg eine Rolle für sie, die deine noch übertrumpft.«

»Ein König also? Oder ein Pharao?«

»Nein, eine deutschstämmige Kaiserin. Katharina die Große von Russland. Weißt du, wie der Film heißen soll?«

»Du wirst es mir gleich sagen.«

»*Her Regiment of Lovers*.«

Greta sieht Mercedes verdutzt an. »Christina hat nur zwei Liebhaber, also –«

»– bekommt Katharina ein ganzes Regiment.« Mercedes kichert. »Marlene hat deine Pelzmütze gesehen. In der Szene, wenn du dich dem aufgebrachten Mob entgegenstellst, der gegen den Ausländer hetzt. Sie arbeitet schon an einer Fellmütze, die doppelt so hoch wie deine sein wird.«

»Woher weißt du das alles?«

»Von ihr selber.«

»Aha.«

»Wir sind nur noch gute Freunde. Und ich habe immer nur dich geliebt, Greta.«

»Hm.«

»Und was war mit Annie Johnson?«

»Annie Johnson?« Greta schmunzelt. »Ja, die war aufregend.« Sie genießt den Moment. »Ungewöhnlich. Ganz was Neues.«

Mercedes blickt zu Boden. »Im Übrigen«, bringt sie dann heraus, »wird Marlene nie etwas leisten wie du in dieser Herberge am Morgen danach. Sie kann so viel Bein zeigen, wie sie will, dein Spiel ist viel sinnlicher, ganz ohne jede nackte Haut. – Rouben war so nett, mir den Rohschnitt zu zeigen.«

»Wir haben die einzelnen Einstellungen mit einem Metronom begleitet. Damit ich immer im Takt bleibe und er die Schnitte rhythmisch dazu passend einrichten kann.«

»Mangelnder Rhythmus war doch noch nie dein Problem.«

Sie sehen sich an. Mercedes beugt sich vor.

Greta zieht an ihrer Zigarette, bläst den Rauch aus und sieht ihm hinterher. »Auch mit John nicht.«

Mercedes schiebt den Unterkiefer vor. »Ich hoffe nur, dass er den Film nicht kaputt macht. Warum bloß er?«

»Weil ich Louis B. Mayer eins auswischen will. Es war nicht recht, dass er ihn mit dem Tonfilm hat fallenlassen. Johns Stimme ist völlig in Ordnung.«

Es klopft.

»Herein«, ruft Greta leicht gereizt.

Rouben tritt ein, aufgeregt. »Greta, ich habe eine Idee für den Schluss. – Oh, hallo Mercedes.« Umstandslos setzt er sich neben Greta aufs Sofa. »Antonio ist doch noch nicht tot, wenn du an Bord kommst, sondern stirbt erst in deinen Armen. Das erlaubt euch ein wehmütiges Wiedersehen und dir eine großartige Spielszene, wenn du seinen Tod erst nicht glauben kannst und dann nach und nach begreifst, dass die Abdankung umsonst war. – Kannst du weinen? So richtig mit Tränen?«

»Selbstverständlich.« Greta grinst Mercedes ganz leicht an.

»Und dann nehmen wir als letzte Einstellung nicht das Schiff auf, wie es wegfährt, sondern Christina, auf die die Kamera zufährt. Salkas Idee, den Film mit einer Bewegung zu beenden, ist richtig, aber unausgegoren. Idealerweise würde die Kamera von weitem auf dich zufahren, näher und näher, ohne Schnitt von der Totalen bis zur extremen Großaufnahme, Stirn, Kinn.« Rouben rahmt sein eigenes Gesicht mit den Händen. »Leider ist das so nicht möglich. Die Brennweite dürfte zwar hinhauen, wenn wir ein Objektiv irgendwo zwischen normal und lang nehmen, aber so einen dynamischen Diffusionsfilter gibt es nicht. Deshalb weiß ich gar nicht, ob das technisch überhaupt klappen kann. – Aber, was sagst du denn dazu?«

»Hm. – Aber ich würde es nicht so spielen, dass die Abdankung ganz umsonst war. Sonst reduzieren wir alles nur auf diese dämliche Liebesgeschichte.«

»Oh –?«, macht Rouben überrascht.

»Ich möchte es so aussehen lassen, als ob Christina am Ende resigniert, der ganzen Kämpfe müde ist, ernüchtert von der Politik und denen, die das Gute immer verhindern wollen. Wenn der aufgebrachte Mob das Schloss stürmt und Christina sich ihnen ganz allein entgegenstellt – da müsste ein Wortwechsel kommen, der ihre schönen politischen Hoffnungen an der Wirklichkeit und den Menschen, wie sie eben sind, zerschellen lässt. Das wäre dann ein zweiter, vielleicht der eigentliche Grund für ihre Abdankung.«

»Die Szene ist doch aber schon abgedreht«, sagt Rouben perplex. »Die können wir nicht noch einmal wiederholen. Die Produktionskosten sind jetzt schon höher als eine Million Dollar, so teuer war noch keiner deiner Filme.«

»Das Problem ist halt Salkas Drehbuch«, bemerkt Mercedes.

»Wenn jemand den Stoff davor geschützt hat, nur eine blöde Romanze zu werden, dann Salka!«, knurrt Greta sie an. Sie richtet sich wieder an Rouben. »Dieser Film wird das Bild von Millionen von Kinogängern prägen, die vorher nie etwas von Christina gehört haben, und sie werden nun glauben, diese große Königin habe wegen eines kleinen Spaniers abgedankt. Ehrlich gesagt schäme ich mich. Ich wache oft nachts auf und fürchte mich vor den Reaktionen in Schweden. Das Schlimmste ist, dort werden sie denken, ich wüsste es nicht besser! Die ganze Recherche war vergebens.«

»War sie nicht«, widerspricht Rouben. »Wir wissen so wenig von Christina, und die Zeiten haben sich so sehr verändert – möglicherweise führt uns unsere Imagination sogar sehr nah an sie als Person!«

»Bis zur Mitte ist der Film ganz gut, danach wird er durch die konventionellen Liebeshändel kaputt gemacht. Es ist einfach nicht möglich, hier in Hollywood etwas Außergewöhnliches zu schaffen. Es war das letzte Mal, dass ich es versucht habe.«

»Aber Greta – wenn dir so viel an der historischen Wahrheit liegt, hättest du die Rolle gar nicht übernehmen dürfen. Christina war klein, verwachsen und hässlich, sie war brünett und hatte eine große Nase, das weiß man übrigens auch in Schweden.« Rouben pausiert, Greta gibt ihm, wenn auch widerwillig, mit zusammengepressten Lippen recht. »Uns geht es doch um eine höhere Wahrheit«, fährt er fort. »Wir wissen von ihren Männerkleidern, von Ebba, von ihrer Liebe zu den Wissenschaften und Künsten und ihrem Willen zum Frieden. Davon hast du doch sehr viel eingefangen.«

Greta wirkt etwas beruhigt.

Es klopft wieder. »Herein«, ruft sie abermals.

»Miss Garbo, ist Mr Mamoulian bei Ihnen?« Ein junger Bote streckt den Kopf herein. Er entdeckt Rouben und händigt ihm mehrere Papiere aus. »Hier, von Mr Mayer persönlich.«

Rouben überfliegt das oberste Blatt und fängt an zu gackern. »Wisst ihr, wie die Publicity-Abteilung den Film ankündigen will? *Eine Königin, deren Affären so modern waren wie die Boulevardzeitung von morgen!*«

Greta stöhnt auf, sinkt in sich zusammen und vergräbt ihr Gesicht in den Händen.

»Und was haben wir hier?« Rouben blättert weiter. »Das Hays Office. Aha.« Er liest. »Wir sollen deinen Text am Morgen danach streichen, den mit Gott und den atmenden und lebenden Geschöpfen. Kommt gar nicht in Frage, du hast das so bewegend gesprochen.« Er liest weiter. »Und dein phänomenales Solo wollen sie auch kürzen.« Er verstellt die Stimme. *»Die Szene sollte mit dem Spinnrad enden. Miss Garbo sollte ganz vom Bett ferngehalten werden.«* Rouben sieht wie eine strenge Tante über den Rand seiner dicken Brille. *»Wie sie da quer auf dem Bett liegt und das Kissen streichelt, ist unserer Meinung nach höchst anstößig.«* Er lacht aus vollem Hals.

Mercedes verkneift sich ein Grinsen, Greta bleibt ernst.

»Die können uns nichts«, sagt Rouben. »Christina sagt und tut nichts Anstößiges. Ich habe mit Mayer schon gesprochen. Zur Not zeigen wir den Film auch ohne Freigabe vom Hays Office. Dann kommt das Publikum erst recht in Scharen. – Allerdings brauchen wir dazu einen guten Schluss. Also Greta, was sagst du zu meiner Idee, dich zuletzt in einer Großaufnahme zu zeigen, immer näher und näher an dich heran?«

Greta zuckt mit den Schultern. »Ich möchte aber nicht an der Bahre hocken bleiben«, sagt sie schließlich. »Am Ende muss sie sich von Antonio lösen.«

»Einverstanden. Wenn du von ihm Abschied nimmst, legen wir die Musik aus der Herbergsszene darunter, da heulen alle Frauen im Publikum Rotz und Wasser. Aber dann kommt noch mal ein neuer Impuls.«

»Aage könnte dich fragen, ob du immer noch segeln möchtest«, schlägt Mercedes vor, »und du denkst nach und legst alles in dein Gesicht, was dieser Film nicht hat ausdrücken können, und sagst dann sehr bewusst: ja. So wird deine Entscheidung am Ende doch eine freie, genau wie die der historischen Christina.«

Rouben ist merklich beeindruckt von Mercedes' Vorschlag. Greta überlegt und nickt. »Und so, wie damals in der Herberge der Anfang auch ein Abschied war, wird nun der Abschied auch ein Anfang.«

Sie sehen sich alle drei an, sie wissen, sie haben es.

»Wie das Lebensrad. Alles kehrt wieder in ewigem Kreis«, sagt Mercedes.

»Wie? Was hast du gesagt?« Rouben fährt auf wie elektrisiert. »Das Lebensrad? Das ist es!«

Greta und Mercedes sehen ihn freundlich erstaunt an.

»Erinnert ihr euch nicht an das Lebensrad? Das Kinderspielzeug früher? Zum Durchgucken, und wenn man dreht, erscheinen bewegte Bilder?« Rouben ist ganz außer sich.

Mercedes und Greta tauschen einen Blick.

Rouben schlägt sich vor die Stirn. »Alles, was wir für diese lange Kamerafahrt auf dich zu brauchen, ist ein Stückchen Glas mit abgestufter Streuung, das wir drehbar vor das Kameraobjektiv montieren!« Rouben wirft sich glücklich zurück in die Lehne des Sofas. »Das schafft die Kameraabteilung in einem Tag.«

»Klingt nach Filmgeschichte«, meint Mercedes ergriffen.

Rouben schnellt wieder nach vorne und gestikuliert. »Wir nehmen die Segel auf, wie sie sich im Wind blähen. Der Kapitän ruft, der Maat pfeift, die Matrosen klettern in die Takelage, alles setzt sich in Bewegung, um das Schiff flottzumachen.«

»Kann ich dann nicht ganz nach vorne zum Bug gehen, so, wie ich es auf der *Annie Johnson* immer gemacht habe?«

Mercedes' Kinnlade fällt herunter. »Annie –?« Erleichtert atmet sie auf.

»Wunderbar, Greta! Die Kamera begleitet dich auf dem Weg, vorbei an Taurollen, Beiboot und Anker, Schnitt, und dann unsere letzte Einstellung von schräg vorne, der Wind greift in deine Haare, und du blickst unverwandt zum Horizont an der Kamera vorbei in die Zukunft, und wir kommen dir näher und näher, bis dein Gesicht die ganze Leinwand einnimmt. Mindestens eine Minute, wenn nicht länger.«

Greta runzelt die Stirn. »Und was soll ich dabei denken?«

Rouben stützt das Kinn in eine Hand. »Nichts. Überhaupt nichts. Du musst deinen Verstand und dein Herz völlig leer machen. Wenn du kannst, blinzele nicht einmal, trotz der Windmaschine. Mach dein Gesicht zu einer Maske.«

»So ein Blödsinn«, geht Mercedes dazwischen. »Was für ein törichter Einfall für eine Schauspielerin, deren Ruhm darauf beruht, Gedanken sichtbar machen zu können. Soll sie etwa innerlich bis sechzig zählen?«

»Hör nicht auf sie«, beschwört Rouben Greta. »Welches Gefühl du auch darstellst, ob du schluchzt oder tobst, ein Teil des Publikums wird nicht einverstanden sein. Wenn du aber dein unfassbar schönes Gesicht rätselhaft unbestimmt machst, dann werden wir alle unsere eigenen Gedanken und Sehnsüchte darin erkennen.«

»Du meinst, weil wir alle sehen, was wir wollen?«

»Genau so. An dieser Stelle verwandelt der Film uns Zuschauende in selbst Schaffende, und dein Nicht-Spiel wird zur Quintessenz der Schauspielkunst.« Rouben wendet sich an Mercedes. »Keine fotografierten Gedanken mehr, sondern ihre Transzendenz.«

Mercedes steht entrüstet auf. »Das ist ein ungeheuerlicher, höchst riskanter Vorschlag, der deine Karriere gefährdet. Greta, du willst doch nicht ernstlich Marlene Dietrich nachmachen und deinem Regisseur blind gehorchen?«

Greta wirft ihr einen abschätzigen Blick zu. »Rouben, gib den Technikern Bescheid, sie sollen diesen Diffusor entwickeln.«

Rouben springt auf, deutet einen militärischen Gruß an und verschwindet pfeifend.

»Und für dich ist es jetzt Zeit zu sterben, mein kleiner Spanier.« Greta deutet zur Tür.

»Aber Greta«, sagt Mercedes tonlos. »Ich habe ein Gedicht gemacht. Willst du's hören? Es heißt *Du gehörst zu mir.*«

Greta hat eine Schallplatte aufgelegt. Es knistert.

Nur wer die Sehnsucht kennt, weiß, was ich leide,

singt eine tiefe Frauenstimme. – Haben wir das nicht schon einmal gehört?

»Ich muss proben, meinem Gesicht jeden Ausdruck zu rauben.« Greta öffnet die Tür. Mercedes fügt sich widerwillig.

»Und du weißt, es ist nicht das erste Mal, dass ich Marlene Dietrich parodiere«, sagt Greta mit sardonischem Lächeln.

Der junge Bote kommt noch einmal zurück. »Miss Garbo? Schöne Grüße aus der Fanpost-Abteilung. Den hier trauen sie sich nicht zu verbrennen.« Er überreicht Greta einen stattlichen Briefumschlag. Wir erkennen ein Wappen, einen Adler vielleicht. Greta nimmt ihn zögerlich entgegen, liest den Absender – und sieht Mercedes mit schreckgeweiteten Augen an.

Vollkommen ausdruckslos blickt eine füllige Figur im rosafarbenen Babydoll ins Publikum, eine strohblonde Perücke auf dem Kopf. Wie eine Diva hebt sie einen Arm, nackt und fleischig, den anderen streckt sie weit von sich. Dann verzieht sie ihr Gesicht zu einer Schweinsvisage und grunzt.

»Ich bin die Dummheit, hört mein Lied
Und nehmt es nicht zu leicht.
Nichts gibt's, so weit das Auge sieht,
Das mir an Dummheit gleicht.«

Hier und da hört man Lachen im Publikum, doch die meisten Gäste, allesamt in feiner Abendgarderobe, verfolgen gebannt Therese Giehse, jetzt erkennen wir sie.

»Der Leute Hirn verklebe ich,
Ich nag an der Substanz.
Von ihrem Stumpfsinn lebe ich,
Es ist ein toller Tanz.«

Seitlich hinter dem Vorhang linst Erika in ihrem froschgrünen Gehrock samt Narrenkragen in die Reihen. »Sie ist doch noch gekommen«, raunt sie leise über die Schulter. »Rasch, einen Blumenstrauß besorgt, aber nicht geizig!«

Lautlos tritt Annemarie hinzu und späht ebenfalls in den Saal.

»Die hohen Herrn tun alles, was ich will
In blutger Narretei.
Und ihre Völker halten still.
Denn ich bin stets dabei.
Ja, um Gottes willen, bin ich dumm!«

»Warum hast du sie eingeladen?«, fragt Annemarie flüsternd. »In Paris bist du ihr doch ausgewichen?«

»Am Ende steht der Untergang,
Den ich herbeigeführt.
Passt auf, es dauert nicht mehr lang,
Und dann ist es passiert.«

Die Dummheit legt eine Pause ein. Im stuckgeschmückten Saal hält man den Atem an.

»Wo hat sie bloß ihre Entourage?«, wundert sich Erika. »Um sie herum sind die Plätze frei. – Einen Tisch in der Bar bestellt!«, ruft sie halblaut nach hinten. »Champagner!«

»Was sagt ihr? Nein?! Ihr kennt mich jetzt?
Ich selbst hätt' es vollbracht?
Ihr meidet und benennt mich jetzt?
Was hab ich bloß gemacht?!«

»Leute, ich singe im Schlusslied nicht mit, ich muss Frau Dietrich begrüßen«, verkündet Erika den anderen. Sie stutzt. »Klaus? – Was hast du denn da?«

Ihr Bruder lässt ein Beutelchen am Finger baumeln. »Eukodal. Zum Spritzen. Du wirst staunen! Wir haben schließlich was zu feiern. Ich habe euch Ehemänner verschafft.«

Draußen auf der Bühne klart sich Thereses Gesicht allmählich auf.

»Wär's möglich, dass ...? Pfui, die Vernunft!
Welch tödlich sanftes Licht.
Schon bin ich ohne Unterkunft,
Weh, ich begreif es nicht ...
Ja, um Gottes willen, war ich dumm!«

Eine ganze Weile schweigt das Publikum. Dann braust Applaus auf. Einzelne Gäste erheben sich sogar. Ohne auf die Bravo-Rufe zu achten, geht Therese von der Bühne ab. Erika schleicht in den Saal, nähert sich Marlene und verbeugt sich stilvoll.

Marlene scheucht Heidede einen Stuhl weiter und bedeutet Erika, Platz zu nehmen. »Danke für die Einladung, Frau Mann.«

Auf der Bühne beginnt die Schlussnummer, alle Mitwirkenden versammeln sich um das Klavier.

»Es tanzten alle Puppen
's war auf der Bühne Licht«

»Aber sagen Sie – kennen wir uns nicht schon persönlich? Mir kommt's auf einmal so vor.« Marlene prüft Erika rasch von oben bis unten. »Letztes Jahr in Paris? Im *Maxim's*? Oder war's im *Belle Aurore*?«

»Ich glaube, in Berlin sind wir uns seinerzeit über den Weg gelaufen.«

»*Eldorado*?«

»*Silhouette*?«

Über beider Gesichter huscht ein Lächeln, halb süffisant, halb verschämt. Kramen etwa beide in ihrem Gedächtnis, ob sie –?

Marlene fängt sich als Erste. »Ich hoffe, Ihr Onkel Heinrich ist mit der Zeit darüber hinweggekommen, dass ich und nicht seine damalige Geliebte die Lola Lola verkörpert habe.«

»Mittlerweile ist er überaus froh darüber. Seine Ex zieht es vor, weiter in Berlin zu singen und zu tanzen. Als Jüdin mit Sondergenehmigung von Joseph Goebbels persönlich.«

Der Herr vor ihnen dreht sich um. Sein Ärger wandelt sich in Verlegenheit, als er erkennt, wer hinter ihm sitzt. Erika und Marlene verstummen, hören nun zu und spenden eifrig Beifall. Ein Bote überreicht Marlene ein üppiges Blumenbukett.

»Danke, dass Sie uns heute beehren«, sagt Erika. »Dürfen wir Sie noch einladen? In der Bar wartet Champagner auf uns.«

»Champagner? Immer.« Marlene drückt Heidede die Blumen in den Arm und folgt Erika.

Die Wände der Bar sind mit Palmen expressiv bemalt. Klaus sitzt dort schon mit Annemarie. Aber – was ist denn mit ihren Pupillen los? »Meinen Freund W. H. Auden für Erika und dessen Freund John Hampson-Simpson für die Theres«, erzählt er ihr gerade mit schwerer Zunge, als Erika, Marlene und Heidede zu ihnen treten. Sie erheben sich, mit etwas Mühe.

»Schwarzenbach«, sagt Annemarie leise und reicht Marlene die Hand.

Marlene hält sie länger als üblich. »Schwarzenbach? Der Seiden-Schwarzenbach?«

Annemarie nickt mit niedergeschlagenen Augen.

»Allerfeinste Ware! Lasse ich mir sogar nach Hollywood liefern. Angenehm. – Und wir?«, fragt Marlene Klaus gedehnt. »Kennen wir uns nicht auch aus Berlin?«

Klaus will gerade antworten, da kommt der Kellner im schwarzen Frack und öffnet den Champagner. Sie stoßen an. Erika bemerkt Klaus' und Annemaries Stecknadelpupillen.

»Schönes Programm, das Sie da zusammengestellt haben«, sagt Marlene freundlich. »Erinnert mich an meine Anfänge. Seit wann spielen Sie denn?«

»Letztes Jahr in München, Januar und Februar noch in der *Bonbonniere*, um dann Ende September hier in Zürich wiederzueröffnen, anfangs im *Hirschen*, jetzt hier im *Kursaal Henneberg*.« Erika deutet auf das Ambiente. »Das ist schon unser drittes Programm im Exil.«

»Die *Pfeffermühle* ist das erste politische Kabarett auf Schweizer Boden«, bemerkt Klaus. »Erikas Erfolg ist ovationell. Von Seiten der bürgerlichen Presse nur hervorragende Kritiken.«

»Wir waren auch schon auf Tournee, Winterthur, Sankt Gallen, überall, in Basel waren wir im *Gambrinus* vier Wochen lang ausverkauft. Doch jetzt –« Erika sieht grimmig zu Annemarie. Es entsteht eine Pause.

»Mir ist die viele Polizei aufgefallen«, sagt Marlene.

»Und in Zivil waren auch noch welche da«, merkt Klaus an.

»War das ein Nazi oder ein Verehrer, der uns da was mitteilen wollte?«, fragt Marlene. »Ist denn etwas vorgefallen?«

Therese gesellt sich dazu, frisch geduscht, in Bluse und Rock ein ganz anderer Mensch.

Marlene steht auf, sie zu begrüßen. »Ah, Hitlers Lieblingsschauspielerin!«

»Goebbels' Lieblingsschauspielerin!«, kontert Therese.

Sie geben einander herzlich die Hand, Therese setzt sich auf einen freien Stuhl.

»Hier in Zürich«, greift Erika den Faden wieder auf, »nahm man uns auf einmal mein *Lied vom Willen* übel, das Therese im schwarzen Kleid mit Perlenkette aber ganz superbe vortrug.«

»Es ging ums Wollen allgemein und im Besonderen.« Thereses intelligentes Alltagsgesicht verändert sich, sie wird zur alten Dame.

»Spürt ihr die Sinnlichkeit?«

Sie blickt im Spiel zwischen Erika, Annemarie und Marlene hin und her.

»Sie weht herauf zu mir, die gute Sinnlichkeit
umweht mich wie ein Wind.«

»Erst ganz zum Schluss wird das Lied in Maßen politisch«, sagt Erika. »*Was so ein Wille will –*«

»*Ist wirklich einerlei –*«, macht Therese weiter.

»Wenn er das Schlechte will,
Ist's auch egal.
Es kommt nur darauf an,
Dass einer wollen kann –«

Marlene nimmt diskret Annemarie in Augenschein.

»Denn dann gehorchen wir
Ihm alle mal.«

Klaus und Annemarie schauen nervös nach den anderen Gästen. Therese senkt die Stimme, nicht aber die Intensität.

»Weil er will,
Schenkt man ihm die Macht.

Weil er will,
Wird der Tag zur Nacht.
Weil er will, heißt das Schlechte gut.
Weil er will,
Stinkt die Welt nach Blut.«

Marlene zeigt sich beeindruckt und applaudiert stumm.

»Sechs Wochen lang erhielt dieses Lied überall in der Schweiz Beifall«, erzählt Erika, »vierzehn Tage lang auch hier in Zürich, wir haben nichts an dem Text geändert, aber – auf einmal hat sich die Schweiz verändert.« Erika sieht wieder zu Annemarie. »Letzte Woche stand während Thereses Darbietung ein Zuschauer auf, gab mit einer Ordonnanzpfeife das Signal, und schon wurde gebuht und gebrüllt, es hieß ›Pfui‹ und ›Raus mit den Emigranten!‹, ›Use mit de Jude‹, ›Eidgenossen erwacht!‹ und so weiter. Tapfere Verteidiger unserer Kunst wehrten sich gegen die Störer, es entwickelte sich eine Keilerei, und wir mussten abbrechen. Obwohl wir das *Lied vom Willen* seither nicht mehr spielen, kam es an den folgenden Abenden zu Saalschlachten, bis die Polizei an die hundert Verhaftungen vornahm und allerlei Waffen beschlagnahmte. Heute ging's ja, wie Sie bemerkt haben.«

»Und warum auf einmal der Krawall?«, fragt Marlene.

Erika erwartet offenbar von Annemarie die Antwort. Die schluckt, setzt aber mit leiser Stimme an. »Mein Onkchel, Oberstkorpskommandant Ulrich Wille, hat sich vor kurzem mit Hitler und einigen seiner Minister getroffen, ohne Wissen unserer Regierung. Man vermutet, dass es um Annäherung oder Anschluss der Schweiz an Deutschland ging.«

»Ulrich Wille ist kein Niemand, sondern der Sohn des schweizerischen Oberbefehlshabers im Weltkrieg«, ergänzt Erika. »Man hat also einen innerschweizerischen Militärcoup zu Gunsten Nazideutschlands besprochen.«

»Jetzt fordert die empörte Schweizer Öffentlichkeit natürlich zu Recht Willes Entlassung«, sagt Therese. »Aber zugleich gilt unser *Lied vom Willen,* das doch auf Hitler gemünzt war, plötzlich als Einmischung in innerschweizerische Angelegenheiten.«

»Ich bleibe dabei«, sagt Erika zu Annemarie, »dass deine Mutter hinter der Ordonnanzpfeife und den Angriffen auf uns steckt, weil sie ihren Bruder aus den Schlagzeilen heraushalten will.«

»Ach so.« Marlene werden die Familienverhältnisse klar.

Thereses Sorgenfalten vertiefen sich. »Nun hat die geifernde Presse der Frontisten –«

»Frontisten?«

»Die Schweizer Sympathisanten der Nationalsozialisten«, erklärt Klaus.

»Also nun behaupten die, wir seien eine Hetzbühne und wir missbrauchten aufs Unerhörteste das Gastrecht, indem wir unseren Privatdreck über die reinen Wiesen der Schweiz ergössen.« Erika verzieht den Mund. »Unseren *Privatdreck.*«

Alle schweigen betreten.

»*Hetzbühne*«, wiederholt Therese. »Und das bei deinen harmlosen Parabeln, Gleichnissen und Märchen!«

»Aber du weißt doch, es geht nur indirekt«, antwortet Erika unleidig. »Weil man anders die Wahrheit auch in diesem Land nicht mehr sagen kann.«

»Das ist in Amerika genauso«, wirft Marlene ein. Alle halten konsterniert inne. »Von wegen Redefreiheit und so. Vergangenen Sommer ist der Hays Production Code verbindlich geworden. Bis dahin war's nur eine freiwillige Selbstkontrolle der Studios, aber jetzt gibt's eine Stelle, die alles verbieten kann. Zensur im Land der unbegrenzten Möglichkeiten.«

»Tatsächlich?« Klaus wirkt besonders betroffen.

»Keine Flüche mehr, keine Verbrechen, keine Drogen, keine Vergewaltigung, keine Abtreibung, kein Ehebruch, keine Frau in einem Bett, überhaupt keine Ehebetten, keine leidenschaftlichen Küsse, keine nackte Haut, keine, hm, ›abnormen‹ Liebesbeziehungen, also zwischen Weißen und Schwarzen. Keine Frau in Hosen. Verbrecher immer böse, Politiker, Polizisten und vor allem katholische Geistliche immer gut. Die Welt nicht mehr so, wie sie ist, sondern wie reaktionäre Kreise sie haben wollen.«

»Ein Verbot der Wirklichkeit also«, staunt Klaus.

Marlene nimmt noch einen Schluck. »Hat uns übrigens die Garbo eingebrockt, mit ihrem letzten Film. Der Catholic Legion of Decency ist bei *Queen Christina* der Kragen geplatzt. Und kaum haben verschiedene Bischöfe von ihren Kanzeln Hirtenbriefe gegen das sündige Hollywood verlesen lassen und dazu aufgerufen, die Kinos zu boykottieren, sind die Studiobosse eingeknickt. Jetzt muss der neuen Stelle jedes Drehbuch und jeder fertige Film vorgelegt werden. Ohne Stempel kein Dreh und keine Kinofreigabe.«

»Aber – was kchann man denn gegen *Königin Christine* haben? So ein herausragender Film! Das letschte Bild, wie sie da so am Schiffsbug steht, so göttlich schön, ihr Gesicht immer größer, die wahre Königin des Films, nicht wahr?« Annemarie sucht Unterstützung für ihre Begeisterung. Marlene zündet sich eine Zigarette an.

»Ein ganz interessantes Filmchen über das Scheitern der Macht, die es besser machen will«, urteilt Klaus.

»Na ja«, sagt Marlene. »Die Behörden haben *Queen Christina* jedenfalls in ganz Amerika aus dem Verkehr gezogen. Geschieht ihr recht. Zumal sie mir und meiner *Scarlet Empress* damit ja auch geschadet hat.«

»Oh, *Die scharlachrote Kaiserin* ist doch aber hier ein Riesenerfolg«, wundert sich Erika. »In Deutschland auch, wie man hört. Die Ufa soll Ihnen ein Angebot gemacht haben, das man nicht ablehnen kann.« Sie wartet gespannt.

»Ich arbeite nicht mit diesen Dreckskerlen zusammen. Das gehört sich doch nicht.«

Erika würdigt Marlenes Antwort und zieht dann ein spitzbübisches Gesicht. »Wollen Sie stattdessen vielleicht mit uns in der *Pfeffermühle* mahlen?«

Nicht nur Marlene ist überrascht.

»Sie haben es doch vorhin selbst festgestellt: Wie in Ihren Anfängen – Couplets singen, Texte vortragen. Nur geht es jetzt nicht um die beste Freundin, sondern um die Wurst.« Erika blickt Marlene direkt in die Augen. »*Wenn ich mir was wünschen dürfte*«, singt sie. »Das hat der Friedrich Hollaender doch für Sie geschrieben, nicht wahr? Mensch – Sie und diese starken Chansons in unserer *Pfeffermühle*! Wir könnten Ihre Gorilla-Nummer aus, Dingens –«

»*Hot Voodoo* hieß die, aus *Blonde Venus*«, hilft Marlene aus.

»Ja genau, die! Die könnten wir umtexten. Die Leute würden uns die Bude einrennen, wenn Sie bei uns aus dem Affenkostüm kletterten!«

»Und wo nehmen wir die schönen schwarzen Tänzerinnen her, die mich in dieser Nummer umringen?«

»Na, wir malen einfach ein paar Heidis von hier schwarz an«, schlägt Klaus vor. Therese verzieht das Gesicht.

Marlene spitzt die Lippen. »Was verdient man denn so bei Ihnen, Herr Impresario?«

Klaus räuspert sich. »Bis jetzt herrscht in der *Mühle* angewandter Sozialismus, jeder kriegt den gleichen Anteil von der Abendkasse. Eventuell müsste man da nachverhandeln, wenn sich zeigen sollte, dass Sie als schöne Müllerin die Zahl der Gäste, Einladungen, Spieldauer etc. exorbitant steigern.«

Marlene hebt nur eine Augenbraue. Die anderen halten die Luft an.

»Ich will offen sein. Seit dem Wille-Skandal hagelt es in der Schweiz Absagen. Aus Davos kam eine besonders schöne – ha! Aber gewiss überdenken die Kantone ihr Auftrittsverbot, wenn Sie Mitglied der *Pfeffermühle* werden! Im Januar machen wir übrigens eine große Tournee durch die Tschechoslowakei.«

Annemarie starrt Erika fassungslos an. »Aber Erika! Du wolltest dieses Mal doch mitkommen nach Persien!«

»Was soll ich in Persien, wo Europa brennt?!«, herrscht Erika sie an.

»Oh, Sie waren schon in Persien, Fräulein Schwarzenbach?« Marlene überfliegt nochmals Annemaries ganze Erscheinung.

»Ja! Es ist großartig dort! Ursprünglich wollten wir mal zu viert, die Erika, der Klaus –« Annemarie linst nervös zu Therese. »Aber das hat nicht sollen sein, da bin ich allein, mit dem Auto.«

»Ganz allein mit dem Auto?«

Therese beobachtet Marlene, wie die Annemarie anschaut.

»Aber ohne Kamera!«, ruft Erika dazwischen. »Wie kann man Persien bereisen, ohne Fotos zu machen, zu filmen oder wenigstens zu schreiben!«

»Gehören Sie auch zu denen, die meinen, es habe nur stattgefunden, was im Bild dokumentiert ist?«, fragt Marlene Erika.

Erika ändert den Ton. »Wir müssen uns jetzt alle der Politik weihen, Frau Dietrich. Nachdem Hitler Röhm und die Seinen hat ermorden lassen, nach Hindenburgs Tod und dem Treueschwur der Wehrmacht kann niemand mehr hoffen, der Spuk sei bald vorbei.« Sie nimmt eine Bühnenhaltung an:

»Beteiligt euch, – es geht um eure Erde!
Und ihr allein, ihr habt die ganze Macht!«

Erika sieht Marlene eindringlich an.

Marlene lächelt höflich. »Hören Sie, ich habe ein Kind, einen Mann und seine Geliebte zu ernähren, deren Abtreibung zur Stunde ich auch bezahlen muss.« Heidede schreckt auf. »Wird schon gutgehen, mein Herzchen«, beruhigt Marlene ihre Tochter, »ich hab den besten Arzt bestellt. Warum können die aber auch nicht besser aufpassen? – Und was glauben Sie, was es kostet, Marlene Dietrich zu spielen?«

»Machen Sie nicht denselben Fehler wie unser Vater«, bittet Erika. Hilfesuchend stupst sie ihren Bruder mit dem Ellbogen.

»Uns ist bei unserer Jugend eine große Verantwortung aufgeladen in Gestalt unseres unmündigen Vaters«, meint er.

»Wie? Der große Thomas Mann?«

»Die Schande des Exils.«

Marlene blinzelt, befremdet. »Ich habe mir gerade den zweiten Band von *Joseph und seine Brüder* gekauft. Sollen mal vier werden, nicht? Ich liebe Mehrteiler. *Wilhelm Meister, Lehr- und Wanderjahre. Faust I und II.*«

»Er veröffentlicht immer noch bei Fischer in Deutschland«, klagt Erika. »Damit fällt er allen Exilschriftstellern in den Rücken. Und meinem Bruder im Besonderen.«

Marlene blickt fragend zu Klaus.

»Er gibt mir keine Beiträge für meine *Sammlung*. Das ist die einzige Zeitschrift für deutsche Schriftsteller im Exil. Unter der Schirmherrschaft von André Gide, Aldous Huxley und unserem Onkel Heinrich. Mit unserem Vater haben auch Stefan Zweig, Robert Musil und Alfred Döblin Rückzieher gemacht, alle auf Druck des Fischer Verlags, der mit den Nazis kuschelt. Wenn nicht unsere Freundin Annemarie hier –«

Klaus bricht ab, weil Annemarie eine abwehrende Geste macht, die Therese nicht entgeht.

»Unser Vater wollte vor kurzem einen Artikel in der *Times* veröffentlichen, um die Welt wachzurütteln. Er hat mir den Text gezeigt«, sagt Erika mehr zu Klaus als zu allen anderen. »Lässt an Deutlichkeit nichts zu wünschen übrig. Fort mit Hitler, Göring und Goebbels, bevor noch Schlimmeres passiert – aber dann hat ein unbekannter französischer Publizist in einer unwesentlichen Zeitschrift ähnliche Worte gefunden, und er fand, jetzt sei doch alles gesagt!« Erika fasst sich an den Kopf. »Als deutscher Literaturnobelpreisträger hätte seine Stimme doch ein ganz anderes Gewicht!«, richtet sie sich jetzt wieder vornehmlich an Marlene. »›Meine eigenen dringlichen Angelegenheiten sind mir näher‹, hat er wortwörtlich zu mir gesagt! Und so meidet er den überfälligen öffentlichen Bruch mit Nazideutschland, um den Absatz seiner Bücher nicht zu gefährden und um unser Gastland, die nazifreundliche Schweiz, nicht zu düpieren. Dieser Mistkerl!«

»So redet man doch nicht über seine Eltern.« Marlene tippt mit den Fingern auf den Tisch. »Das gehö–«

»Frau Dietrich!«, bittet Erika dringlich. »Sie sind die berühmteste Deutsche auf der Welt. Wenn Sie sich offen gegen dieses Nazipack stellen, muss das doch Eindruck machen! – Sie könnten bei uns auch erst einmal nur einen kleinen Gastauftritt absolvieren. Vor Ihrer Abreise –«

Marlene zögert und überlegt.

»Mir ging es erst auch so«, sagt Klaus. »Man bekämpft halt nicht – oder doch nicht mit vollem Einsatz –, was man verachtet, nicht wahr, Frau Dietrich?« Er bietet ihr den Rest der Flasche an. »Lohnt es sich, den offenbaren Unsinn und frechen Aberwitz logisch zu widerlegen? Man begnügt sich mit einem angewiderten Achselzucken.«

Wir sehen, es arbeitet in Marlene.

»Die *Pfeffermühle* versucht, in der leichten Form die schweren Dinge zu sagen, die gesagt werden müssen.« Erika spielt mit ihrem grünen Narrenkragen. »Ich weiß, dass eine Kleinkunstbühne fast nichts bedeutet innerhalb des großen Welttheaters. Aber ebenso weiß ich, dass jede künstlerische Arbeit ihre Gesinnung, ihre innere Haltung haben muss und dass alles wertlos ist, wenn keine Liebe dahintersteht.«

Marlene nickt beeindruckt. Sie holt tief Luft.

Da steht Therese auf und greift Erikas Arm. »Komm mal mit, bitte. Ist wichtig.«

Verwundert gibt Erika Marlene zu verstehen, dass sie gleich zurückkommen wird, und folgt Therese.

Wie sehen die beiden im Foyer des Kursaals wieder.

»Sog amol spinnst jetzt ganz?«

Erika blickt Therese perplex an.

»Die Dietrich?« Thereses Wangen zittern.

»Ja! Was für ein Coup, wenn die mitmacht.«

»Ausgeschlossen.«

»Warum das denn?«

»Wenn die mitmacht, bist mich los.«

»Theres! Was redest du da? Ich glaub', sie überlegt wirklich.«

»E'm. Auf keinen Fall. Die oder ich.«

»Du bist doch nur wieder eifersüchtig.«

»Es herrscht jetzt schon Unfrieden in der Truppe, bei Rolf, Biggi und den Liftboys, weil du immer erster Klasse fährst, während sie Holzklasse nehmen müssen. Weil du im Grand Hôtel logierst, sie aber in der Absteige.«

»Ach, und denen wäre geholfen, wenn wir Marlene Dietrich *nicht* engagieren? Die Dietrich in der *Pfeffermühle*! Da werden wir ja noch an den Broadway eingeladen! Der Klaus hat schwule Engländer gefunden, die bereit sind, uns zu heiraten. Mit britischen Pässen kann's weitergehen!«

Therese strafft die Schultern. »Warum gehst du nicht einfach mal wieder mit der Annemarie ins Bett? Die zahlt doch auch für Klaus' *Sammlung*. Was meinst du, was die dir für ein Geld gibt, wenn du sie mal wieder ranlässt?«

»Ich soll also lieber auf den Strich gehen? Ist es das, was du von mir verlangst?«

»Die oder ich. Du kannst es dir überlegen.« Therese verlässt das Foyer Richtung Ausgang.

»Ihr glaubt doch nicht ernsthaft, dass das wahr ist! Die ganze Begegnung hat doch so nie stattgefunden.« Wir hören Erikas Stimme, sehen aber von weitem ihren weißen Ford Mustang, wie er Klosters auf einer vom Schnee geräumten Landstraße steil bergan verlässt. In den Kurven lehnt er sich deutlich zur Seite. Am Seitenspiegel flattert ein weiß-roter Wimpel mit blauem Dreieck.

»Nicht so schnell, Erika, bitte«, fleht Salka auf dem Beifahrersitz. Sie hält sich am Türgriff fest, der so rot ist wie die ganze Innenverkleidung und die Sitze. Kopfstützen gibt's keine.

Erika dreht sich über ihre rechte Schulter zu Greta und Signe um. »Wisst ihr überhaupt, dass ich früher Rennen gefahren bin? 1931 habe ich die Zehntausend-Kilometer-Rallye quer durch Europa gewonnen!«

»Kannst du bitte wieder nach vorne sehen?« Signe entschuldigt sich stumm bei Greta, mit der sie recht eng auf der ungeteilten Rückbank des Zweitürers sitzt.

»In ein paar Jahren wird man viel einfacher mit dem Auto

nach Davos kommen. Die bauen eine Brücke und sprengen einen Tunnel.« Salka deutet mit dem Kinn voraus.

»Ich lasse mir diese Serpentinen nicht nehmen!« Erika gibt Gas.

»Schneid doch nicht so die Kurve!«, ruft Signe von hinten. Besorgt bemerkt sie, wie sich Erika mit dem Lenkrad müht.

»Ich habe übrigens schon einen Verlag für deine Memoiren gefunden«, sagt Erika zu Salka, die spontan aufjuchzt. »Claassen. Wäre nicht schlecht. Vor der endgültigen Entscheidung wollen sie natürlich lesen.«

»Versteht sich«, sagt Salka, ein klein wenig enttäuscht. »Und wie –«

»Bevor du ihnen das Manuskript schickst, solltest du allerdings hier und da noch etwas ändern.«

»Ändern? Habe ich denn auf Deutsch ein anderes Leben geführt als auf Englisch?«

»Schau, Salka, deine Memoiren sind fabulös! Geradezu magnifizös. Aber hier ein bisschen zu viel Amerika, da ein bisschen zu wenig – also du kennst doch so formidable Leute, da –« Erika fängt im Rückspiegel den warnenden Blick ab, den Signe ihr zuwirft. »Hach, Salka, du schreibst nicht für dich, du schreibst für ein Publikum! Und wenn Leser dein Buch kaufen sollen, dann musst du sie fesseln, auch mit der Auswahl dessen, was du erzählst. Alles geht doch sowieso nicht!«

»Aber ich kann die Wirklichkeit doch nicht nachträglich korrigieren.«

»Aber natürlich!« Erika umklammert ihr rotes Lenkrad. »Man muss es sogar. In einer Autobiographie kann man nie die ganze Wahrheit sagen, das lässt die Wirklichkeit ja gar nicht zu!«

Auf der Rückbank deutet Greta links und rechts auf die Berghänge und ins Tal. »Da kann man im Sommer schön langgehen«, sagt sie gedämpft zu Signe. »Bis Wolfgang geht's hoch, und dahinter wieder leicht bergab nach Davos.«

Die engsten Serpentinen scheinen vorüber. Erika drückt auf den Zigarettenanzünder.

»Aber doch nicht im Auto! – Bitte«, schiebt Signe nach.

Der Mustang fährt eine große weiße Fläche entlang, wohl ein zugeschneiter See, und passiert das Ortsschild. Davos sieht ganz anders aus als Klosters. Kein heimeliges Schweizer Dorf, sondern ein richtiges Städtchen. Erika drosselt auf Schritttempo in der von Läden, Hotels und Restaurants dicht gesäumten Hauptstraße. Pudelmützen, Keilhosen und geschulterte Ski vor nüchternen Bauhaus-Fassaden.

Greta deutet auf den Hang rechter Hand. »Von der Bergstation der Parsennbahn da können Sie wahlweise hier nach Davos oder nach Klosters herunterfahren.« Stumm, nur mit den Augen, schlägt sie Signe eine solche Partie vor.

»An den Bergbahnen ist ja sozusagen das Penicillin schuld«, sagt Signe. »Davos musste sich neu erfinden.«

Erika beobachtet die beiden im Rückspiegel.

»Damit die ganzen Hotels, die früher Sanatorien waren, auch im Sommer belegt werden, hat man jetzt ein Kongresszentrum gebaut.« Salka zeigt nach links. »Gleich hier, schaut. Soll noch dieses Jahr eingeweiht werden.«

»Ah, dafür die neue Brücke und der Tunnel.« Erika pfeift kurz. »Immer findig, dieses Davos, immer mit den Reichen und Mächtigen. Hier hat man ja meine *Pfeffermühle* erst gar nicht auftreten lassen.«

»Die *Pfeffermühle*?«, fragt Greta von hinten.

»Kleinkunst«, antwortet Erika. Hinterm Lenkrad wirft sie sich leicht in Pose.

»*Wer einmal lügt, dem glaubt man nicht.*
Wer immer lügt, dem wird man glauben.
– Wir tourten durch die ganze Schweiz, die Tschechoslowakei, die Niederlande und Belgien, überall umjubelt – nur nicht in diesem Hitlerbad.«

»Hitlerbad?«

»Na, Wilhelm Gustloff stand hier doch nicht nur der lokalen NSDAP-Ortsgruppe vor, wie es so viele in der Schweiz gab, sondern –«

»Auch in Los Angeles gab es eine Ortsgruppe der Nazis«, wirft Salka ein. »Sogar ein Deutsches Haus und eine ›arische‹ Buchhandlung, wo man den *Völkischen Beobachter* lesen konnte. Die haben Massenaufmärsche mit Hakenkreuz organisiert, um gegen die Juden in der Filmindustrie zu protestieren. Bespitzelten die Auslandsdeutschen und wollten die USA mit ihrer Propaganda verdummen.«

»Davon zum Beispiel müsstest du in deinen Memoiren viel mehr schreiben«, meint Erika. »Gerade auf Deutsch! – Also, Wilhelm Gustloff war zugleich verantwortlich für die Nazi-Umtriebe in der ganzen Schweiz. Davos war richtig braun, mit Hitler-Jugend, einem Kurhaus nur für Parteimitglieder und so weiter. Als wir im Dezember 34 um die Erlaubnis baten, hier im *Palace* spielen zu dürfen, wurde uns von den Behörden mitgeteilt, die Tendenz unseres Kabaretts sei offensichtlich gegen die Verhältnisse im ›Dritten Reich‹ gerichtet, weshalb ein Gastspiel der *Pfeffermühle* die Harmonie innerhalb der Gemeinde Davos trüben würde. Ha!« Erika mustert die Fußgänger, als ob sie den damaligen Behördenleiter suchen würde. »Außerdem schulde Davos der Familie des Herrn Thomas Mann keine besondere Dankespflicht«, sagt sie über die Schulter, nun wieder etwas fröhlicher, »da der *Zauberberg* zweifellos eine Schädigung des Kurortes zur Folge gehabt habe!« Auf Signes mahnenden Blick dreht sie sich wieder nach vorne.

»Aber sag mal: Die *Wilhelm Gustloff*?«, fragt Signe, »war das nicht das Schiff mit den deutschen Flüchtlingen aus Danzig, das die Russen versenkt haben? Neuntausend unschuldige Menschenleben, wenn ich mich richtig erinnere.«

»Na, ob die alle so unschuldig waren. – Wilhelm Gustloff erhielt auch seine gerechte Strafe, der wurde hier in Davos schon 36 von einem jüdischen Antifaschisten erschossen. Die Nazis haben Gustloff sofort als Märtyrer glorifiziert, Plätze und Straßen nach ihm benannt und eben dieses Schiff.« Feindselig betrachtet sie die draußen vorbeiziehenden Modeläden und Tea Rooms. »Wann kommt denn endlich die Buchhandlung? Wir sind ja bald in Platz.«

Auf der Rückbank weist Greta Signe im Vorüberfahren einen Laden. Signe lächelt, erkennend. »Und wie ging es mit der *Pfeffermühle* weiter?«, fragt Greta.

Erika seufzt. »Die Nazis regierten ja nicht nur in der Schweiz mit. Selbst in Holland sah sich die liberale Regierung schließlich gezwungen, ihrem Druck nachzugeben. Man untersagte uns jede politische Äußerung. Als reines Amüsiertheater hätten wir weiterspielen dürfen, aber wir lehnten dankend ab. Am 9. Mai 1936 gaben wir in Luxemburg unsere 1034. und letzte Vorstellung! Die Theres hat fortlaufend eine Chronik geschrieben, deshalb weiß ich das so genau.«

»Aber die *Pfeffermühle* hat es dann doch auch in New York am Broadway versucht, nicht?«, fragt Salka.

»Ach was. – Ah, da ist ja die Buchhandlung!« Erika fährt an den Straßenrand, hält und hupt zweimal.

Signe zieht die Brauen zusammen. »Warum steigst du nicht aus?« Sie selbst ist hinten im Fond gefangen.

Aus dem Laden tritt zögerlich ein Buchhändler. Erika

hebt die Hand, er versteht und und kehrt in den Laden zurück.

»Sag mal, willst du nicht ein Buch über die *Pfeffermühle* schreiben?«, fragt Salka.

Erika winkt ab. »Für wen? Die junge Generation in Deutschland lebt in der Vorstellung, Nazismus und Krieg seien dreihundert Jahre her. Man will nicht erinnert werden. Ein wirklicher Neuanfang, wie Deutschland ihn gebraucht hätte, das Eingeständnis nie dagewesener Schuld –«

»Nicht alle Deutschen haben sich schuldig gemacht«, sagt Salka leise.

»Ach geh«, fährt Erika sie etwas scharf an. »*The Kindness of Strangers*, was? Alle Deutschen tragen Schuld an den Verbrechen des ›Dritten Reichs‹, und alle müssten bestraft und umerzogen werden, das ganze Volk! Aber es findet ja nicht statt, weder in der Zone noch in der Bunzrepublik.«

Greta bemerkt, dass Signe etwas erwidern will, sich aber auf die Zunge beißt.

Da kehrt der Buchhändler mit einer schlanken Papiertüte zurück. Erika kurbelt das Fenster herunter und dankt. »Schicken Sie die Rechnung ans *Pardenn* in Klosters.« Sie reicht das Buch nach hinten.

Signe nimmt es entgegen. »Siehst du, nicht alle in Davos hassen die Familie Mann. Überall gibt es solche und solche, und zwar auch in Deutschland. – Klaus Mann, *Mephisto*«, erklärt sie Greta.

»Das hätte ich euch doch ausleihen können«, ruft Salka.

»Oh«, machen Erika und Signe gleichzeitig.

»Ist ja sehr, also –« Salka sucht noch nach dem Wort, da fragt Greta: »Zeigen Sie uns jetzt das *Zauberberg*-Sanatorium?«

»Dann müssen wir kehrtmachen und Richtung Dorf zurück. Scalettastraße den Berg hoch.« Signe weist mit dem Daumen nach hinten.

Erika prüft den Seitenspiegel und wendet den Wagen. Das Rangieren fällt ihr schwer, wie auch Salka auffällt. Signe rutscht auf der Rückbank nach vorne in die Lücke und weist ihr den Weg. »Mein Gott, noch genauso steil und schmal wie 1941!«, sagt sie, als Erika abgebogen ist.

»Wenn die Pferdekutsche mit Hans Castorp und Joachim Ziemßen da hochkommt, dann ja wohl auch ich mit meinen 166 PS!«, lacht Erika.

»Wann genau war deine Mutter hier?«, möchte Salka wissen.

»1912. Mehrere Monate. Mein Vater hat sie auf ein paar Wochen besucht.«

»Und ihr Kinder?«

»Personal natürlich.« Oben angekommen, parkt Erika und lehnt sich über das Lenkrad. »*Ein langgestrecktes Gebäude, das vor lauter Balkonlogen löcherig und porös wirkte wie ein Schwamm.*« Sie nickt zufrieden. »Alles aussteigen, bitte!« Ihr und Salka fällt das gar nicht so leicht, es dauert. Signe und Greta klappen die vorderen Lehnen um und klettern behände hinaus.

»Früher waren hier kein Parkplätze, sondern Blumenbeete.« Signe schaut sich um, die Autotür noch in der Hand. »Front und Hauseingang sind unverändert.« Sie bemerkt, dass Greta Salka führt, und bietet Erika den Arm.

Sie gehen durch die Eingangstür. Signe stutzt. »Hier, gleich rechts, war der kleine Glasverschlag –«

»Im *Zauberberg* ist es die *Concierge-Loge zwischen Haustor und Windfang*«, verbessert Erika.

»– in dem zu meiner Zeit ein gewichtiger Portier residiert hat.« Signe mustert enttäuscht den modernisierten, verwaisten Rezeptionstresen.

»Bist du eigentlich noch von ›Hofrat Behrens‹ behandelt worden?«, fragt Erika.

»Nein, Sanitätsrat Jessen war mittlerweile gestorben. Man erzählte sich aber noch, wie gekränkt er war, von deinem Vater derart karikiert worden zu sein. Mit den dämlichen Arztsprüchen und so, wo er wohl tatsächlich ein gebildeter und polyglotter Herr war. Nur die Zwergin war zu meiner Zeit noch hier bedienstet. Man hat ihr gegenüber den Roman jedoch besser nicht erwähnt, da sie einem sonst sofort ihre Gunst entzog. – Aber wo sind denn die ganzen Gäste?«

Der Salon mit den großen Fenstern zum Tal ist menschenleer.

»Auf den Skihängen«, vermutet Greta.

Erika blickt sich um. »Aha.« Sie schweigt einen Moment. »Nicht, dass ich den *Verein Halbe Lunge* erwartet hätte. Und der Speisesaal?«

»Komm.« Signe führt sie durchs Vestibül in den angrenzenden Raum. »Neue Tische und Stühle, ansonsten wie früher.«

»So klein?« Erika geht gestikulierend ein paar Schritte. »Dann war dort der ›schlechte‹ und hier etwa der ›gute‹ Russentisch?«

»Vermutlich.«

Erika sieht Signe schelmisch an. »Würdest du bitte mal die Tür zuknallen?«

Signe geht zum Eingang. »Oh nein! Eine Schwingtür!«

Salka und Greta schmunzeln.

Erika atmet einmal durch. »Lasst uns im Salon einen Kaffee trinken.«

Sie gehen zurück. Signe deutet nach rechts. »Das Grammophon-Zimmer!«

»Hier?« Erika tritt ein und mustert die vier Korbsessel sowie die traurige Zimmerpalme. »Hier soll Hans Castorp seiner etwas ins Lasterhafte abbiegenden Leidenschaft gefrönt haben?« Im Gesicht leise Zweifel, folgt sie mit bedächtigen Schritten den anderen. Im Salon rückt Greta Salka einen Sessel mit schöner Aussicht zurecht und setzt sich neben sie.

»Ich melde unsere Ankunft, damit die Hausdame ihr Placet zur Besichtigung geben kann«, sagt Signe und verschwindet.

Erika nimmt gleichfalls Platz, merklich irritiert. »Dichtung und Wahrheit. Hm, hm.«

»Glanz und Größe entstehen in der Vorstellung«, meint Greta.

Signe kehrt in Begleitung eines Kellners im schwarzen Anzug wieder. Er serviert Mokka.

Erika rührt schmerzlich lächelnd in ihrem Tässchen. »Davos. *Zauberberg. Pfeffermühle.* Der Fischer Verlag bekniete damals meinen Vater, mäßigend auf mich Pfeffermüllerin einzuwirken. Nichts lag mir ferner, aber es nutzte alles nichts!« Sie schüttelt traurig den Kopf. »Ich, Vaters Tochter, Wotans kühnes, herrliches Kind, habe damals mit ihm gebrochen. Entsetzlich.«

Signe richtet sich erstaunt auf. »Davon findet sich ja aber gar nichts in den Briefen deines Vaters, die du herausgegeben hast?«

»Erst als die *Neue Zürcher Zeitung* gegen die Emigrantenliteratur polemisierte, machte er seinen Bruch mit dem nationalsozialistischen Deutschland öffentlich. Da schrieben wir schon 1936!« Hat Erika Signes Bemerkung nicht gehört?

»Es hat in Deutschland niemanden gewundert, dass der Bruch erst 36 kam«, befindet Signe. »Man konnte ja seine Bücher noch kaufen, und dein Vater war schließlich lange als Reaktionär bekannt gewesen. Im Gegensatz zu deinem Onkel Heinrich.«

»Ach geh. Heinrich hat die Dichtung zu sehr in den Dienst politischer und sozialer Wünschbarkeiten gestellt. Er glaubte allen Ernstes, nur wem am endgültigen Sieg der Demokratie gelegen sei, könne gelungene Werke hervorbringen.«

Salka leert ihr Tässchen. »Dein Vater hat schon überraschend lang der Selbsttäuschung angehangen, man könne ein unpolitischer Kulturmensch sein. Und sich hinter seiner brillanten Ironie verschanzt.«

»Er hat sehr wohl dazugelernt. Sonst hätte ich mich doch nie wieder mit ihm versöhnen können.« Aufbruchsbereit umgreift Erika beide Armlehnen mit den Händen. »Wo wir schon von den heiklen Dingen sprechen – wollen wir uns den berüchtigten Keller ansehen?« Sie schafft es gerade so ohne Hilfe aus dem Korbsessel.

Greta geleitet Salka zum Aufzug. »Mir hat er am Abend von Heinrichs siebzigstem Geburtstag gesagt, er wolle doch nur ein wenig höhere Heiterkeit in die Welt tragen«, murmelt sie. »Mit Krümeln deines Schokoladenkuchens im Schnurrbart.«

»Das verschnörkelte Gehäuse ist unverändert, schaut!« Signe hält den anderen die Lifttür auf.

»Zur Generaluntersuchung!«, befiehlt Erika scherzend.

Im Keller geht Signe zielsicher voraus, öffnet eine Tür und – steht in einer Bar mit Tresen samt Zapfhahn, in Regalen dahinter warten Gläser und Hochprozentiges. Sie lacht. »Nun ja, hier hätten sich Hans Castorp, Joachim Ziemßen und Clawdia Chauchat auch treffen können!«

»Ist doch gut, dass die Röntgenapparate verschwunden sind«, meint Salka.

Erikas Enttäuschung wächst. »Und die Stätte von Krokowskis geheimnisvollen Seelenzergliederungen?«

Signe öffnet eine weitere Tür und steckt den Kopf ins Zimmer. »Wäschemangel, Bohnermaschine, Teppichklopfer.«

Erika geht direkt zum Aufzug zurück. »Hat dir der Hausdrachen erlaubt, dein ehemaliges Zimmer zu besichtigen?«

»Sie hat mir sogar den Schlüssel gegeben.«

Alle vier fahren nach oben. Im Flur geht Signe wieder voraus. Ohne Zögern findet sie die richtige Tür, schließt auf und tritt ein. »Oh!« Sie muss sich erst einmal orientieren. »Hier stand mein Bett in einer Nische«, erklärt sie schließlich und deutet mit beiden Händen auf ein Badezimmer. »Die Wände waren aber damals weiß vertäfelt.«

»Im *Zauberberg* haben die Zimmerwände eine starke, waschbare Tapete. Wenigstens in diesem Punkt ist man also zur literarischen Wirklichkeit zurückgekehrt.« Erika streicht zufrieden über die Wand. »Aber hattest du schon diesen eingebauten Kühlschrank?« Sie öffnet und schließt dessen Tür.

»Natürlich nicht!«

»In den USA gab's die damals schon. Ohne die hätte ich meine Lecture Tours nicht überlebt.«

»Lecture Tours?«, fragt Greta nach.

»Ab 37 habe ich versucht, die amerikanische Öffentlichkeit wachzurütteln. Angefangen hat's mit einer kurzen Rede über ›Die Frau im Dritten Reich‹ bei der ersten amerikanischen Massendemonstration gegen Hitler, vor 22 000 Leuten im Madison Square Garden und live im Radio übertragen. Danach hagelte es Einladungen. Jedes Jahr von Oktober bis Mai vier bis fünf Vorträge pro Woche, überall. Für einen Artikel hab ich's mal zusammengezählt. Bis 1943 bin ich rund 140 000 Meilen kreuz und quer durch die USA gereist und habe vor etwa 200 000 Menschen gesprochen. Vor Frauenvereinen in Iowa, Studentenclubs in Spokane oder Tierschützern in Springfield, Ohio. Wahlweise über die Erziehung im ›Dritten Reich‹, die Gleichschaltung oder die Rolle der Großindustrie. Ohne Minibar im Kühlschrank hätte ich nicht durchgehalten.«

»Der Balkon ist unverändert«, ruft Signe von draußen.

Sie gesellen sich alle zu ihr. Brüstung, Trennwände und Boden sind vom Schnee geräumt und trocken.

Freudig zeigt Signe auf einen Berg. »Zu meiner Zeit gab es einen Patienten, der das Tinzenhorn nicht aussprechen konnte, Sprachfehler. Gleichwohl hat er sich mit einer gewissen Besessenheit immer wieder in die abzusehende Katastrophe gestürzt.«

»Der fehlt im *Zauberberg.*« Erika grinst. »Vielleicht kann ich ihn bei der nächsten Auflage hineinschreiben. – Aber sag, die Trennwände gehen ja bis zur Brüstung. Behrens könnte doch gar nicht durch die Liegekur gehen.«

»Das war schon zu meiner Zeit so. Vielleicht war es nie anders?«

Erika macht auf dem Absatz kehrt. »Kommt, wir gehen.« Im Flur sucht sie die Zimmertüren ab. Vor der Nr. 34 bleibt sie stehen, überlegt, zögert – und geht weiter. Sie fahren mit dem Aufzug wieder hinunter. Im Erdgeschoss wundert sich Erika erneut. »Aber – wo ist denn das Restaurant, in dem Hans Castorp und Joachim Ziemßen am ersten Abend essen? *Gegenüber den Gesellschaftsräumen* heißt es doch!«

Gegenüber dem Salon ist nur Platz für Garderobe und WC.

»Wir waren uns schon damals sicher, dass Thomas Mann nicht nur das *Waldsanatorium* beschrieben hat. Manches wirkt wie von der *Schatzalp*«, meint Signe. »Sollen wir nachsehen, ob die ihre Leichen immer noch auf der Bobbahn nach unten schicken? Ist ein hübscher Spaziergang.«

Erika greift sich an die Stirn. »Ich brauch einen Cognac.«

Sie nehmen ihre alten Plätze ein, Signe sucht den Kellner.

Erika schüttelt den Kopf. »Hier sind also in jener Nacht die Schweinchen gemalt worden – ach, sagen Sie, Greta, arbeitete mein Bruder Klaus nicht nach dem Krieg an einer Drehbuchfassung des *Zauberbergs* mit Ihnen in der Hauptrolle?«

»Wie – du als Hans Castorp?« Salka kichert.

»Nein, als Clawdia Chauchat. Deshalb habe ich abgesagt.«

»Selbst Orson Welles hat sie einen Korb gegeben!«, sagt Salka zu Erika und Signe, die sich soeben setzt.

Greta wartet mit der Antwort, weil der Kellner den Cognac bringt. »Ich habe ihm gesagt, ich würde schon eine Rolle annehmen, aber sie darf weder männlich noch weiblich sein.«

Salka rollt mit den Augen.

»Aber dann wäre Clawdia Chauchat doch ideal gewesen! *Der*«, betont Erika, »ist schließlich ein astreiner Damenimitator!«

Alle drei sehen sie überrascht an.

»Frauen haben meinen Vater nie interessiert. Seine besseren Frauenfiguren sind alle Selbstporträts oder verkappte –« Erika deutet mit ihrem Cognacschwenker ins Ungefähre. »*Ablehnen* ist doch aber nicht alles, was Sie so tun, oder, Greta?«

Die versucht wieder, sich eine Zigarette mit ihrem kaputten Feuerzeug anzuzünden.

Signe wirft Erika einen unwilligen Blick zu. »Ach, ich habe Ihnen übrigens noch gar nicht gesagt, wie oft ich *Königin Christine* gesehen habe! Lief in Deutschland Ewigkeiten. Alle haben den Film geliebt, auch die Nazis. Sie erklärten ihn für künstlerisch wertvoll, weil er das Führerprinzip feiere.«

Salka verschluckt sich an ihrem Cognac und muss fürchterlich husten. Greta klopft ihr den Rücken.

»In Schweden war der Erfolg doch gewiss auch riesig?«, fragt Signe.

Greta presst säuerlich die Lippen zusammen. »Ja, aber man tat so, als ob der Film ›Garbo‹ hieße.«

Salka tupft sich den Mund mit der Serviette ab. »Das schwedische Publikum war dankbar dafür, dass wir die Geschichte umgeschrieben haben. Man begrüßte eine ›sehenswerte Mischung aus Fakten und Fiktionen‹. – Eigentlich wollte ich danach einen weiteren historischen Stoff für Greta entwickeln, Marie Curie vielleicht, weil ich hoffte, damit den Production Code umgehen zu können, aber –«

»Production Code?«

Salka macht eine wegwerfende Bewegung. »Die Zensur. Auch in den USA wurden damals bitter erkämpfte Freiheiten und Rechte wieder beschnitten. Konservative Kreise wollten keine selbstbestimmten Frauen mehr auf der Leinwand sehen.«

Signe blickt die alte kleine Salka erstaunt an.

»Aber nach dem Flop der Paramount mit Katharina der Großen hat mir MGM einen neuerlichen Umweg über historische Fakten untersagt. Marlenes russische Pleite brachte mich aber auf *Anna Karenina*. Denn auch einen weltberühmten Roman kann man nicht einfach umschreiben – dachte ich ahnungsloses Huhn. Doch die Legion of Decency wollte keinen Ehebruch auf der Leinwand dulden! Was war das für ein Krampf, bis mein Drehbuch abgenommen wurde! Anna und Wronski durften sich nicht küssen und selbstredend kein Kind miteinander haben!«

»Eigentlich verheimlicht die Verfilmung, wie sehr sie sich begehren.« Greta lächelt Signe an.

»Aber das ist doch Verrat an der Geschichte.« Signe lächelt zurück.

Erika beobachtet die beiden. »Nun, die Leute sind ja nicht blöd und haben sich die eigentliche Geschichte mitgedacht.« Sie reicht Greta ihre Streichholzschachtel. »Wisst ihr, was Klaus und ich uns manchmal gefragt haben? Ob nicht der Film mitschuld an Hitler ist.«

»Wie?«, fragen die anderen unisono.

»Na, der Aufstieg des Faschismus verlief parallel zur Entwicklung des Films, schon mal bemerkt?«

Alle lassen Erikas Frage verblüfft auf sich wirken.

»Berthold, mein Exmann, fand, ein Medienwechsel helfe der Restauration«, sagt Salka schließlich. »Der letzte vor dem Film war ja der Druck mit beweglichen Lettern, Gutenberg. Und was kam dann? Reformation, Bauernkrieg, Gegenreformation, der Dreißigjährige Krieg. Elend und Tod für die Armen, noch mehr Geld und Macht für die Reichen.«

Erika zündet sich ebenfalls eine Zigarette an. »Die Ufa wurde im Ersten Weltkrieg nur zu Propagandazwecken gegründet. Ludendorff wollte Freund und Feind durch Filme beeinflussen, um den Krieg doch noch zu gewinnen. Heroische Bilder aus den eigenen Schützengräben, und verreckt ist immer nur der Feind.«

»Propaganda gab's zeitgleich auch in Amerika«, seufzt Salka. »Habt ihr den Namen D. W. Griffith schon mal gehört?« Sie spricht ihn korrekt aus.

Signe verneint, Erika wirkt unentschlossen.

»Technisch und ästhetisch ein Pionier des Films. Ernst Lubitsch hat mir das alles mal genau erklärt. Aber inhaltlich? Sein bedeutendster Film, *Die Geburt einer Nation,* spielt im Amerikanischen Bürgerkrieg und glorifiziert den Ku-Klux-Klan und die weiße ›Herrenrasse‹. Alle Schwarzen darin sind dumm, faul und lüstern. Sie zu versklaven, war das Beste, was ihnen passieren konnte. Und Schwarze durften nicht einmal mitspielen! Weiße haben sich schwarz geschminkt und ›Untermenschen‹ nachgeäfft.« Salka schüttelt traurig den Kopf. »Heute müssen sich die Sklaven von damals als Hausangestellte, Chauffeure und Eisenbahnschaffner verdingen. Amerika ist immer noch so rassistisch. Die Morde an Kennedy und Martin Luther King hängen zusammen, aber das will niemand wahrhaben.«

»Aber Lillian Gish –« Greta bricht ab. Zweifel, Unglauben und unwillkommene Erkenntnis kämpfen in ihrem Gesicht.

»Und dabei behauptete Griffith, nur die historische Wahrheit zu schildern«, macht Salka weiter. »Die Szene von Lincolns Entscheidung zum Krieg nannte er im Zwischentitel *Faksimile*!«

»Voilà!« Erika nickt fasziniert. »Da habt ihr's doch. Film als *Faksimile* der Wirklichkeit!«

»Dabei wurden ihm absichtliche Geschichtsfälschungen nachgewiesen.« Salka schnaubt durch die Nase. »Hat den Film zur Kunst befreit und zugleich zur Propaganda entfesselt! So viel Talent und Können – und so wenig Verantwortung.«

»Und als der Film technisch perfekt und so naturalistisch war, dass man ihn für eine Dokumentation der Wirklichkeit hielt – da hat Hitler die Macht ergriffen.« Erika setzt ihr Glas ab.

»Ihr redet so abgehoben wie Settembrini und Naphta.« Niemand lacht mit Signe.

»Auch Stalin hat den Film für seine Lügen missbraucht. Selbst der große Sergej Eisenstein hat in den Dreißigern nur noch Propaganda ge–«

»Also in Nazi-Deutschland«, unterbricht Signe Salka, »waren die wenigsten Spielfilme propagandistisch.«

»Nein, sie waren fröhlich, unterhaltsam, natürlich ›arisch‹, und taten so, wie wenn nichts wäre.« Erika zeigt beim kalten Lächeln die Zähne. »Sie dienten dem Naziterror, gerade weil sie ihn bewusst vergessen ließen. So wie du als Assistentin von Clemens Krauss an der Bayerischen Staatsoper.«

Signe atmet scharf ein. Greta steht auf. Sie scheint die Toilette zu suchen.

»Und du meinst«, fragt Salka, »dass ich auf Deutsch in meinen Memoiren mehr von diesen Dingen schreiben soll?«

Erika wartet, bis Greta außer Hörweite ist. »Nein. Griffith kennt doch in Deutschland kein Mensch. Du musst viel mehr über *sie* schreiben.« Erika nickt Richtung Greta.

»Das geht nicht. Ich kann nicht wie Mercedes schreiben.«

»Welche Mercedes? Du erwähnst keine Mercedes.«

»Warum sollte ich auch. Nach dem, wie sie mich in ihrem Buch dargestellt hat. Madame Dracula.«

»Kann mir endlich mal jemand erklären, wer das ist?«, fragt Signe.

»Eine Hochstaplerin.« Salka streicht sich die Bluse glatt. »Eine spanisch-indisch-katholische Mystikerin. Völlig meschugge.«

»Ach Mercedes de Acosta meinst du! Also so verrückt war sie nun auch nicht«, entgegnet Erika.

»Du kennst diese Mercedes?« Signe ist ganz verdutzt.

»Ich hab sie mal in Salzburg kennengelernt, in Max Reinhardts Schlössl dort. Muss 36 gewesen sein. Irgendwie waren alle in dem Sommer da. Auch Marlene Dietrich. Die kam mit ihrem Mann, dessen Geliebter sowie ihrem aktuellen Liebhaber, und diese Mercedes schlug auch auf, aber nur, weil Greta sie nicht sehen wollte.«

»Ja – und wie war die so, diese Mercedes?«

Signe fragt Erika, aber Salka antwortet. »Sie nannte sich Schriftstellerin, hat aber fast nichts zu Papier gebracht, und das Wenige war so schlecht, dass es keiner haben wollte. In ihren Memoiren behauptet sie, ich hätte sie und Greta zusammen zum Frühstück eingeladen und quasi verkuppelt. Nichts lag mir ferner! – Sie hat nichts Nennenswertes getan, außer mit den berühmtesten Frauen des 20. Jahrhunderts zu schlafen – aber das beschreibt sie in ihren Memoiren dann *nicht*.«

Signe vergewissert sich, dass die Halle immer noch leer ist. »Wie hätte sie darüber auch schreiben sollen?«

»Nun, sie hat Nacktfotos sprechen lassen.«

»Nacktfotos?« Signe flüstert entsetzt.

»Greta oben ohne. An irgendeinem See in den Rocky Mountains. So wird man zur Buchpremiere ins Fernsehen eingeladen. *Greta Garbos Kumpelin packt aus*. Greta hat danach nie wieder mit ihr gesprochen.«

»Salka, ich wollte dich nicht –«

»Ihre Briefe hat Mercedes ebenfalls zu Geld gemacht«, unterbricht Salka Erika erregt. »Und ich werde nicht schreiben, dass auch für Greta die Gesetze der Schwerkraft gelten und sie endlich mal einen BH –«

Greta kehrt zurück. Die anderen drei räuspern sich.

Erika deutet mit bittersüßer Miene auf das ganze Ambiente. »Ein Irrtum, hergekommen zu sein. Sollen wir gehen?«

»Ich würde noch gern in den Schweizer Armeeladen.«

»Wenn ich mir was wünschen dürfte«

Marlene mustert von der kleinen Bühne die plaudernden Gäste des Diners, die sich kaum um sie scheren.

»Käm' ich in Verlegenheit,
Was ich mir denn wünschen sollte,
Eine schlimme oder gute Zeit.«

Im Dunkel des Eingangs bleibt Greta stehen und überfliegt das Lokal, das einem Speisewagen gleicht. Lange lässt sie ihren Blick auf Marlene ruhen, ein Lächeln um die Augen, ein Hauch Spannung in den Lippen. Schließlich gibt sie sich einen Ruck und nimmt unauffällig in einer Art Abteil Platz.

Marlene bemerkt sie sogleich. Sie beobachtet beim Singen, wie Greta eine Bestellung aufgibt, ohne die Speisekarte zu lesen. Am Ende ihres Chansons verlässt sie unter spärlichem Applaus die Bühne und geht direkt zu Greta. »Ich dachte schon, du kommst nicht. Da musste ich mir die Zeit vertreiben.«

»Setz dich, sonst interessieren sich gleich alle für uns.«

Marlene rutscht auf die Bank Greta gegenüber. »Und dieses *Café Gala* soll die *Silhouette* von Hollywood sein? Sieht mehr nach dem *Chief* aus.«

»Hier kann ich auch mal unbehelligt Eisenbahn fahren, meistens wenigstens.«

Sie sehen sich beide an und warten, dass die andere den Anfang macht.

»Und sonst?«

»Gar nichts. – Das heißt, ich wollte dir einen Vorschlag machen«, beginnt Marlene schließlich.

»Mercedes?«

Marlene lächelt. »Ein gemeinsamer Film. Jetzt, wo wir beide zum Kassengift erklärt worden sind.«

»Du meinst diesen Aufruf der unabhängigen Kinobesitzer Amerikas, keine Filme mehr mit uns zu drehen?«

»Und nicht mit Joan Crawford und Katharine Hepburn, genau.«

»Sollen sie doch Damenimitatoren nehmen.«

»Greta, so lustig ist das nicht. Dein Napoleon-Film da ist doch auch der totale Flop. Aber wir beide in einem Film – das wäre eine Sensation!«

»Brauchst du Geld? Paramount soll dir doch 250 000 Dollar für die Vertragsauflösung gezahlt haben.«

»Hat dir das Mercedes erzählt?«

»Steht im *Hollywood Reporter.* Du sollst auch deinen Cadillac verkauft und deinen Chauffeur entlassen haben.«

»Meine Steuerschulden haben sie in dem Artikel vergessen.«

»Arbeitet Rudi denn gar nicht?«

»Und Tami ist spiel- und tablettensüchtig. Ihre dritte Abtreibung musste ich jetzt bezahlen. Und Psychiater braucht sie auch andauernd, weiß Gott warum.«

Ein schneidiger Mann in schwarzer Militäruniform, Reithosen und glänzenden Stiefeln betritt zögernd das Lokal. Er blickt sich suchend um, erkennt Greta und Marlene und nähert sich mit gemessenen Schritten ihrem Tisch. Er schlägt die Hacken zusammen, zieht die Schirmmütze und verbeugt sich tief.

»Ist hier heute Fetisch-Party oder was?«, fragt Marlene amüsiert. »Wo bleibt denn der Champagner?«

»Frau Dietrich?«, fragt der Uniformierte auf Deutsch.

Marlene merkt irritiert auf.

»Ihr Fräulein Tochter hat mir freundlicherweise mitgeteilt, wo Sie anzutreffen sind.« Er entnimmt seinem Koppeltäschchen eine Schmuckschachtel, öffnet den Deckel und überreicht sie Marlene.

»Ein Orden?«, fragt sie perplex.

»Ein Mutterkreuz! Auf ausdrücklichen Wunsch des Führers wird Ihnen, verehrte Frau Dietrich, als einer der ersten Frauen im Reich überhaupt in Anerkennung Ihrer überragenden Leistungen diese neue Auszeichnung verliehen. Ich darf Ihnen herzlich gratulieren.« Der Uniformierte verneigt sich zackig.

»Wie bitte?« Marlene starrt ungläubig auf die Schachtel.

»Auch hier in den Vereinigten Staaten leuchtet Ihr Vorbild als deutsche Mutter. So spielt ja Ihr Fräulein Tochter auf Ihren ausdrücklichen Wunsch hin in dem Filmkunstwerk *Die scharlachrote Kaiserin* die deutsche Katharina die Große in ihren

Kinderjahren. Dem deutschen Volk ist nicht entgangen, gegen welche Widerstände Sie hier in den Vereinigten Staaten Ihr deutsches Wesen aus inneren Kräften gestaltet haben.«

Marlene bleibt der Mund halb offen stehen.

Der Uniformierte nimmt nun vor Greta Haltung an. »Der Führer ist von Ihrer *Kameliendame* begeistert, Fräulein Garbo. Alles versinke vor der großen, einsamen Kunst der göttlichen Frau, wird er zitiert. Man sei auf das Tiefste ergriffen und benommen und schäme sich der Tränen nicht.« Militärisch legt er die Hand aufs Herz.

Gretas ganze Gestalt versteinert.

»Bei der Gelegenheit«, wendet sich der Uniformierte nun wieder an Marlene, »darf ich Ihnen auch die herzlichsten Grüße von Fräulein Leni Riefenstahl überbringen, der unser Führer dieses Mutterkreuz für Sie mitgegeben hat. Sie lässt anfragen, ob sie Ihnen in den nächsten Tagen Ihre Aufwartung machen oder ob sie Sie im *Biltmore Hotel* empfangen darf. Sie würde sich überglücklich schätzen, ihre gute alte Freundschaft zu erneuern.« Der Uniformierte überreicht Marlene einen malvenfarbenen Brief, verbeugt sich nochmals und verschwindet.

Greta und Marlene sehen ihm konsterniert nach. Dann schüttelt sich Greta wie nach einem schlechten Traum und entnimmt der Schachtel ein blau emailliertes Kreuz, am Rand weiß, in der Mitte ein Hakenkreuz im Goldkranz. Sie lässt es am blau-weißen Ordensband baumeln.

Marlene besieht die Rückseite. »16. Dezember 1938 A. Hitler«, liest sie vor. »Du A. Diese Drecksbande. Seitdem das mit Sternberg endgültig vorbei ist, umgarnen die mich. Die Syndikat-Film hat mir exorbitante Gagen angeboten, freie Wahl der Drehbücher und Mitarbeiter, wenn ich wieder in Deutschland arbeite. Als ich nicht geantwortet habe, bekam ich Grüße von Goebbels und die Versicherung, im Falle meiner Rückkehr werde er selbst jede negative Berichterstattung über mich unterbinden. Und Papilein hat er eine leitende Stelle bei der Ufa angeboten. Letztes Jahr haben sie in der *Kurbel* am Kurfürstendamm eine ganze Marlene-Dietrich-Woche veranstaltet. Und Ribbentrop persönlich hat mir in meiner Pariser Suite intelligente Rollen versprochen, weder Vamp noch Gretchen. – Oh mein Gott, den Remarque, der gerade bei mir war, musste ich im Schrank verstecken! Seine gepunktete Krawatte guckte noch heraus.«

»*Im Westen nichts Neues?*« Greta legt das Mutterkreuz ordentlich in die Schmuckschachtel zurück.

Marlene nickt. »Der ist ja überhaupt so eine Pastorentochter. Er stört sich daran, dass Papilein morgens, wenn ich mit ihm, also Remarque, noch im Bett liege, hereinkommt und fragt, was ich zu Mittag kochen will. Aber sonst kann Papilein doch nicht einkaufen gehen! Im Übrigen hat er mir gleich zu Beginn gestanden, dass er impotent ist, hat mich aber verführt mit dem Hinweis, er könne ›eine bezaubernde kleine lesbienne‹ sein.« Marlene zwinkert Greta zu.

»Und was hast du Ribbentrop gesagt?«

»Hingehalten. Schließlich habe ich ja noch eine Mutter und eine Schwester in Deutschland, denen die wer weiß was antun könnten, um mich zu erpressen. Aber bald werde ich amerikanische Staatsbürgerin, den Antrag hab ich schon gestellt.«

Der Kellner setzt zwei Dosen *Krueger Cream Ale* ab.

»Was hast'n da bestellt?« Marlene wundert sich.

Greta holt ein Schweizermesser aus der Hosentasche und drückt je zwei Löcher in die Deckel. »Cheers!«

Marlene nimmt drei ordentliche Schluck. »Joa – mit 'nem Schuss Waldmeister- oder Himbeersirup –« Sie setzt die Dose ab und greift zu dem Umschlag. »Und jetzt will die Leni unsere gute alte Freundschaft erneuern, ha! Der würde ich gern beide Fäuste in den Magen hämmern. – Ich hab doch früher mit ihr geboxt. Hätte ich ihr bloß die Nase krumm geschlagen, nie wäre sie Hitlers schönste Botschafterin geworden, aber das hat der Sabri Mahir in seinem *Studio für Boxen und Leibeszucht* nicht erlaubt. Erinnerst du dich?«

»Äh, nein, ich bin ihr nie begegnet.«

Marlene lässt erstaunt den Brief sinken. »Nein? – Sei froh. Weißt du, wie die Regisseurin geworden ist? Sie hat in *Das blaue Licht* die Hauptrolle gespielt, dann haben die Nazis die Macht ergriffen, der Regisseur, ein ungarischer Jude, wurde aus dem Vorspann gestrichen und durch die Leni ersetzt. Dem Béla Bálazs seine Gage dürfte sie sich ebenfalls gesichert haben.«

»Ihr *Olympia*-Film ist allerdings großartig.«

»Hast du den etwa gesehen?«

»Er lief letztes Jahr in ganz Europa, hat Preise bekommen. In Schweden wurde Fräulein Riefenstahl sogar von unserem König empfangen.«

»Ach stimmt, du warst ja auch mal wieder drüben. Die Weltpresse kannte kein anderes Thema als deine Affäre mit diesem Dirigenten da. Oder ist der auch impotent?«

»Und weil alle überall von *Olympia* sprachen, haben Mr Stokowski und ich ihn auch gesehen. Und ich muss schon sagen: herrliche Körper in ausgefeilten Bildkompositionen, schräg von unten, von oben, überaus geschickte rhythmische Montagen. Sie hat ganz offensichtlich von Friedrich Wilhelm Murnau gelernt. Ihr Speerwerfer steht genauso da wie der junge Fischer in *Tabu*.«

»Murnau? Weißt du übrigens, wie der umgekommen ist?«

»Nein, und ich will es auch nicht wissen. Murnau kannte

keinen Unterschied zwischen Spielfilmen und Dokumentationen. Riefenstahls Werk gibt ihm recht.«

»Mag ja sein, aber trotzdem, die mit ihrer affigen ›Herrenrasse‹!« Marlene blickt noch einmal zum Ausgang. »Man schämt sich ja, blond zu sein!«

»Salka sagt, dass die Anti-Nazi-League jetzt die Aufführung von *Olympia* in New York verhindert hat.« Greta setzt die Dose an die Lippen.

»Hab ich auch gehört. Weil die Leni behauptet, den Juden gehe es prächtig in Deutschland und diese Pogromnacht sei eine Erfindung der Lügenpresse. Auch hier hat man jetzt alles abgesagt.« Marlene betrachtet angewidert den Umschlag. »Deshalb will sie mich ja unbedingt treffen. Die Fotografen hat sie gewiss schon alarmiert.«

»Walt Disney schert wohl aus und will sich den Film privat vorführen lassen. Hat Ernst aufgeschnappt.«

»Da kommt der alte Griffith bestimmt dazu, dem sie doch ihre Verehrung zu Füßen legen will. Und Gary Cooper auch. Weißt du schon, dass der regelmäßig eine Uniform wie der Typ da gerade eben anzieht und im Gleichschritt ›Amerika den Amerikanern‹ und ›Juden raus‹ brüllt? Nennen sich ›Hollywood Hussars‹. Und mit dem hab ich – oh!«

Der Kellner bringt zwei Teller. Marlene staunt.

»Die Spezialität des Hauses«, sagt Greta.

Marlene begutachtet skeptisch, was sie bekommen hat. »Also die Schrippe da könnte ein Hamburger Rundstück sein. Ist das Rinderhack dazwischen?« Sie presst die Brötchenhälften zusammen und beißt kräftig ab. »Das kenn' ich, das bekommt man im Speisesaal dritter Klasse auf der *Bremen*«, sagt sie mit vollem Mund.

Greta kaut genießerisch, Ketchup im Mundwinkel. »Wirst du mich auch nicht bei Mercedes verpetzen?«

»Gut, dass Papilein mich nicht sieht.«

Sie wischen sich mit dem Handrücken über den Mund und grinsen sich verschwörerisch an.

»Mensch Greta. Lass uns zusammen einen Film gegen die Nazis machen!«

Greta nimmt einen weiteren Bissen. »Marlene, wo lebst du denn? Die Studios lavieren, Deutschland ist ihr zweitwichtigster Markt.« Mit der Zunge spitzelt sie ein Salatblatt zwischen den Zähnen vor. »Ja, mein letzter Film läuft hier tatsächlich nicht gut, dort aber schon. Und das, obwohl Salka versucht hat, via Napoleon auch etwas über Hitler zu sagen.«

»Das hat sie aber gut versteckt.«

»Na, Europas Frieden bedroht von einem Mann, der die Weltherrschaft erstrebt und über Leichen geht? Hätte doch was werden können. – Außerdem durfte ich dieses Mal mein uneheliches Kind behalten, weil es in den Geschichtsbüchern steht.«

»Aber durch die Liebesaffäre ist Salkas Napoleon halt kein so abscheulicher Despot wie Hitler, und damit ist die ganze Geschichte schief. So wie die unentschiedene Haltung der USA gegenüber Nazi-Deutschland.« Marlene leckt sich den Daumen. »Chaplin will jetzt einen Film über Hitler machen. Soll *Der große Diktator* heißen und ausgerechnet sein erster richtiger Tonfilm werden. Er ist der Einzige, der sich was traut.«

»Weil er unabhängig ist. Frag ihn doch, vielleicht engagiert er dich als Eva Braun.« Greta feixt. »Um Hitlers Sprechweise zu imitieren, ist er jetzt oft bei Salka. Er will Deutsch hören und aus seinem Klang Hitlers wütendes Gebell destillieren. Er wird als Hitler also sprechen und zugleich nicht sprechen. Er hat es uns letzten Sonntag vorgemacht. Zum Schreien komisch.«

»Darf man über Hitler lachen?«

»Muss man es nicht sogar?« Greta beißt noch einmal herzhaft in ihren Burger. »Er hat mich übrigens auch eingeladen. Wie dich. Mehrfach. Der erste Brief kam schon 33. Während der Dreharbeiten von *Queen Christina*.«

»*Er*?« Marlene trinkt und verkneift sich ein Bäuerchen.

»Ja, er selber. Du hast es ja vorhin gehört. Der Rest wie bei dir: In Berlin werde mir jedes Studio, jeder Regisseur, jeder Autor jeden Wunsch von den Lippen ablesen.«

Marlenes Augen weiten sich. »Du wirst die Einladung annehmen!« Sie gibt Greta einen Klaps. »Du ziehst ein schickes Kostüm an, mit Platz unter der Jacke. Oder nimm einen Muff.«

»Einen Muff?«

»Na, in die Handtasche kannst du den Revolver schlecht reintun. Die filzen auch eine Garbo.«

»Revolver? Ich habe keinen. Und eine Handtasche besitze ich auch nicht.«

»Ich wollte sowieso immer mal mit dir zu *Bullock's*. Dann kaufen wir dir Strapse und einen Damenrevolver, und den klemmst du an die Innenseite deines Schenkels.«

»Und dann?«

»Erschießt du ihn. Tyrannenmord. Davon sollte doch der Film handeln, den Mauritz Stiller dann nie gedreht hat. *Die Odaliske von Smolny*. Jetzt wirst du zu dieser Odaliske in der Wirklichkeit! Aus kurzer Distanz wirst du treffen. Zieh vier-, fünfmal ab. Wir üben vorher. Aber warte – wenn du erst umständlich unterm Rock zwischen deinen Beinen kramen musst, wird er vielleicht misstrauisch. Also doch am Busen? Da ist ja Platz bei dir.«

»Du willst mich doch nur loswerden.«

»Weißt du, was er mit den Juden mittlerweile macht?«

»Du bist eifersüchtig wegen Mercedes.«

»Ich eifersüchtig?«

»Du kannst sie wiederhaben.«

»Schaufenster einschlagen, Läden boykottieren war früher. Jetzt nach dieser Pogromnacht lässt er sie einsperren und Zwangsarbeit verrichten in seinen Rüstungsfabriken. In der *Hollywood Now* war gerade eine Landkarte mit solchen ›Konzentrationslagern‹ abgebildet. Dein Stiller war doch auch Jude. Lubitsch, Mayer, Sternberg, alle. Denk an Salka und ihre Mischpoche in Galizien da irgendwo. Wenn du Hitler nicht umbringst, wird er einen neuen Krieg anfangen. Dann bist du schuld.«

Greta wischt sich Mund und Hände an der Serviette ab. »Und warum opferst du dich nicht? Du hast Ribbentrop doch nur hingehalten. Und gerade das Mutterkreuz angenommen. Du vereinbarst einen Film, nein mehrere, verlangst einen gewaltigen Vorschuss, und wenn der eingegangen ist und Heidede, Rudi und Tami für den Rest ihres Lebens versorgt sind, dann triffst du dich mit ihm und erschießt ihn vor laufender Kamera. Das wird die Rolle deines Lebens. Damit wirst du unsterblich.« Greta lächelt Marlene an. »Und ziehst endlich an mir vorbei.«

»Du bist die bessere Schauspielerin, nur du kannst es schaffen. – Oder sollen wir knobeln? Schnick, schnack, schnuck?« Marlene schüttelt die Faust und formt sie dann zum Brunnen, aber Greta spielt nicht mit. »Bedenke, bald sind wir Vergangenheit, die Nazis haben schon Ersatz für uns beide gefunden.«

»Ach ja?«

»Zarah Leander. Eine *singende Schwedin*.«

»Sarah? Eine Jüdin?«

»Nein, nein, ›Arierin‹ wie du und ich. Sie trägt wie ich einen Frack, aber einen stimmlichen.«

Greta sieht Marlene fragend an.

»Tenor. Unglaublich. Steuert jeden Ton von unten an, aber das ist auch egal. – Deine Ablösung hier ist übrigens auch schon aus Schweden eingetroffen. Zieh dich warm an.«

»Du meinst diese Ingrid Bergman?«

Marlene nickt. »Und die Lisl, Elisabeth Bergner, kommt auch. Ich sage dir: Es wird hier eng. Und deshalb sollten wir gemeinsam einen Film machen. Gegen Hitler.«

»Vergiss es! Europa ist so weit weg von hier. Weißt du, was MGM gerade macht? Eine Art Remake von *Die Geburt einer Nation*. Wird *Vom Winde verweht* heißen. Eine Südstaatengeschichte mit allem Pomp und sogar in Farbe!«

»Farbe? Wie langweilig.« Marlene zieht eine Grimasse. »Mir haben sie einen Western vorgeschlagen.«

»*Du* in einem Western?« Greta prustet. »Ich mache jetzt erst einmal einen Film gegen Stalin. Lubitsch hat es endlich geschafft, er darf mit mir drehen. *Ninotschka*. Kommt eine Stalinistin nach Paris.«

»Wie? *Du* in einer Komödie?« Nun lacht Marlene.

»Ernst war gerade in der Sowjetunion und berichtet Schauerliches. Ich möchte eine Russenbluse tragen wie damals Klaus Mann in der *Silhouette*. Weißt du noch?«

»Natürlich. Ich hab seine Schwester, die Erika, übrigens vor kurzem hier im Radio gehört. Sie hat über ›Die Frau im Dritten Reich‹ gesprochen. – Eigentlich hat sie mich auf die Idee gebracht, einen Film mit dir zu machen. Als sie mich in Zürich überreden wollte, in ihrer kleinen Klitsche da, der *Pfeffermühle*, aufzutreten. War ganz lustig, ich –« Marlene legt den Kopf etwas schief. »Hast du damals eigentlich mit ihr –? Es ist komisch, aber bei der kann ich mich beim besten Willen nicht erinnern, ob wir je miteinander –«

Greta betrachtet Marlene amüsiert. »Es war übrigens sehr nett von dir, dass du mir John damals abgenommen hast.«

»Welchen John?«

»Gilbert.«

»Ach so. Eigentlich wollte ich während der Dreharbeiten nur für ihn kochen und es gemütlich haben. Nicht das ganze Getue im Bett. Aber er dachte, ich würde ihn nicht lieben, also –. Er war aber nicht besonders gut. Männer, die so sehr danach aussehen, sind das nie, oder?«

»Ist es wahr, dass er in deinem Bett gestorben ist?«

»Immerhin hat er mich ›Pfannkuchengesicht‹ genannt, das hat mir gefallen.« Den Kopf im Nacken leert Marlene ihre Dose.

»Er war ein feiner Kerl, alles in allem.«

»Deine Geschichte mit ihm geht mich nichts an, aber mit Mercedes bist du zu hart. Mann, musste ich viele Eier aufschlagen, bis ich sie wieder aufgepäppelt hatte. Sie war von eurer neuerlichen Trennung völlig aufgelöst.«

»Mercedes macht mich wahnsinnig mit ihrer Eifersucht. Sie ist mir durch halb Europa hinterhergereist. Sie ist mir viel zu weiblich. Will mich besitzen, ganz für sich haben, wie in einer Ehe.« Greta schmunzelt. »Na ja, nicht wie in *deiner* Ehe.«

»Sie war am Boden zerstört, dass du ihre heilige Johanna nicht spielen willst.«

»Ihr Drehbuch taugt nichts. So wenig wie ihr Stück. Salka hat sich bei ihren alten Theaterfreunden erkundigt. Es war ein demütigender Reinfall damals in Paris.«

»Du lässt dich zwar von Mercedes nicht einfangen, von Salka aber schon.« Marlene schiebt ihren Teller zur Seite.

»Von Salka? Mit der bin ich nur befreundet.«

»Aber ganz Hollywood hält euch für ein Paar. So wie Rudi und mich. Mit gegenseitigen Freiheiten.«

»Salka ist mannstoll. Nicht einmal Mercedes ist es gelungen, sie lesbisch zu entjungfern.«

»Mercedes ihrerseits ist ja nun weibstoll. Das kommt daher, dass sie kein Fleisch isst.« Marlene spielt mit ihrer Dose. »Weißt du übrigens, was sie gesagt hat, als sie sich von mir trennen wollte? Um es mir leichter zu machen?«

Ein feines Lächeln umspielt Gretas Mund. Dann zieht sie ein spanisch-dramatisches Gesicht und verstellt ihre Stimme. »Ich lege dir ins Bett, wen du haben willst.«

Marlene senkt die Lider. »Du kennst sie wirklich gut. – Und weißt du auch, was ich geantwortet habe?«

»Aber natürlich. Deshalb bin ich doch hier.«

Marlene schaut leicht spöttisch drein. Ist sie nicht stärker geschminkt als gerade eben? Und dieses billige Kleidchen hatte sie doch auch nicht an? Und was ist denn aus dem *Gala* geworden? Der *Last Chance Saloon* im Wilden Westen. Marlene, die Chefin des Ladens, hat die Horde Cowboys an der Bar sicher im Griff. Verteilt Drinks und Pointen. Nur mit der einzigen anderen Frau im Raum versteht sie sich nicht. Ein Wortwechsel, und schon prügeln sich die beiden nach Kräften, wälzen sich auf- und übereinander, Arme und Beine überall, hitzig angefeuert von den Cowboys um sie herum. Man merkt, dass Marlene früher geboxt hat. Schließlich beendet ein Sheriff den Kampf mit einem Eimer Wasser. Na – wenn das nicht der blutjunge James Stewart ist? Kaum hat sich Marlene wieder perfekt hergerichtet, singt sie

»Just see what the boys in the backroom will have,
And tell them I sighed«

Sie zupft sich auf ›sighed‹ an der Kehle.

»And tell them I cried«

Bei ›cried‹ steigert sie ihr Rütteln zum albernen Tremolo. *»And tell them I died of the same.«*

Brüllendes Lachen und tosender Applaus im Saloon – und dann auf einmal von Tausenden Soldaten auf einem Rollfeld. Marlene singt auf der Ladefläche zweier großer Armeelastwagen, die als Bühne dienen. Sie trägt eine Militärjacke mit Brusttaschen und Revers, einen schmalen kurzen Rock, Pumps und ein Schiffchen auf den blonden Locken. Wieder löst sie mit ihrem Kehle-Tremolo rasende Begeisterung aus. Nach dem Song setzt sie sich auf einen Stuhl und greift zu einer Säge, die sie mit anzüglichen Blicken und großen Bewegungen zwischen die Beine nimmt. Die frechen Rufe und Angebote verstummen, als sie mit einem Geigenbogen eine sehnsüchtige Melodie erklingen lässt. Die hartgesottenen Kerle im Publikum heulen. Als der Moderator die nächste Nummer ankündigt, erhebt sich geballter Protest, einige GIs erklimmen die Bühne, schultern die berauschte Marlene und tragen sie ins Publikum. Lustvoll lässt sie sich auf Armen und Händen weiterreichen, setzt sich fremde Mützen auf, schlägt kumpelhaft vor die Brust, umarmt und küsst, vereinigt mit allen. Fürsorglich und sicher heben die Jungs sie schließlich wieder auf die Bühne, wo sie hinter dem Vorhang verschwindet. Durch den Spalt zeigt sie noch einmal nichts als ein schönes Bein und winkt zum Abschied mit dem Pumps in der Luft. Fast werfen die Soldaten den Lkw um.

Sehen wir etwa eine Wochenschau? Nun demonstriert nämlich eine wütende Menschenmenge, im Hintergrund ist der ikonische Schriftzug *Hollywood* zu lesen. In der ersten Reihe steht eine zarte Frau, mädchenhaft, obwohl schon älter. An ihrer Seite – ja, das ist doch unverkennbar Ronald Reagan in jungen Jahren! Zusammen halten sie ein Banner hoch: *America First*. Mit zu Fäusten geballten Händen skandieren sie rhythmisch –

– »America first! America first!« Unwirsch stellt Salka das Radio ab. Sie kehrt an den großen Esstisch in ihrem Haus in Santa Monica zurück, greift ein verschnürtes Bündel Papier von einem ungeheuren Stapel und beginnt zu lesen. Bald macht sie sich Notizen, telefoniert und bedankt sich überschwänglich. Sie tippt ein paar Zeilen, liest weiter, tippt wieder, telefoniert wieder. Dieses Mal jedoch legt sie verbittert auf. Eine Weile birgt sie die Stirn in der Hand ihres aufgestellten Arms. Bis sie sich einen Ruck gibt, den Vorgang weglegt und nach dem nächsten Bündel des noch nicht bearbeiteten Stapels greift. Ihr gegenüber hat Ernst Lubitsch anscheinend die ganze Zeit dasselbe wie sie getan; jetzt verabschiedet er sich jedoch.

Wir treffen ihn in einem Filmatelier wieder, wo man eine polnische Geschäftsstraße nachgebaut hat. ›Adolf Hitler‹, mit strengem Blick, aber ohne jede Begleitung, wird umringt von staunenden, sich ein wenig fürchtenden Leuten. Schüchtern bittet ihn ein kleines Mädchen um ein Autogramm.

Ganz woanders, in einer spärlich eingerichteten Wohnung, sitzt Greta Garbo an einem Tisch, im Schlafanzug, die Beine angehockt, die Fersen auf der Stuhlkante, das Kinn auf den Knien, die Arme um die Schienbeine geschlungen. Sie wartet darauf, dass ein weiteres Blütenblatt des Roseneibischs abfällt. Als es klingelt, schreckt sie auf. Beim dritten Mal hat sie ihre Apathie wiedergefunden. Nach dem zehnten Mal schlurft sie zur Tür, öffnet und kehrt sofort wieder zu ihrem Platz zurück. Ein Herr im Anzug mit gepunkteter Krawatte tritt ein, Typ sensibler Pastor. Er legt seinen Hut ab und erkundet die Lage. Ein Koffer wurde auf dem gemachten Bett im Nachbarzimmer geöffnet, aber nicht ausgepackt. Ein paar Kleidungsstücke liegen auf dem Boden. Der Herr tritt ans Fenster, schlägt die Vorhänge zur Seite und lässt Licht und Luft herein. Kurz erahnen wir Orangenbäume im Garten. Zärtlich berührt er Gretas Schulter, dann setzt er sich ihr gegenüber und redet ihr gut zu. Er spricht, bis Greta im Bad verschwindet, sich das Gesicht wäscht, die Haare bürstet und die Wimpern tuscht. Zurück am Tisch stürzt sie das Glas Wasser hinunter, das ihr der Herr hingestellt hat. Die Neige bekommt der Roseneibisch. Sie zieht die Hose und den Pullover an, die am Boden liegen, und verlässt mit dem Herrn das Haus.

Wohin gehen sie? Nicht dorthin, wo wir jetzt sind. Die Männergrüppchen in dem ansonsten leeren prachtvollen Publikumsrund tragen doch Nazi-Uniformen? In Schwarz, Reithosen zu Stiefeln, Schildmützen unterm Arm – also SS? Sie plaudern heiter, aber zurückhaltend während einer Opernprobe. Auf der Bühne stehen abgewetzte Gestalten in Lumpen, zerzausten Perücken und falschen Bärten. Signe in Rock und weißer Bluse ordnet ihre Aufstellung und ruft den Beleuchtern etwas zu, eng im Austausch mit dem Dirigenten im Orchestergraben, der gleichzeitig den Streichern mit großen Gesten eine musikalische Phrase erläutert. Seine Koteletten wirken wie aus der Zeit gefallen.

Derweil betritt Greta mit dem Herrn eine Villa in Hollywood. Ein Abendessen zu viert. Die Gastgeber sind ein uns unbekannter Mann und – huch, diesen Kobold mit den Knopfaugen kennen wir doch? Aber sicher, es ist die reifer gewordene Elisabeth Bergner! Wir betrachten die beiden Paare beim Essen, Erzählen, Gestikulieren, Scherzen. Dann fragt Greta etwas, und Elisabeth führt sie nach oben ins Badezimmer. Dort legt Greta ihre Hand auf Elisabeths Brust und sieht sie ernst und ruhig an. Elisabeth schließt die Badezimmertür von innen ab.

Da blendet uns heller Sonnenschein, und auch Salka kneift die Augen zusammen. Nervös wartet sie am Bahnsteig von

Pasadena. Ein Zug fährt ein, viele Menschen steigen aus, Salka schreitet sie suchend ab, da bleibt sie abrupt stehen. Tränen schießen ihr in die Augen. Eine uralte hutzlige Frau mit nur einem kleinen Köfferchen blickt verwirrt um sich. Sogleich liegen sie sich in den Armen, und Salka schüttelt sich vor Weinen.

Erika dagegen schüttelt leise den Kopf. Sie trägt die gleiche Uniform wie Marlene vorhin. Wie die Herren links und rechts schreibt sie ab und an eine Zeile in das Notizheft auf ihren Knien. Endlich sehen wir, was sie so genau beobachtet. Es ist – das muss die Anklagebank bei den Nürnberger Prozessen sein. Wir erkennen den dicken Göring, neben ihm mit den starken Augenbrauen Rudolf Hess. Im nächsten Bild sehen wir Erika, wie sie mit versteinertem Gesicht in einem Militärjeep durch eine kriegszerstörte Stadt fährt. Dabei hören wir Marlene wieder fröhlich singen.

»In den Ruinen von Berlin
Fangen die Blumen wieder an zu blühn«

Der Song läuft weiter, während Marlene vor einem einschüchternden Gebäudekomplex ein gelbes Taxi bezahlt. Soldaten befragen sie am Eingang, erkennen sie hinter ihrem dezenten Schleier mit kleinen Punkten, salutieren und führen sie über lange Korridore in einen Festsaal mit Kronleuchter. Vor der amerikanischen Flagge erwarten sie hochdekorierte Offiziere. Einer hält eine kurze Rede, dann heftet er Marlene einen Orden an das Revers ihres schlichten Kostüms. »Mrs Dietrick, the Medal of Freedom.« Applaus.

»Warum hast du übrigens neulich so herumgedruckst? Du hättest mir doch gleich sagen können, dass du nie mit ihm geschlafen hast.« Signe sitzt auf der Bettkante, rafft eine Wollstrumpfhose bis zu den Zehen hinunter und fädelt ihren linken Fuß ein.

»Was sagst du da?« Erika sitzt schon ausgehfertig im Mantel auf einem Sessel in Signes Hotelzimmer. Sie wirkt müde.

»Na, dass du und Gustaf Gründgens, also dass ihr eure Ehe nie vollzogen habt.« Signe macht mit dem rechten Bein weiter.

Erika blinzelt und beschirmt die Augen.

»In *Mephisto* steht es doch schwarz auf weiß.« Signe deutet mit dem Kinn auf ein Buch, das auf dem Nachttisch liegt. »Mehrfach reitet dein Bruder darauf herum, dass Gründgens impotent war. Zumindest mit dir.«

»Also –« Erika will etwas erklären, doch Signe redet munter weiter. »Bin ja, ehrlich gesagt, ganz froh darüber.« Sie steht auf, geht leicht in die Knie und zieht die Strumpfhose am Bund nach oben. »Und dass du immer die Werbende in deiner Beziehung mit Pamela Wedekind warst und sie nicht so recht wollte, habe ich mir auch schon so gedacht.« Signe angelt nach einer Keilhose. »Aber dass sie dir damals sogar zugeredet hat, Gründgens zu heiraten, war mir neu. Leuchtet mir allerdings ein – so ist sie dich auf elegante Weise losgeworden, als sie Carl Sternheim heiraten wollte.«

»Jetzt mal langsam«, widerspricht Erika. »*Mephisto* ist ein Roman und –«

»I wo Roman! Memoiren sind das, und zwar genauere als die von Salka. Ihr seid ja alle haargenau wiederzuerkennen. Pamela ist natürlich ›Nicoletta von Niebuhr‹ mit ihrer klirrend exakten Aussprache« – Signe macht sie nach –, »die dann ihre Karriere zu Gunsten Sternheims aufgibt. Moment, wie heißt er im Buch?« Signe greift zu dem Band. Wir erkennen auf den Seiten Unterstreichungen mit Bleistift, Schlangenlinien und Ausrufezeichen und auf dem Schmutztitel eine handschriftliche Liste. »›Theophil Marder‹! – Auch euren Vater hat Klaus gut getroffen in seiner unverbindlichen Liebenswürdigkeit, wie du sie mir oft geschildert hast. Und mit dem hübschen Hermes-Knaben im Garten, seiner größten Freude!« Signe zieht an ihrem unteren Lid.

»Aber ich bitte dich, ›Geheimrat Bruckner‹ ist doch Witwer –«

»Das hat Klaus nur erfunden, um eure Mutter zu schonen.« Signe streift einen Pullover über den Kopf, tritt vor den Spiegel und ordnet ihren Unterziehrolli. »An seiner großen Berliner Rede ist Thomas Mann genauso sicher wiederzuerkennen wie an seinem Exil gleich nach dem Reichstagsbrand. Und natürlich auch an seiner schönen Tochter ›Barbara Bruckner‹ mit dem Leonardo-Gesicht, Jüngling und Madonna zugleich.« Signe gibt der überraschten Erika, die weiter protestieren will, einen Kuss. Sie stutzt. Erikas Pupillen sind winzig. Signe atmet einmal tief durch, dann wendet sie sich ab und stülpt ein Paar Wollsocken über. »Deine peinliche Hochzeit mit Gustaf Gründgens hast du mir exakt so geschildert, wie sie auch im Buch steht. Und die Flitterwochen in Friedrichshafen, genau wie in der Wirklichkeit.«

»Aber das sind doch alles nur zufällige Ähnlichkeiten. Du verfehlst den Roman gänzlich, wenn du ihn auf solche Trivia reduzierst. Du schaust übrigens fesch aus.«

»Zufällige Ähnlichkeiten?« Signe bürstet sich vor dem großen Spiegel die Haare. »›Hendrik Höfgen‹ ist Gustaf Gründgens wie aus dem Gesicht geschnitten mit seinem kahlen Schädel und dem starken Kinn, den weißblonden Augenbrauen, dem Monokel und dem aasigen Lächeln – wenn man den

Hauptdarsteller suchen würde für eine Verfilmung dieses ›Romans‹« – Signe zeichnet mit Zeige- und Mittelfingern Anführungszeichen in die Luft –, »würden alle sofort auf Gründgens zeigen.«

»Ach geh! Du kannst doch einen Roman nicht mit der Elle der Realität messen! *Mephisto* ist kein Porträt einer bestimmten Privatperson. Man könnte genauso gut an deinen Clemens Krauss denken.«

Signe setzt sich wieder, schlüpft in einen derben Bergstiefel und schnürt ihn fest zu. »An Clemens? Dass ich nicht lache. ›Hendrik Höfgens‹ Anfänge in den ›H. K.‹ meint die Hamburger Kammerspiele, sein erster Filmerfolg als geheimnisvoller Übeltäter in« – wieder konsultiert Signe ihre Liste im Buch – »*›Haltet den Dieb!‹* spielt auf *M – Eine Stadt sucht einen Mörder* an. Du hast mir das doch kürzlich erst erläutert. Die große Schauspielerin ›Dora Martin‹, die ›Höfgen‹ hilft und selber emigrieren muss – das ist natürlich Elisabeth Bergner. Ich habe ja gerade ihre Memoiren gelesen.« Signe hält beim zweiten Stiefel kurz inne. »Glaubst du eigentlich, dass stimmt, was sie von der Garbo schreibt? Dass die ihr einmal in ihrem Badezimmer an den Busen gegangen ist und sie dankend abgelehnt hat?«

»War das nicht im *Toppkeller?* – Mir ist nur aufgefallen, dass sie verschweigt, warum sie Deutschland verlassen musste.«

»Sie nimmt eben Rücksicht auf ihr deutsches Publikum heute.« Signe zieht ihren Janker an und knöpft ihn vor dem Spiegel sorgfältig zu.

»Verräterin. Hat es gar nicht verdient, von Klaus verewigt worden zu sein.«

»À propos verewigt. ›Höfgens‹ Glanzrolle –«

»Hast du immer noch nicht genug?«

»– wird dann Mephisto im *Faust*. Er spielt ihn als tragischen Clown, kalkweiß geschminkt, die Augenbrauen aufgemalt, der Mund blutig gefärbt – genau so, wie die Welt Gustaf Gründgens als Mephisto bis heute kennt.« Signe kramt in Schubladen und steckt etwas in die seitliche Jankertasche.

»Weil die Welt halt Emil Jannings in Murnaus großartiger *Faust*-Verfilmung vergessen hat.«

Signe dreht sich zu Erika. »Der moppelige Jannings? Gründgens hat tausendmal dämonischer gewirkt!«

Erika atmet genervt aus und schüttelt den Kopf.

Signe hebt eine Pudelmütze und dicke Fäustlinge. »So, ich wär dann so weit.«

Sie verlassen Signes Zimmer. Schwankt Erika auf dem Weg zum Aufzug leicht?

Hell – dunkel – hell – dunkel.

Unten geben sie dem Herrn am Empfang ihre Zimmerschlüssel. Er überreicht Signe einen Umschlag. »Ihre Quittung, Frau von Scanzoni. Und die Ski für Sie und Miss Brown stehen an der Talstation bereit.«

Signe dankt.

»Wofür eine Quittung?«, fragt Erika draußen.

»Ich habe gebeten, unsere zwei Zimmer separat abzurechnen und meinen Teil schon bezahlt, also die ersten beiden Wochen.«

Erika reicht Signe den Autoschlüssel. »Fahr du heute. Du verschlimmerst meine Kopfschmerzen mit deiner Kleinbürgerlichkeit und deinem naiven Verständnis von Literatur.«

Signe setzt zu einer Replik an, die sie sich dann aber verkneift. »An deinen Kopfschmerzen wird schon die ganze Zeit der Föhn schuld sein«, sagt sie stattdessen. »Schau, was für ein Wetter!« Sie bewundert den strahlenden Tag. Dann setzen die beiden Sonnenbrillen auf und steigen ein. Signe fährt los.

»Klaus ging es um die Frage, wie und unter welchen Umständen ein Karrierist für Ruhm und Reichtum bereit ist, Gewissen und Menschlichkeit zu opfern«, macht Erika im Auto weiter.

»Ja, wenn's denn so wäre! Aber man erfährt ja fast nichts über die Zeit und die Gesellschaft und das Leben im Nationalsozialismus! Eure persönliche Geschichte lang vor 33 nimmt viel breiteren Raum ein als die Frage, ob sich einer wie Gründgens mitschuldig gemacht hat.«

»Wie hätte Klaus denn in Nazideutschland bitte recherchieren sollen?« Erika sieht gereizt nach dem Drehzahlmesser.

»Ich bitte dich, Klaus hat den Roman 36 geschrieben. Er hätte in Amsterdam, Paris, Zürich, Wien, Prag genaueste Erkundigungen bei den frisch Emigrierten einziehen können. *Du* warst damals und sogar später, in noch unübersichtlicheren Jahren, besser unterrichtet in deinen Vorträgen und in deinem Buch über die Kindererziehung und Gleichschaltung der Jugend im NS-Staat.«

»Schau nach vorne.«

»Sein *Mephisto* ist eigentlich eine Gründgens-Biographie, die er Roman nennt, auch weil er – entschuldige bitte – zu faul zu ordentlicher Recherche war. Ihm ging es einzig um persönliche Rache, aus gekränkter Eitelkeit und aus Neid, weil sein alter Liebhaber künstlerisch Erfolg hatte und er nicht.«

»Das ist doch bösartigster Unverstand.« Erika betrachtet im Vorüberfahren die spitzgieblige Kirche mit dem zu großen Turm sowie den Friedhof.

Signe biegt in die Straße zum Bahnhof ein. »Ah, da sind sie ja schon.«

Durch die Windschutzscheibe sehen wir Greta und Salka, beide ebenfalls mit Sonnenbrillen, vor der Talstation der Seilbahn unterhalb des Bahnhofs warten. Greta trägt die geringelte Bommelmütze.

»Du nimmst der Kunst die Freiheit, die ihr als höherer Wirklichkeit zusteht«, sagt Erika ernst.

Signe parkt, steigt rasch aus und ist Erika behilflich. »Die einzige erfundene Figur ist ja offensichtlich diese Prinzessin Tebab, und die –«

Greta tritt hinzu. »Hallo zusammen!«

»Die ist aber schön«, kommentiert Signe Gretas Mütze. »Wie kommt man denn an die ran?«

Alle vier geben sich herzlich die Hände.

»Und was ist mit der Prinzessin Tebab?«, fragt Salka.

Erika winkt ab. »Signe versteht den Unterschied zwischen Dichtung und Wahrheit nicht.«

»Unsere Ski warten bereits auf uns.« Gut gelaunt gehen Signe und Greta zum Eingang der Talstation. Erika und Salka folgen langsamer nach.

»Eigentlich wollten wir ja Schlitten fahren«, brummt Erika.

Salka hakt sich bei ihr ein. »Redet ihr über *Mephisto*?«

»Sie übernimmt die Haltung meiner Prozessgegner.«

»Hm. – Ich fand ja den Beitrag von Fritz Bauer zu deinem Prozess sehr klug. Du weißt, der Chefankläger im Auschwitz-Prozess. Er meinte, auch wenn *Mephisto* überdeutlich Gustaf Gründgens ist, müsse der Roman veröffentlicht werden. Schließlich sei jede Darstellung einer historischen Person vom Autor und seiner Zeit geprägt, und die Wahrheit ergebe sich nur aus der Diskussion.«

»Verbietet man einen Roman, unterbindet man aber die Diskussion.« Erika stützt sich auf die kleinere Salka.

»Eben. Eine Person der Zeitgeschichte hat weder ein Recht am eigenen Bild noch an einer bestimmten Deutung des eigenen Tuns.« Salka lächelt Erika von der Seite an. »Wir alle werden es uns einmal gefallen lassen müssen, mit subjektiven Augen gesehen und bewertet zu werden.«

Erika seufzt. Signe und Greta schwenken Stöcke aus Bambus, die langen Ski geschultert.

Die Talstation ist leer, offenbar sind sie spät dran. Nur zwei weitere Gäste warten mit ihnen unter der sich surrend drehenden Umlenkscheibe. Sowie die vom Berg kommende Kabine den Einstiegsbereich erreicht hat, stellen sich die beiden Fremden ans Fenster der Bergseite. Greta wendet sich unauffällig ab. Als es losgeht, verliert Erika das Gleichgewicht. Signe bugsiert sie umsichtig zum Notsitz, den sie rasch hinunterklappt. Sogleich wiegelt Erika ab und lacht. »Hans Castorps Ausflug in den Schnee war weit beschwerlicher!«

Wir sehen die Kabine von weitem am Seil hinauffahren. *Gotschna* können wir entziffern. Vor Bilderbuchalpen.

Oben angekommen, hilft Signe Erika, Greta nimmt beide Paar Ski, Salka die Stöcke. Draußen vor der Mittelstation müssen sie sich erst einmal orientieren. Blendende Schneelandschaft, glatt gewalzte Pisten, weiter oben Felsen und schroffe Grate.

»Da ist mein Platz!«, ruft Erika und deutet auf die hölzerne Terrasse des Restaurants direkt am Auslauf der Skipiste. »Gebirgssonne und ein Liegestuhl, das nenne ich Daseinsglück!«

Die vier bewegen sich zu der Terrasse, Greta stellt zwei Liegestühle nebeneinander, Signe besorgt Wolldecken und winkt der Kellnerin. Erika und Salka strecken sich behaglich aus. »Kommt ihr uns später wieder abholen?«

Signe und Greta nicken und stapfen zurück zur Mittelstation.

Von hier führen Vierergondeln noch weiter nach oben. Signe und Greta stecken ihre Ski und die Stöcke außen in die dafür vorgesehenen Behälter und steigen ein. Niemand drängt sich hinzu. Signe wählt den Blick zum Tal, Greta zum Berg. Als die Gondel die Station verlässt, entdecken sie Erika und Salka, wie schlafend die Gesichter der Sonne zugewandt. Dann betrachten sie eine Weile stumm das Panorama.

»Sie haben sich gestritten, nicht wahr?« Greta sieht weiter aus dem Fenster.

»Oh«, entfährt es Signe. »Nein. Ja. – Wir sind halt verschiedener Meinung über Klaus Manns *Mephisto.*«

Greta studiert die verschneiten Baumwipfel. »Sie dürfen mit Erika und Klaus nicht zu streng sein. Ihr Vater hat mir mal bei Salka sein Herz ausgeschüttet. Er hat Klaus' Talent durchaus erkannt. Aber sein fehlendes Sitzfleisch beklagt.«

Signe nickt. »Erika ist ähnlich. Sie hat nie für irgendetwas geübt, nie gelernt, schon gar nicht gebüffelt. Was ihr nicht zufliegt oder was sie nicht von Natur aus kann, darum macht sie einen Bogen. Weil sie so begabt und intelligent ist, merkt man das erst nicht. Aber zusammen waren sie und Klaus schon zwei Königskinder.«

Greta holt ihr Zigarettenetui aus der inneren Brusttasche ihres Anoraks. Wieder zündet ihr Feuerzeug nicht. Signe entnimmt der Seitentasche ihres Jankers eine Schmuckschachtel. »Für Sie.«

Greta starrt das Geschenk überrascht an.

»Nur ein Feuerzeug.«

»Oh nein! Ich meine, oh danke, aber bitte nicht.« Greta wehrt mit der Hand ab.

»Aber Sie könnten es jetzt zum Beispiel gebrauchen. Und ich würde mich sehr freuen.« Signe hält ihr die kleine Schachtel hin.

»Nun gut. Danke. Dann lege ich es zu den anderen. Wissen Sie, ich habe solche Angst, Wertvolles zu verlieren. Mit so billigen Dingern« – sie zeigt ihr Plastikfeuerzeug – »komme ich besser zurecht.« Sie verstaut die Schachtel ungeöffnet zusammen mit ihrem Etui in der Brusttasche. Signe kann ihre Enttäuschung nicht ganz verbergen. Greta greift rasch den Faden wieder auf. »Klaus hat mir übrigens, ebenfalls bei Salka, selbst erzählt, dass er das allererste Freiexemplar von *Mephisto* an Gustaf Gründgens hat schicken lassen.«

»Aha!«, macht Signe. »Und das soll kein Schlüsselroman sein? Ich meine ja, wenn man über bestimmte Leute schreibt, soll man auch ihren wahren Namen nennen, oder?«

Greta wiegt den Kopf. »Ich verstehe, warum Klaus den Namen geändert hat. Schon allein aus Rücksicht auf Erika. – Salka hat mir mal erzählt, dass Gründgens wegen seiner Homosexualität beinahe ebenfalls noch emigriert wäre. Stimmt das?«

»Nach spitzen Andeutungen im *Völkischen Beobachter* ist er nach Basel geflohen, wurde aber von Göring zur Rückkehr bewegt. Oder gezwungen.« Signe zuckt mit den Schultern.

»Sind Sie nie so eine Kameradschaftsehe eingegangen?«

»Nein. – Sie doch auch nicht.«

Greta schmunzelt. »Sie glauben gar nicht, wie viele« – sie hebt eine Braue – »›Matrosen‹ mir schon einen Heiratsantrag gemacht haben. Früher meine Regisseure und Co-Stars, später mein Ernährungsberater.«

»Ich kann mir nicht vorstellen, dass die Sie nur wegen des äußeren Scheins heiraten wollten.« Signe sieht Greta halb scheu, halb forsch an. »Und – wer ist Mercedes?«

»Mercedes?« Greta runzelt die Stirn. »Eine Bekannte aus Hollywood-Tagen. Ist letztes Jahr gestorben. Wir hatten aber schon vorher keinen Kontakt mehr.«

Ein kleines Schweigen tritt ein. »Und wieso ›Harriet Brown‹?«, wagt Signe noch einmal.

»Nach meiner schwedischen Lieblingsdichterin, Harriet Löwenhjelm. Hatte so einen hintergründigen Humor. Und eine Emma in ihrem viel zu kurzen Leben.« Greta lehnt die Stirn an die Scheibe. »Ich hätte bei Mimi bleiben sollen. Das war meine Kommilitonin an der Schauspielschule. Und Schweden nie verlassen sollen. Ich glaube, ich wäre glücklicher geworden.« Sie lächelt Signe traurig an.

»Aber – das wäre doch damals gar nicht gegangen.«

»Alles ist möglich. Immer.« Greta setzt die Sonnenbrille ab und blickt Signe in die Augen. Signe weicht nicht aus.

Da rattert die Gondel kräftig bei der Einfahrt in die Bergstation.

»Oh, wir müssen aussteigen«, ruft Signe.

»Drehen wir noch eine Runde.« Greta gibt dem Seilbahnschaffner, der ihnen beim Aussteigen helfen will, ihre Absicht mit einem rotierenden Zeigefinger zu erkennen. Auf dem Weg wieder bergab holt sie ihr Zigarettenetui und Signes Schachtel aus der inneren Brusttasche hervor.

»Es ist nur ein Zippo«, sagt Signe. »Ein Sturmfeuerzeug. Den kleinen Kanister zum Nachfüllen hab ich im Hotel gelassen.«

Greta wiegt es in der Hand, klappt den Deckel auf und zündet eine schöne Flamme. Sie freut sich an ihr, führt sie zu ihrer Zigarette und nimmt einen tiefen Zug. »Mercedes de Acosta hat sich in mein Leben hineingeträumt. Schon als wir uns noch kannten, und erst recht in ihren Memoiren. *Hier liegt das Herz.* Ha, von wegen. Hier *lügt* das Herz.«

»Ach, deshalb votierte Salka damals gegen Erikas Vorschlag, ihren Memoiren einen Titel mit ›Herz‹ zu geben. *Holly-*

woods größtes Herz oder so. In der *Grischuna*.« Signe senkt die Stimme. »An – unserem ersten Abend.«

»Im Untertitel hat Mercedes ihr Buch *A Tale of my Life* genannt. Eine, nicht *die* Geschichte. Sie hätte also auch eine andere Version erzählen können.«

»*Die Liebe meines Lebens?*«, schlägt Signe heiser vor.

»Sie hat gemeinsame Ferien erfunden, Weihnachten zu zweit. Ich weiß nicht, wie viele Paar Gummistiefel sie mir geschenkt haben will. Sie will mir Schnee und Häuser verschafft und Englisch beigebracht haben. Sie wäre die Ansprechpartnerin für meine Produzenten, Autoren und Regisseure gewesen – dabei war das Salka! Und außerdem will Mercedes die erste Frau gewesen sein, die in Hollywood Hosen getragen hat.«

»War das nicht Marlene Dietrich? Kannten Sie sich eigentlich?« Signe spielt mit ihrer Sonnenbrille.

»Da, eine Gams!« Greta deutet nach unten.

Signe betrachtet Greta, wie sie nach dem Tier späht.

»Ich habe ihr mal einen Liebhaber weggenommen, Erich Maria Remarque.« Greta schnippt die Zigarette aus dem Fenster. »Ich habe Mercedes' Energie bewundert und ihren Mut, aber ich konnte ihr nicht geben, was sie sich von mir ersehnt hat.«

Signe atmet tief ein. »Ich bin mir nicht sicher, ob ich Erika geben kann, was sie von mir verlangt.«

Sie mustern sich gegenseitig. Schultern, Beine, Wangen.

Es rattert erneut, die Gondel fährt durch die Mittelstation. Verblüfft schaut ihnen der Betriebstechniker hinterher. Als sie wieder nach oben fahren, sehen sie beide nach Salka und Erika, die mittlerweile in ihren Liegestühlen lebhaft gestikulieren.

»Ja, sie sind anspruchsvoll, diese Manns«, sagt Greta. »Salka kann ein Lied davon singen. Kennen Sie die Geschichte von Heinrich Manns siebzigstem Geburtstag?«

»Nur so ungefähr. Golo, Erikas jüngerer Bruder, hat ihn wohl bei der Flucht über die Pyrenäen getragen.«

»Das stimmt so nicht, das ist eine dieser aufgeblasenen Legenden, die die Familie gern verbreitet. Golo, Heinrich und seine Frau mussten nur den französisch-spanischen Grenzübergang vermeiden, das war eine Wanderung von acht Kilometern über einen Hügel. Salka wusste das damals alles genau, sie hat ja Dutzenden, wenn nicht Hunderten direkt und indirekt bei der Flucht beigestanden. – Nun, Heinrich kam als gebrochener Mann in die USA. Er fremdelte mit allem, seine Werke wurden nie ins Englische übersetzt, dabei war er in Deutschland doch sehr bedeutend gewesen, oder?«

»Er war lange erfolgreicher als Thomas, Bestsellerautor. Hatte die Abteilung Dichtkunst der Akademie der Künste geleitet.«

»Die Emigranten in Hollywood haben gespürt, dass die Geschichte ihm eine Ehrung schuldig ist. Doch der kleine Bruder nahm an Heinrichs Geburtstag lieber die Ehrendoktorwürde von Berkeley entgegen und ging danach noch auf Lecture Tours. Heinrichs Siebzigster war schon vier Wochen vorbei, als Thomas und Gattin sich endlich wieder nach Los Angeles zurückbequemten. Aber glauben Sie, die hätten Heinrich jetzt endlich ein nettes Fest ausgerichtet? Zwar war ihre Villa in Pacific Palisades noch im Bau, aber am Amalfi Drive war's auch nicht schlecht, ich und Aldous Huxley waren ja ihre Nachbarn.«

»Lag das nicht an dieser ordinären Gattin? Erika hat da so Andeutungen gemacht.«

»In jeder Familie gibt es heikle Verwandte, zu Festen reißt man sich doch einfach mal zusammen! Die arme Salka, die selber kaum etwas hatte, musste die Peinlichkeit auflösen und die ganze Exilgemeinde schließlich zu *sich* einladen. Aber statt versöhnlich *mit*einander zu reden, haben beide Brüder nur endlose Reden *auf*einander von getippten Manuskriptseiten abgelesen, während das Roastbeef im Ofen verdarb.«

Es rattert wieder.

»Wollen wir?«

Auf der Sonnenterrasse der Mittelstation setzt Erika ihre Kaffeetasse ab. »Denk doch nur an *Lotte in Weimar*! Während die Nazis Deutschland zum Synonym für Barbarei machten, feierte mein Vater die deutsche Hochkultur!«

Salka verfolgt die Skifahrenden auf dem Berghang. Man quert die ganze Breite der Piste, und nach einem Stemmbogen kreuzt man zurück. »Ach Gottchen, mit *Lotte in Weimar* gegen die Nazis. Mit Verlaub, aber sich noch in den dreißiger Jahren nur in Goethe zu spiegeln –«

»Sogar der britische Hauptankläger in den Nürnberger Prozessen zitierte aus *Lotte in Weimar*.« Erika wendet ihr Gesicht, wie Salka, wieder dem Skihang und der Sonne zu.

Salka blinzelt zu ihr hinüber. »Und das sagst du, ohne rot zu werden?«

Erika hebt nonchalant die Hand. »Sicher, mein Vater hat Goethe Worte in den Mund gelegt. Aber nur welche, die er auch wirklich hätte sagen können.«

»Soso. – Oh, da ist jemand gestürzt. Da oben, fast im Wald.« Salka deutet auf den Hang.

Erika und Salka schauen zu, wie eine zweite Gestalt zu der ersten fährt und ihr eine Hand reicht. Die erste will sich hochziehen, doch nun rutscht auch die zweite aus und fällt auf die erste.

»War das jetzt Absicht?«, fragt Erika.

»So lange, wie die liegen bleiben?«

»Sollen wir die Bergwacht rufen?«

»Hm, mir scheint, die würde stören.«

Erika streicht ihre Decke glatt. »Es verhält sich doch anders, als du da letztens in Davos insinuiert hast. Mein Vater hat sich schließlich direkt politisch engagiert. Denk doch nur an seine Radioansprachen, die die BBC nach Deutschland sendete, und seine Lectures zur Demokratie!«

»Vierzehn mal derselbe Vortrag für 15 000 Dollar, wie mich deine Mutter damals hat wissen lassen. Da kann man schon als Wanderredner der Demokratie durch Amerika reisen. In seinem literarischen Werk merkt man aber nichts davon, und das macht den Unterschied. Denk doch im Vergleich dazu nur mal an Brechts *Mutter Courage* –«

»Die hat das talentierte Scheusal erst auf Intervention von Therese Giehse so politisch hinbekommen. Sie hat ja 41 die Hauptrolle in der Uraufführung in Zürich gespielt. Danach hat sie ihn manches umschreiben lassen. In der Urfassung ging's wohl zuweilen so süßlich selbstlos zu wie bei Ganghofer.«

Salka schmunzelt. »Hab ich dir eigentlich je erzählt, dass ich Mitte der 50er das Berliner Ensemble mit dem Stück in Paris im Sarah-Bernhardt-Theater gesehen habe? Ich hab mich ja so für Helene Weigel gefreut, dass wenigstens sie – sie hat ja, wie ich, im Exil eine große Theaterkarriere aufgeben müssen.« Weil sie nebeneinander liegen, entgeht Salka die Ironie in Erikas Miene. »In Los Angeles sind wir oft zusammen einkaufen gegangen. Nun, nach der Vorstellung bin ich in die Garderobe, um der Helli zu gratulieren. Als sie mich bemerkt, schiebt sie all die Fotografen, Reporter und Verehrer beiseite und ruft: ›Siehst du, ich kann mehr als nur Guglhupf backen!‹«

Erika unterdrückt ein Gähnen.

»Auf ewig schade, dass der Frauenfilm, den Brecht und ich in Hollywood zusammen –«

»Sei froh! Der hätte dich doch nur ausgequetscht wie Elisabeth Hauptmann, Ruth Berlau und wie sie alle hießen. – Ah, da kommen Greta und Signe.«

Mit einem letzten Stockschwung halten sie vor der Terrasse. Beide sind mit Schnee bepudert.

»Hat's euch gelegt?« Erika betrachtet Signes Hose.

»Es ist herrlich. Wir wollten nur mal kurz nach euch sehen. Alles in Ordnung?« Signe nimmt verdutzt wahr, dass Greta die Bindung ihrer Ski löst. Sie deutet mit Arm und Skistock zum Hang. »Wollten wir nicht noch –«

Greta rammt ihre Ski aufrecht in den Schnee, prüft, ob die Holzbank neben Salkas Liegestuhl trocken ist, und setzt sich.

»Wir reden gerade über den politischen Gehalt literarischer Werke«, erklärt Erika. »In *Doktor Faustus* etwa geht es ja ganz um Kunst und Verantwortung.«

»Also *Doktor Faustus* war der größte Irrtum deines Vaters.« Salka richtet sich in ihrem Liegestuhl auf. »Wie kann man die unschuldige Zwölftonmusik zum Dämon stilisieren?«

Signe horcht auf. »Wie merkwürdig. In meiner Ausstellung über Richard Strauss, von der ich Ihnen in der *Grischuna* erzählt habe, habe ich ihm *Doktor Faustus* gegenübergestellt.« Sie löst nun auch die Skibindung und setzt sich auf den einzigen freien Platz, neben Greta auf die Bank. »Für uns, die wir dem, hm, Irrtum verfallen waren, das Leben bestünde einzig aus Opernpremieren und den Proben davor, ist dieser Roman das heilsamste Gegengift.«

Erika bemerkt, dass Signes Janker nicht richtig geknöpft ist.

»Weil Musik darin nicht ästhetisch-wertfrei, sondern sozialkritisch verhandelt wird«, fügt Signe noch hinzu.

Salka schüttelt unwillig den Kopf. »Aber doch am völlig falschen Beispiel! Sehen Sie, bei uns zu Hause in Wychylówka hörten und diskutierten wir die Zwölftonmusik, noch bevor sie allgemeiner bekannt wurde. Mein Bruder Eduard war ein Schüler Schönbergs und als Konzertpianist sein Apostel. Vor 33 hat er Theodor Adorno Klavierunterricht erteilt.«

»Ist – hat – Ihr Bruder?« Signe sucht nach Worten.

»Anders als mein jüngster Bruder« – Salka sieht zur Seite und muss sich kurz fassen –, »ist Eduard rechtzeitig emigriert und konnte in den USA an seine Erfolge in Europa anknüpfen. Schönberg ist 33 als einer der Ersten nach L. A. gekommen, später gesellte sich Adorno hinzu.« Nun bleibt auch Salkas Blick an Signes Janker hängen. »In meinem Salon hat Thomas Mann dann Adorno und die Zwölftonmusik kennengelernt. Adorno erfand ihm auch all die Musik, die Adrian Leverkühn im Roman komponiert. Wie jedoch *Doktor Faustus* nach dem Krieg erschien – tja, da gingen in Los Angeles Zoff und Zores erst wirklich los.«

»Ach wie interessant! Aber – davon steht ja gar nichts in Ihren Memoiren?« Signe korrigiert wie nebensächlich die Knöpfe ihres Jankers. »Was ist denn passiert?«

Salka zögert. »Na, Schönberg fühlte sich als Adrian Leverkühn porträtiert, oder besser gesagt, missgestaltet, weil der doch im Roman die Zwölftonmusik erfindet. Schönberg fand also, dass Thomas Mann ihm nicht nur seine Schöpfung gestohlen hat, sondern dass er *ihn*, ein Opfer der Nazis, auch noch als geistigen Vordenker ihrer Barbarei darstellt, weil Leverkühn schließlich mit dem Teufel im Bunde ist. Schönberg war wirklich getroffen. Er hat Adorno als Verräter betrachtet und Thomas Mann als Pla–.«

»Auf Schönbergs Wunsch«, geht Erika dazwischen, »hat mein Vater in späteren Auflagen eine Nachbemerkung erlaubt, die Unkundigen den kleinen Raub an der Wirklichkeit erläutert.«

»Es bleibt geistiger –« Salka unterbricht sich.

Zwei Kellner in weißen Livreejacken und schwarzen Hosen treten hinzu. »Verzeihen die Damen.«

Signe zeigt auf. »Ich hätte gern einen Jagertee.«

»Einen Moment, bitte.« Die beiden Kellner heben den Beistelltisch mit dem gebrauchten Kaffeegeschirr an und tragen ihn weg. Die vier sehen ihnen verwundert hinterher.

»Um die Wogen zu glätten und alle Eitelkeiten zu befriedigen, hat mein Vater schließlich *Die Entstehung des Doktor Faustus* geschrieben«, fährt Erika fort.

»Aber damit hat er es doch nur noch schlimmer gemacht«, meint Salka. »Statt genauer Quellenangaben und Credits hat er nur seine Wehwehchen und Leiden aneinandergereiht. Adorno fühlte sich erst recht verletzt.«

»Adorno war ein Bluffer, der sich viel wichtiger gemacht hat, als er war. Er mag ein paar Ideelein für musikalische Werke gehabt haben, aber mein Vater erst hat sie in gewaltigen Worten komponiert. Ich weiß das genau, denn bei *Doktor Faustus* habe ich ihn zum ersten Mal auch literarisch beraten. Er war viel zu mild und wäre bereit gewesen, um des lieben Friedens willen Adorno und Schönberg einen Anteil an dem Roman zuzugestehen, der nun wirklich nicht angemessen gewesen wäre! Ich habe *Die Entstehung des Doktor Faustus* so zusammengekürzt, wie sie der Wirklichkeit entsprach.«

Signes Gesicht verfinstert sich. »Was seid ihr nur für eine Familie? Darf außer euch keiner gelten?« Sie schlägt sich vor die Stirn. »Ach, daher hat's der Klaus! Im *Zauberberg* hat sich euer Vater ja auch so ein gehässiges Porträt erlaubt. Ihr wisst schon, Gerhart Hauptmann als Mynheer Peeperkorn.«

»Hauptmann hätte im Nachhinein noch ganz anderes verdient, so wie der sich dann 33 den Nazis angedient hat«, sagt Erika.

Die Kellner tragen vier gepolsterte Stühle herbei.

»Und mein Jagertee?«, ruft Signe ihnen hinterher. »Erika, ganz im Ernst – zieh die Klage vor dem Bundesverfassungsgericht zurück. *Mephisto* bleibt besser ein Mythos. Schau, nach Klaus waren nur Menschen aus einfachen Verhältnissen« – Signe blickt kurz zu Greta – »wie ›Hendrik Höfgen‹ anfällig für Hitler, während die Großbürger dank ihrer Kultur immun waren. So eine billige, sich selbst reinwaschende Lüge. Und die Hugenbergs und Quandts, die Industrie und die Junker?«

Erika presst die Zähne aufeinander, wir sehen das Muskelspiel auf ihren Wangen. »Es ist unmöglich, in einem Roman das vollständige Porträt einer Zeit zu zeichnen. Du bist ungerecht.«

Die Kellner bringen einen bereits eingedeckten Tisch. Sie helfen den Damen, Platz zu nehmen.

»Also für einen Jagertee«, wundert sich Signe.

Nachdenklich betrachtet Greta Leinen, Silber und Porzellan.

Salka räuspert sich. »Erika – ehrlich gesagt, war ich immer aus ganz anderen Gründen froh, dass das Buch in der Bundesrepublik nicht zu haben ist. Wegen dieser Prinzessin Tebab.«

»Prinzessin Tebab?«, fragt Greta nach.

»Ein Urwaldmädchen«, erläutert Signe, »mit niedriger Stirn, wulstigen Lippen, blendenden Zahnreihen und einer eingedrückten Nase wie ein Gorilla.«

»Kratzt sich beim Fressen behaglich am Hinterkopf, brüllt und kreischt wie im Dschungel«, ergänzt Salka.

»Klingt wie Marlene Dietrichs *Hot Voodoo*-Nummer in *Blonde Venus*«, meint Greta. »Mit den schwarzen Tänzerinnen.«

Signe schüttelt energisch den Kopf. »Sollte Jessye Norman,

die Sängerin, von der ich Ihnen letztens erzählt habe, das je lesen –« Sie fasst sich entsetzt an die Brust.

»Also diese Prinzessin Tebab ist die Geliebte ›Höfgens‹, von der er sich schlagen lässt.«

»Schlagen?« Greta runzelt die Stirn.

»Erniedrigen. Sado-Maso-Spielchen«, führt Signe aus. »Anders kann ›Höfgen‹ im Roman nicht.«

»Aber Gründgens war doch schwul?«

Erika geht ungehalten dazwischen. »Klaus konnte Gründgens doch nicht als Männerliebhaber zeigen, damit hätte er 1936 allen Homosexuellen einen Bärendienst getan!«

»Jetzt gibst du es doch zu, dass Gründgens ›Höfgen‹ ist!«, triumphiert Signe.

»Ach geh!« Erika hält sich beide Hände an die Schläfen. »Klaus macht doch damit bloß die Figur ›Höfgen‹ abstoßend.«

»Nein, abstoßend ist allein der Rassismus von Klaus. Ernsthaft, Erika, vor einer Veröffentlichung müsste man diese Figur herausstreichen, das geht heute nicht mehr«, meint Salka sanft. »Was sich Klaus da Abfälliges über Schwarze erlaubt, hat man zeitgleich im *Stürmer* über uns Juden gelesen.«

Erika jault auf.

»Nicht doch.« Salka tätschelt ihren Arm. »Du willst doch den Herrn, der das Tinzenhorn nicht aussprechen konnte, in den *Zauberberg* aufnehmen, dann kannst du doch die Prinzessin Tebab aus dem *Mephisto* entfernen.«

Die Kellner kommen zurück, mit einer Platte zitronengarnierter Austern, einer Schale schwarzglänzendem Kaviar, Pfannküchlein und Sauerrahm. Einer entkorkt eine Flasche Champagner, schenkt aus und stellt den Eiskübel parat.

Salka staunt und sieht unsicher zu Greta. »Den Eiskübel hätt's vielleicht nicht gebraucht?« Sie deutet auf den Schnee ringsum.

Gretas Gesicht hellt sich verstehend auf. Sie lächelt in sich hinein und greift zu den Austern.

Signe betrachtet die Platten mit Entsetzen. Sie sucht Erikas Blick, doch die trinkt ihr Glas in großen Schlucken leer. Signes Lippen beben. »Es war so viel komplexer in Hitlers Deutschland, als Klaus dachte. Große Künstler wie Gustaf Gründgens oder auch Otto Falckenberg, der ja in München weitermachen konnte, haben damals den Eingeschlossenen das Gefühl gegeben, dass sie nicht von allen guten Geistern verlassen sind. Man war dankbar, dass es Oasen der Kunst im ›Dritten Reich‹ gab, die Theater nicht alle braun geflutet waren und die Musiker nicht verlernt hatten, *Fidelio* zu spielen. Ihr hättet hören sollen, wie Clemens Krauss den Gefangenenchor dirigiert hat, da wussten alle Bescheid!«

»Na, sind Sie sich da so sicher, dass alle dasselbe dachten?«, zweifelt Salka und häuft Kaviar auf ein Pfannküchlein.

Signe beachtet sie nicht. »Oder wie Gründgens im *Hamlet* die Verse *Die Zeit ist aus den Fugen* sprach und *Dänemark ist ein Gefängnis* – das konnte er sich nur erlauben, weil sie ihn auf ihrer Seite glaubten! In Hamburg erhielt er im *Don Carlos* stürmischen Beifall bei *Geben Sie Gedankenfreiheit, Sire*, und in München waren die *Räuber* so lange ausverkauft, bis das Stück über einen Aufstand gegen die Herrschenden abgesetzt wurde.«

»Aber genau daran erkennt man doch, dass sich Künstler wie er haben instrumentalisieren lassen!« Erika schlürft eine Auster aus und wedelt mit der freien Hand. »Ein bisschen *Don Carlos* und *Fidelio,* Freiheit vorgaukeln, und schon glaubt die Bevölkerung, so schlimm kann's nicht sein!«

»Was hast *du* denn im Vergleich gemacht?«, fährt Signe auf. »Du bist nicht von den deutschen Bühnen boykottiert worden, wie du uns weismachen willst, du hast dich einfach nicht durchsetzen können, und deswegen hast du die *Pfeffermühle* gegründet. Das war dein Lebensunterhalt, das kannst du dir doch nicht auf die Fahnen schreiben, so wenig wie die Vorträge, mit denen du nur dein Geld verdient hast. Du bist eine Kriegsgewinnlerin, wie Marlene Dietrich.«

Die andern drei lassen überrascht das Besteck sinken.

»So können Sie doch nicht über Marlene reden«, sagt Salka schließlich. »Aber Sie glauben schließlich auch diese üble Verleumdung aus Deutschland, sie habe sich die Backenzähne ziehen lassen.«

Greta nimmt noch einen Pfannkuchen.

Signe, die noch nichts angerührt hat, setzt ein widerborstiges Gesicht auf. »Ihre Mutter und ihre Schwester saßen im Dunkel der Keller, und sie hat die Amis angefeuert, Bomben auf sie abzufeuern. Sie hat den GIs ihre Beine gezeigt, damit die munter und gutgelaunt gegen uns Deutsche kämpfen. Wie soll man das anders als Vaterlandsverrat nennen?«

»Ihre Schwester und ihr Schwager haben im Krieg nicht in Berlin gelebt«, berichtigt Erika kühl und füllt ihr Glas erneut. »Sie haben in Belsen bei Bergen ein Kino betrieben, direkt neben dem Konzentrationslager. Zur Unterhaltung der Mörder. Und ihre Mutter hat den Bombenhagel auch überlebt. Die Dietrich erklärt heute, sie habe keine Schwester.« Erika prostet Signe grimmig zu.

Die Kellner kommen abermals zurück. Dieses Mal bringen sie eine dreifache Etagere, üppig mit dreieckigen Sandwiches, Scones, Clotted Cream, Marmelade und Petit Fours beladen. Dazu eine große silberne Kanne Tee. Signe sieht immer entgeisterter zwischen all den Köstlichkeiten und Erika hin und her.

Greta sondiert die Sandwiches. »Lachs, Thunfisch, Ei und was Grünes. Wer möchte was?«

Salka schnuppert am Tee. »Hm, Earl Grey.« Ein Verdacht keimt in ihrem Gesicht, den Greta stumm bestätigt. »Ich jedenfalls freue mich für Marlene, dass sie sich nach dem Krieg, als es mit der Filmerei auch für sie allmählich vorbei war, eine zweite Karriere als Diseuse aufbauen konnte.«

»Diseuse? Doch eher Damenimitator«, mokiert sich Signe und greift nun fast trotzig zu Austern und Sandwiches.

»Marlene hat die Größe, sich selbst zu parodieren«, kontert Salka. »Das macht sie zum einzigen deutschen Weltstar.«

Greta kaut. »Avocadocreme. Sehr gut. Gibt noch weitere grüne.«

»Als erste deutsche Künstlerin nach dem Zweiten Weltkrieg durfte sie in Warschau und Moskau singen.« Salka nippt an ihrem Tee. »Sie –«

»Das zeigt doch, wes Geistes Kind sie ist«, unterbricht Signe. »Fünfte Kolonne Moskaus. Was wollte sie denn wohl dort?«

»Völkerverständigung? Versöhnung?«, bietet Salka an.

»Applaus? Geld?«, fragt Signe zurück. »Oder hat sie etwa für die Geknechteten und Entrechteten im Gulag gesungen?«

»Frau von Scanzoni, wir befinden uns mitten in einem Kalten Krieg, und sie singt Friedenslieder, die auf ihrem künstlerischen und humanitären Engagement im Krieg fußen, da –«

»Die ist doch aus Ruhmsucht und Geldgier zur Armee gegangen und nicht, um die Nazis zu besiegen! Nur um ihre Karriere zu retten. Auch jetzt geht sie noch mit ihrem Antifaschismus hausieren. Macht den Kampf gegen ihr Vaterland zu Cash. Ich hab's doch erlebt in Mexiko. Abend für Abend erzählt sie auf den Bühnen der Welt, wie sie die amerikanischen Truppen beglückt hat, in Island und Grönland und Tunesien und was weiß ich wo. Wie Mutter Courage immer den Soldaten hinterher.«

»Du beneidest sie doch nur, weil *du* keine Sängerin geworden bist und sie auf der ganzen Welt ihre Lieder vorträgt, obwohl sie gar nicht singen kann«, entfährt es Erika. »Und außerdem hast du ein schlechtes Gewissen, weil Marlene auf der richtigen Seite stand und du nicht. Du hättest wie sie freiwillig emigrieren können.« Erika ist beim Champagner geblieben.

»Hätte ich nicht. Sie hatte, wie Frau Viertel, das Glück, schon vor Hitler in den USA Erfolg zu haben. Da fiel die Entscheidung leicht, der alten Heimat den Rücken zu kehren. Was hätte ich denn aber machen sollen? 33 war ich achtzehn, noch nicht einmal volljährig, ohne Ausbildung, ohne Beruf, ohne Familie, ohne Beziehungen, ohne Geld. Und im Ausland hätte ich ja nicht einmal jüdische Hilfseinrichtungen anbetteln können, rein ›arisch‹, wie ich bin. – Wollen wir nicht noch einmal Ski fahren?«, fragt Signe Greta unvermittelt.

Die schneidet einen Scone entzwei und betupft ihn mit Clotted Cream und Marmelade.

»Und Sie?«, richtet sich Erika nun ebenfalls an Greta. »Sie waren 1939 die berühmteste Schauspielerin der Welt, auch und gerade in Deutschland verehrt wie niemand sonst. Warum haben Sie geschwiegen?«

Greta leckt sich Marmelade aus dem Mundwinkel. »Ich war Schauspielerin und keine Politikerin. Leider hat mich Lubitsch nicht in seiner großartigen Naziparodie *Sein oder Nichtsein* besetzt.«

»Aber Sie waren doch auch Bürgerin.«

»Ich war noch schwedische Staatsbürgerin und also neutral. – Soll ich dir einen Scone schmieren, Salka?«

»Von wegen neutral.« Erika lässt nicht locker. »Schweden ist auch so einen faustischen Pakt mit dem Teufel eingegangen! Hat den Nazis Eisenerz für die Rüstungsindustrie verkauft und sich an den Kriegsverbrechen der Deutschen bereichert! Hat die deutschen Truppen über sein Hoheitsgebiet nach Norwegen einmarschieren lassen. Als die Deutschen Norwegen verwüsteten, hätten Sie die schwedische ›Neutralität‹ schon mal öffentlich hinterfragen können!«

»Reden sind Sache der Politiker«, befindet Greta.

Die Kellner tragen Liköre und edle Brände an den Tisch. Drei Damen passen, nur Erika lässt sich einen Bündner Röteli Extrastark geben. »Und lassen Sie mir die Flasche gleich hier.«

Signe wendet ihr Gesicht schmerzverzerrt ab.

»Außerdem *war* Greta eine große Politikerin«, sagt Salka.

Erika tut übertrieben beeindruckt.

»Wie Marlene«, fügt Salka eigens für Signe hinzu. »Greta und Marlene waren die Idole der Neuen Frau. Heute sagen sie im Radio Feministin, aber das ist dasselbe. Die beiden haben mit ihrer Ausstrahlung und ihren Hosen mehr für die Frauenemanzipation getan als alle klugen Bücher zusammen.« Mit dem Messer deutet sie auf Erika. »Die von deinem Vater zählen in dieser Beziehung schon einmal gar nicht.« Sie kichert. »Und dass Greta nie einen BH getragen hat – nun, das wissen Sie ja selber, Frau von Scanzoni. Wie das die Frauen buchstäblich befreit hat.«

Errötet Signe leicht? »Und, und – ist die Veränderung von Wirklichkeit nicht das Ziel jeder Politik?«, zischt sie Richtung Erika.

»Und du, liebste Erika«, sagt Salka versöhnlich, »hast nicht nur mit der *Pfeffermühle,* deinen Lecture Tours und als Kriegskorrespondentin viel erreicht, sondern auch mit deiner Autofahrerei, nicht wahr?«

»Wollen wir jetzt vielleicht noch einmal Ski fahren?«, fragt Signe Greta, fast quengelnd.

»Aber Greta, Sie könnten sich immer noch engagieren«, macht Erika gereizt weiter. »Was Sie allein mit Ihrem Namen erreichen könnten! ›Greta-Garbo-Fonds für benachteiligte Kinder‹. Oder ›Für eine Schauspielschule in Israel‹. Das ist doch unglaubliches Kapital!«

»Du willst doch nicht, dass sie ihren Namen vermarktet«, geht Signe unwirsch dazwischen. »Das wäre ja so, wie diese Mercedes ihre Liebesbriefe verkauft hat.«

Greta erstarrt. Dann sieht sie zu Salka, ohne den Kopf zu bewegen. Die windet sich. Greta tupft sich den Mund, faltet langsam die Serviette zusammen und steht auf. »I tink I go home.« Im Umdrehen berührt sie Salkas Schulter. »Wir sprechen uns.«

Sie will gerade den ersten Schritt weg vom Tisch machen, da stößt sie mit einer älteren Dame zusammen. Schwarzer Persianer, schwarzes Persianerschiffchen, unter dem lila Locken hervorquellen. Juwelen an den Ohren, Brillantringe über den schwarzen Handschuhen.

»Oh!«, ruft Greta. »Hi boy! Wusst ich's doch.«

Die Dame wirft einen Blick auf den Tisch. »War's halbwegs anständig?« Sie tritt heran, kostet vom Kaviar und wiegt den Kopf. »Du gehst ja nicht mehr ans Telefon, da hab ich's auf's Geratewohl im *Pardenn* versucht. Der Empfangschef wusste Bescheid. So hab ich ihm gleich den kleinen Auftrag hier erteilt und mich auf den Weg gemacht. Unten wartet mein Chauffeur. Komm jetzt.« Die Dame nickt Salka zu, hakt sich bei Greta ein und geht mit ihr zur Mittelstation.

Die drei andern sehen ihnen nach, bis sie in dem Gebäude verschwunden sind.

»Und wer war jetzt das?«, fragt Erika.

»Cécile de Rothschild«, sagt Salka.

Alle drei versinken in Gedanken.

Erika fasst sich als Erste. »Deine Loyalität zu Greta geht zu weit, Salka. Du musst in deinen Memoiren zum Beispiel auch mehr über die Dietrich schreiben. Du erwähnst sie ja nur ganz am Rande, als ob ihr euch gar nicht persönlich gekannt hättet!«

Salka zieht ein gequältes Gesicht.

»Warum schützt du sie so? Greta hat dich verraten, als du sie am meisten gebraucht hättest. Nach dem Krieg, als du zwei Jahre lang an dem Drehbuch über George Sand für sie gearbeitet hast. Du hast es mir doch erzählt. Und dann bei deinen Scherereien unter McCarthy, als jemand hätte für dich bürgen müssen.«

»Schenk mir jetzt doch einen Röteli ein.« Salka schiebt Erika ihre Teetasse hin.

Erika hält mit. Signe sieht immer noch verdattert zur Mittelstation, wie die beiden anderen bemerken.

»Spätestens mit meinem Treatment für einen Film über verarmte Amerikaner habe ich mich quasi selbst auf der schwarzen Liste der Studios eingetragen«, fährt Salka fort. »Die USA fürchten bis heute eine kommunistische Unterwanderung mehr als eine faschistische. Der jetzige Gouverneur von Kalifornien, Ronald Reagan, der übrigens immer noch eng mit Lillian Gish befreundet ist, war damals der Chef der Schauspielergewerkschaft, spionierte fürs FBI und das Komitee für unamerikanische Umtriebe – was hätte Greta da für mich tun sollen?«

Signes Blick gleitet langsam zurück zu Salka.

»Diese noble Zurückhaltung macht dein Buch schlecht, ich sag's ehrlich.« Erika leert ihr Glas. »Schau, deine Memoiren gleichen denen von Mercedes de Acosta: In Wahrheit interessiert sich doch kein Mensch für euch, sondern nur für die Leute, die ihr gekannt habt.«

Salka wankt im Stuhl, wie wenn sie einen Schlag abbekommen hätte.

Da fährt Signe auf. »Du bist so brutal wie dein Bruder. – Verzeihen Sie ihr, Frau Viertel, sie weiß nicht, was sie redet. – Euer Hochmut ist das Schlimmste an euch«, richtet sie sich wieder an Erika. »Klaus war doch erst recht der Parasit eures Vaters, ohne dessen Berühmtheit er nie gedruckt worden wäre.«

»Klaus hat für die Emanzipation geschrieben, die dir neuerdings so wichtig ist.« Was ist denn mit Erikas Stimme los?

Signe lacht verächtlich. »Dein Kampf für *Mephisto* ist auch reine Eitelkeit. Du willst doch nur als ›Barbara Bruckner‹ in die Ewigkeit eingehen, als noble Ästhetin mit viel Geld, wie Klaus sie gezeichnet hat, die morgens ausreitet und abends die Künste protegiert – und nicht als die gescheiterte, bankrotte Aktrice, die du damals in Wirklichkeit warst.«

»Bist du jetzt übergeschnappt?«, flüstert Erika.

»Du hast doch gar nicht gegen die Nazis gekämpft, du hast doch nur den Verlust deiner Privilegien verhindern wollen. Du hast deinen eigenen persönlichen Rachefeldzug geführt, wie Klaus. Hitler hat euch zwei aus eurer Erbprinzenrolle vertrieben, er hat euch *normal* gemacht – das war's, was euch empört und angetrieben hat, sonst nichts.«

Wir warten auf Erikas Protest, aber er kommt nicht.

»Erika?«

Eine Frau mit Silberfäden im Haar verlässt einen stattlichen Bahnhof, zügigen Schritts trotz des kleinen Koffers, den sie trägt. Sie überquert eine Brücke, steuert die *Polybahn* an, löst einen Fahrschein und betritt einen rot lackierten Waggon. Zwei junge Männer sitzen schon darin. Einer trägt ein Che-Guevara-T-Shirt und lange Haare. Verstohlen machen sie sich auf die Frau im schlichten Sommerkleid aufmerksam, die einmal dicker gewesen sein muss. Jetzt hängen ihre Wangen schlaff herab. Aber natürlich – das ist die alt gewordene Therese Giehse. Ein Signal ertönt, und die Standseilbahn fährt den steilen Hang hinauf.

Oben angekommen, steigen alle aus. Kurz verharrt Therese an einer Brüstung und blickt links auf einen großen See und vor sich auf eine Altstadt zu beiden Seiten eines Flusses. Erinnerungen spiegeln sich in ihrem Gesicht, dankbare, bittere. Einmal kneift sie die Augen zusammen, um besser zu sehen. Dann überquert sie zielstrebig die große Aussichtsterrasse und steigt die breite Treppe eines imposanten Gebäudes hoch. Drinnen hohe Bögen, Säulen, Pilaster. Therese geht den weiten Hauptkorridor entlang, von dem Flure abzweigen. Von fern hören wir hier und dort Männerstimmen dozieren. Studenten, manche zottelig, die meisten nicht, albern an einem freistehenden Brunnen, den drei nackte Grazien zieren. Schon ist Therese aus dem Gebäude rückwärtig wieder hinaus, wechselt die Straßenseite und betritt das modern anmutende *Kantonsspital.* Kurze Orientierung, dann weiß sie, welchen Treppenaufgang sie nehmen muss. Sie scheint das kühn geschwungene Geländer aus hellem poliertem Holz wiederzuerkennen, aus dem auch die Ruhebänke sowie der Empfangstresen oben in der Station gemacht sind. Eine Krankenschwester nickt, führt Therese einen Flur entlang und öffnet ihr die Tür.

Ein Krankenzimmer. Hell und groß. Seifenblasen schweben durch den Raum. Therese sucht die Gestalt im Bett. »Jessas mei! Erika!« Sie eilt zu ihr, will ihre Hand ergreifen, hält jedoch erschrocken inne. Erika sieht mit großen dunklen Augen ins Leere. Ihr Schädel ist von der Stirn bis zum Nacken reinlich verbunden. Erst jetzt nimmt Therese Signe wahr, die auf der Bettkante sitzt und wie ertappt den Pustering in den Behälter schraubt.

»Ja das ist doch«, hören wir mit ungewöhnlich klarer Aussprache, »Frau Giehse! Wie schön, dass Sie auch gekommen sind!«

Verwirrt schüttelt Therese eine ausgestreckte Hand. »Und Sie –?«

»Pamela Wedekind.«

»Jessas, Pamela.«

»Sie sind für Ihren Brecht-Abend mal wieder in Zürich, nicht? Ich freue mich schon sehr!«

»Ja, ich bin froh, dass ich es verbinden konnte.« Therese betrachtet bekümmert Erika, die reglos vor sich hin starrt.

Signe stellt Therese einen Stuhl auf die andere Seite des Krankenbetts, Pamela gegenüber. Dann nimmt sie das Knetgummi, das nicht in Erikas Händen bleiben will, und zieht sich zu einem Tisch am Fenster zurück.

Therese bemerkt dort buntes Kartonpapier, eine Schere und Farbstifte. Sie nickt Signe lange stumm zu. »Danke, dass Sie … Schon ihr Vater ist auf dieser Station –« Therese bricht ab. Mit einem leichten Ächzen setzt sie sich, das Gesicht in schweren Sorgenfalten, und reibt Erikas Handrücken. »Erika, ich bin's, die Theres. Mach, dass du wieder g'sund wirst. Das Le'm ist schön! Wir wollen doch wieder z'samm auf die Wies'n!«

Erika reagiert nicht.

»Wann war noch mal die OP?«, fragt Therese leise.

»Am 16. April«, antwortet Signe tonlos.

»Erika, Therese ist gekommen!« Pamela spricht so laut,

als wolle sie Erika aus ihrem Stupor wecken. »Sie hat Ihnen erst letztes Jahr so fein im Radio und in der Zeitung zum Geburtstag gratuliert, nicht wahr?«, wendet sie sich an Therese.

»Niemandem sonst hätt' ich so eine Lobhudelei, eine so grausliche, verziehen.« Therese wirft spielerisch Erikas Hand weg.

Erika stiert vor sich hin.

»Ich verstehe gar nicht, wie wir so sehr getrennt sein konnten«, bricht es aus Pamela heraus. »Aber es ist ja einzig meine Schuld. Jedenfalls war die höchste Auszeichnung, die mir im Leben zuteilwurde, Erikas, äh, Freundschaft – sie ist nie durch nichts und niemanden ersetzt worden.«

Signe blickt von ihrer Bastelarbeit hoch.

Pamela schluchzt auf. »Und jetzt stirbt Erika so qualvoll wie die Konsulin Buddenbrook! Ach, könnte ich doch bloß die Vergangenheit korrigieren!« Sie schnäuzt in ihr Taschentuch.

Alle drei betrachten Erika. Und spüren die Anwesenheit der anderen.

»Erika, stell dir vor, die reißen den *Kursaal Henneberg* ab!«, beginnt Therese erneut. »Wo wir 34 hier gespielt haben. Der schöne Saal direkt am See mit der Palmenbar.«

»War das mit der *Pfeffermühle*?«, fragt Pamela. »Ach, da war ich schon von Sternheim geschieden! Was hätte ich vielleicht auch bewirken können, verhindern können. Und Erika und ich –« Pamela ringt mit den Händen, wie Therese und Signe jede für sich feststellen. »Aber dann kam ja die Annemarie Schwarzenbach. Und mit der ist sie nach Amerika.«

»Ach ja?« Signe lässt erstaunt die Schere sinken.

»'s war a bissl anders. Die Annemarie ist alleine nach Amerika und hat dort auf einmal überraschend ansehnliche Reportagen aus Pittsburgh und anderswo inmitten der Wirtschaftskrise gemacht. Rust Belt, ihr wisst schon. Das brachte die Erika leider auf die Idee, dass die *Pfeffermühle* ihr Glück am Broadway versuchen sollte. Gell, Stoffel?« Therese legt ihre Hand auf Erikas Linke.

»Wie? Die *Pfeffermühle* ist nach Amerika?«

Therese sieht noch einmal zu Signes Bastelarbeit. »Oberschlau hat sie's anfangen wollen und Max Reinhardt um Unterstützung gebeten, der ja längst auch schon emigriert war. Viel Erfolg scheint er am Broadway jedoch nicht gehabt zu haben, denn in seinem Schlössl bei Salzburg war der elektrische Strom abgestellt. Im August 36 durften wir dort bei Kerzenschein eine Prifatvorstellung geben, vor sechzehn reiche Leut aus Amerika. Das war eine schaurigschöne Angelegenheit. Die Gäste wussten von der politischen Lage eigentlich gar nichts. Unsere Darbietungen müssen Ihnen höchst merkwürdig und exotisch vorgekommen sein. Aber sie haben sehr höflich geschaut, und –«

»Entschuldigung«, unterbricht Signe, »aber gehörte zu den schaurigschönen Gästen aus Amerika eine gewissen Mercedes de Acosta?«

»Mercedes de Acosta?« Therese kramt in ihrem Gedächtnis.

»So ein spanischer Typ.«

Therese zieht die Mundwinkel herunter. »Kann ich mich nicht erinnern. Aber Marlene Dietrich war da.«

»Ach ja?«, fragt Pamela.

»Während unseres Programms wurde sie fortwährend ans Telefon gerufen: ›Gnädige Frau, New York für Sie, gnädige Frau, San Francisco.‹ Ihre wunderschönen Abgänge und Wiedereintritte waren viel interessanter als unsere Darbietung. Ich wusste danach mit absoluter Sicherheit, dass das amerikanische Gastspiel ein großer Unsinn war. Aber die Erika, die hat's halt gewollt.« Therese drückt wieder ihre Hand. Glimmt da doch fahl ein Licht auf in Erikas Augen?

Pamela und Signe tauschen verstohlen einen Blick.

»Sie und der Klaus sind dann im noblen Passagierschiff vorausgefahren, Rolf, unser Klavierspieler, Biggi und ich auf einem Zementfrachter hinterher. Aber drüben lag s'Annamirl mittlerweile im Krankenhaus, Blutvergiftung wegen einer nicht sterilisierten Spritze –« Therese vergewissert sich, dass die beiden anderen ihre Andeutung verstehen. »Statt einer Bühne musste Erika erst mal einen besseren Arzt finden und so weiter. Als wir dann trotzdem Anfang Januar 37 als *Peppermill* eröffneten –«

»Am Broadway?«

Therese winkt ab. »Lexington Avenue Ecke 42. Straße. Im 17. Stock eines Wolkenkratzers! Da fand doch niemand herauf!«

»Konnten Sie denn alle Englisch?«

»Die Texte waren hundsmiserabel übersetzt, unsere Aussprache grauenhaft, jede Feinheit ging verloren, die Amerikaner verstanden keine einzige Anspielung, wer will's ihnen verargen. Statt Beine schwingender Girls bekamen sie die dicke Therese Giehse.« Sie lacht. »Obwohl die Erika mittlerweile einen schwerreichen Bankier, sagen wir, kennengelernt hatte« – Therese verschränkt die Arme vor der Brust –, »mussten wir nach nur einer Woche schließen. Immerhin übernahm Erikas neue ›Bekanntschaft‹ die Schulden. Das ganze amerikanische Gastspiel war eine völlig überflüssige Fahrt ins Blaue.«

»Ja und dann?«

»Bin ich wieder zurückgefahren. Mit dem Annamirl, die sich gemacht hatte durch ihre Reportagen. Die Begegnung mit dem Elend hatte ihr gutgetan, muss man sagen. Ich hab wieder hier in Zürich angefangen, und wenn die Erika einmal im Jahr rüberkam, haben wir bei der Annemarie in ihrem Haus in Sils-Baselgia Urlaub gemacht. Aber dann kam der Krieg, Annemarie war in Afghanistan, und kaum zurück, ist sie vom Fahrrad g'stürzt und hat sich den Schädel zerdeppert.« Kopfschüttelnd betrachtet Therese Erikas Verband. Sie lehnt sich zu ihr. »Nicht sterben, Erika! Es tut sich was, wofür es zu leben lohnt! Auf den Straßen und im Theater. Die Jungen begreifen was! Die fordern die Alten heraus. Wie das hat kommen können mit den Nazis und den ganzen Verbrechen. Und die denken Demokratie ganz neu, ja, versuchen sie zu leben. Selbst im Theater. Da ist dieser Peter Stein, ein ganz junger Regisseur bei uns an den Münchner Kammerspielen, der wird demnächst die Berliner Schaubühne übernehmen und in ein Mitbestimmungstheater verwandeln. Schluss mit der Intendantenherrlichkeit und der Besetzungscouch!«

»Ha, ha, ha.« Pamela lacht so prononciert, wie sie spricht.

Therese bringt sie mit einem Blick zum Schweigen. »Ich hab dieses Jahr an einer Ostermarsch-Demonstration teilgenommen und Texte zum Frieden vorgetragen. Vor unglaublich vielen Leuten. Erika, nächstes Jahr musst du da auch lesen! Jetzt hört man uns auf einmal zu! – Und wenn du wieder g'sund bist, teilen wir uns meine Brecht-Abende. Ich bekomme so viele Anfragen, die Leute brennen auf die Poesie kritischer Fragen!«

»Also, Erika und Brecht –.« Signe bläst die Backen auf.

»Ja, ja«, sagt Therese wegwerfend. »Die Erika weiß, dass man Brecht am einfachsten mit Brecht selber widerspricht. Den Großkopferten in der DDR dürfen wir ihn nicht überlassen. – Genauso wenig wie dem Gründgens damals, als er sich mit der *Heiligen Johanna der Schlachthöfe* rehabilitieren wollte.« Sie sieht abermals Pamela streng an.

»Was hätte Gründgens denn nach dem Krieg tun sollen?«, antwortet Pamela patzig. »*Nicht* mehr spielen? So viel Talent darf doch nicht ungenutzt bleiben!«

Therese drückt ihren Rücken in die Stuhllehne. »Der Gründgens kam übrigens damals zu mir, noch hierher nach Zürich, und hat ein großes Getue gehabt. Er hätte gemusst. Nur dadurch, dass er mitgemacht hat, hätte er vielen Leuten das Leben gerettet.« Therese schnaubt durch die Nase. »Hat prunkvoll gewohnt und wurde verwöhnt. Schlecht gelebt hat er dabei nicht. – Er wollte, dass ich ihm gegen Klaus' *Mephisto* beistehe. Er hatte allen Ernstes die Widmung an mich übersehen, von der ich mich geehrt fühle. Da war ihm die Bitte sehr peinlich.«

»Ihr Genie, Frau Giehse, zeigt sich darin, dass Sie als einziger Mensch auf der Welt sowohl mit Bert Brecht als auch Thomas Mann befreundet waren.« Legt Pamela einen Unterton in ihre Stimme?

»Und die Viertel Salka ist Ihnen kein Begriff?«, fragt Therese kühl. Sie nimmt wieder Erikas Hand. »Im Herbst inszenieren wir an den Kammerspielen ein Stück von so einem jungen Wilden, *Jagdszenen aus Niederbayern* heißt es. Erika, du wirst dich wundern. Ich hab zum ersten Mal wieder Hoffnung!«

Plötzlich wird die Tür aufgerissen. »Guten Tag allerseits!« Marlene Dietrich rauscht herein, im blauen Jeansanzug – Jäckchen und Sieben-Achtel-Caprihosen – dazu ein Pepita-Hütchen auf dem Kopf und einen riesigen Blumenstrauß im Arm.

Therese, Signe und Pamela steht das Erstaunen ins Gesicht geschrieben. Sie können nicht einmal zurückgrüßen.

»Frau Mann!« Marlene erkennt Erika im Krankenbett. »Das gehört sich doch nicht! Gestorben wird später!« Sie drückt der verdutzten Pamela die Blumen in den Arm und eilt zu Erika, die sich jedoch nicht regt. Erschüttert blickt Marlene um sich. Sie erkennt Therese und lächelt wehmütig. »Hitlers Lieblingsschauspielerin!«

»Goebbels' Lieblingsschauspielerin!«

Sie geben sich die Hand.

»Haben wir uns nicht hier in Zürich nach einer Vorstellung der *Pfeffermühle* kennengelernt?«, fragt Marlene. »*Im Kursaal Henneberg*, mit der Palmentapete in der Bar?«

»Nein, im Schlössl von Max Reinhardt war das.«

»Ach, in Salzburg?«

Therese nickt lediglich.

Signe kümmert sich um den Strauß.

»Wir sind uns seinerzeit ja auch begegnet, noch in Berlin«, flötet Pamela vertraulich. »Sie sind mir noch eine Rose schuldig.«

Marlene mustert sie kalt. »Nicht, dass ich wüsste.« Mit dem Kopf deutet sie auf Erikas Blumen. »Nehmen Sie sich halt eine.«

In die Stille räuspert sich Therese. »Sie kommen gerade aus Israel, nicht, Frau Dietrich?«

»Ja. Ich habe in Tel Aviv und Jerusalem Konzerte gegeben.«

Signe blickt zu Boden.

»Und wie ist es jetzt dort?«, fragt Therese. »Der Sechstagekrieg hat das Staatsgebiet ja so viel größer werden lassen?«

»Sie halten das Westjordanland und den Gazastreifen nur als Faustpfand besetzt, um einen gerechten Frieden auszuhandeln. Aber das nur am Rand. Wichtiger war, dass mir der Konzertagent ausdrücklich verboten hatte, ein Lied auf Deutsch zu singen. Und wisst ihr, was ich gemacht habe? Ich habe nicht eines auf Deutsch gesungen, sondern fünf!«

»Und dann?« Pamelas Mund bleibt offen.

»Nach kurzem Schock hat das Publikum rasend applaudiert. Die wissen, dass die Sprache Goethes nicht schuld an den Verbrechen der Nazis ist.«

»Niemand anderes als Sie könnte sich das erlauben«, meint Therese anerkennend.

»Ach was. Ich hab mir auf dem Flug von einer Stewardess ein israelisches Lied beibringen lassen, *Shir HaTan*, über Hunger und Stimmen in der Nacht, danach konnten sie mir wegen nichts böse sein. Der Trick hat schon mal in Warschau geklappt.« Sie fängt an zu singen. »*Czy mnie jeszcze pamiętasz –*«

Signe senkt den Kopf, schließt die Augen und atmet tief durch.

Marlene beugt sich über Erika. »Ach Frau Schwesting. Ich denk bei alldem immer an dich und wie wir beide mit den Amis gegen die Nazis gekämpft haben!«

Erika sieht sie halb ängstlich, halb fragend an.

»Und noch früher, wie wir so nett damals im *Maxim's* geplaudert haben, weißt du noch? Im *Belle Aurore* war's uns im Sommer 33 dann doch zu inakzeptabel plüschig, nicht wahr?« Marlene streicht ihr über die Wange. »Jetzt stirbt die Erika an einem Hirntumor! Wie die Mercedes! Ist das denn zu fassen?«, fragt sie die anderen. »Oder ist das ansteckend?« Zögerlich zieht sie ihre Hand zurück.

»Mercedes?«, richtet sich Therese an Signe. »Dieselbe Mercedes?«

»Die Lyrikerin und Dramatikerin Mercedes de Acosta«, erläutert Marlene. »Hat auch fabelhafte Memoiren geschrieben.«

»Fabelhaft, genau!«, entfährt es Signe. »Es stimmt doch gar nichts in diesen Memoiren!«

Marlene dreht sich überrascht zu ihr um. »Und Sie sind –?«

Signe deutet mit dem Kopf zu Erika. »Eine Freundin.«

»Soso, eine Freundin. – Mercedes schreibt in ihren Memoiren, ich sei die beste Köchin gewesen, deren Essen sie je kosten durfte. Was soll daran falsch sein?«

»Miss Garbo sagt –«

»Ah, Miss Garbo sagt.« Marlene legt den Kopf schief und grinst beinahe. Signe wird rot. »*Ich* habe Mercedes alles gesagt. Was sie von ihrer schönen Schwester schreiben soll – die mit dem Rückendekolleté –, und von der Duse, wen sie überhaupt erwähnen und wen sie weglassen soll. Besonders gut ist die Stelle, wo sie das Gefühl hat, die Garbo enttäuscht zu haben.«

»Enttäuscht zu haben?« Signe sieht Marlene verständnislos an.

»Na, die Garbo ist ihr doch ihr ganzes Leben vergeblich hinterhergerannt!«

Auch Pamela und Therese sind ganz Ohr.

»Ja aber – die Nacktfotos von Miss Garbo?«

»Eben! Mercedes hat ja nur die ganz harmlosen veröffentlicht.«

Pamela fallen die Augen aus dem Kopf.

»Die oben ohne«, erklärt Marlene. »Da gibt's noch ganz andere!«

»Und ihre Briefe hat sie auch verscherbelt!« Signes Stimme bebt vor Empörung.

»Meine doch auch!«, lacht Marlene. »Wie hätte sie sonst die Operation bezahlen sollen? Der Eingriff hat ihr noch mehrere Jahre geschenkt. – Hörst du, Erika? – Und Mercedes musste doch auch von etwas leben! Ihre Memoiren haben sich ja leider kaum verkauft. Umso besser, dass sie dieser Bibliothek da noch Gretas und mein Altpapier untergejubelt hat. Hätte sie sich doch bloß auch von den übrigen Fotos schon zu Lebzeiten getrennt! Falsche Pietät, sag ich nur. Jetzt verdienen andere daran …«

»Signe?«, fragt Erika tonlos. »Bist du da?«

Signe springt auf, wirft fast den Tisch um und stürzt zu Erika. »Muckerl, ich bin da«, flüstert sie und drückt Erikas Hand fest an ihre Brust. »Hast du Schmerzen?«

Ein Anflug von einem Lächeln zeigt sich in Erikas Gesicht.

Marlene betrachtet die beiden gerührt. »Eigentlich sollten wir alle zusammen nach New York fliegen und mitmarschieren und protestieren.«

»Äh – was?« Pamela hebt das bunte Kartonpapier auf, das Signe heruntergeworfen hat.

»Na, diese Stonewall Riots in Manhattan. Lest ihr keine Zeitung? – Schade, dass Mercedes nicht mehr mitdemonstrieren kann. Die wäre in der ersten Reihe gegangen. Und wir beide zusammen hätten Greta in die Mitte genommen.«

»Verzeihung, Frau Dietrich, aber weder die *Süddeutsche Zeitung* noch die *Neue Zürcher* –«

»Mein Gott, lebt ihr hinterm Mond! Also, in den USA wehren sich die Schwulen endlich. Bei einer schändlichen Razzia in einer Bar in der Christopher Street haben sie sich ihrer Verhaftung widersetzt. Allen voran die Damenimitatoren! Und jetzt gehen sie auf die Straße und fordern ihre Bürgerrechte ein. Erika!« Marlene rüttelt ihren Unterarm. »Wir sollten denen vormachen, wie's geht. Mit unseren alten Berliner Liedern.« Sie fängt an zu singen.

»Wenn die beste Freundin

Mit der besten Freundin –

Und dann zeigen wir denen *Morocco* und meinetwegen auch *Queen Christina*. Die werden staunen!« Marlene weist auf Therese. »Sie, Frau Giehse, haben doch in dem Remake von *Mädchen in Uniform* mit Romy Schneider und Lilli Palmer mitgespielt! – Komisch, ich habe gerade mit jemandem darüber gesprochen. Wer war das nur?« Sie sieht nachdenklich zur Seite. »Auch egal. – Und die Bücher von Klaus müssen wir wieder in Druck bringen. Klaus!« Marlene pocht auf Erikas Bettdecke. »Dein Bruder!«

»Also, ich glaube, dass sein Mythos die literarische Qualität seiner Werke übersteigt und man gut daran tut –«

»Ach was«, schneidet Marlene Signe das Wort ab. »Klaus hat mich immer an Mercedes erinnert und umgekehrt. Beide haben Worte gefunden, als man nichts sagen durfte. Das bleibt. Ich meine: Klaus, Mercedes: Chapeau!« Ihr Blick fällt auf Therese. »Wann schreiben *Sie* endlich Ihre Memoiren?«

Therese verschließt ihr Gesicht. »Ich hab nix zum Sagen.«

Wieder schwingt die Tür auf. Die Krankenschwester tritt ein. »Meine Damen, die Besuchszeit ischt vorüber.«

Marlene konsultiert ihre Armbanduhr. »Nun gut, dann erwisch ich noch den Abendflug nach Paris. Schwester, würden Sie mir bitte eine Taxe rufen?«

Die Krankenschwester eilt sofort hinaus.

»Ja, ich geh dann in die Probe. Pfüat di, Erika.« Therese streicht ihr über den Arm und reicht Signe die Hand. »Ich komm morgen wieder.«

Pamela nickt und schließt sich ihr wortlos an.

Signe verabschiedet die drei mit einem halben Winken. Als sie aus der Tür sind, holt sie ihre Bastelarbeit vom Tisch, setzt sich wieder auf das Krankenbett und legt einen Arm um Erika. »Da schau. Unser Niemandshaus.«

Erika betrachtet das Kartonhäuschen mit großem, leerem Blick. Signe schiebt es ihr zwischen die Finger und hält es mit ihr fest. »Es gehört uns ganz allein. Drinnen ist es sehr geräumig. Überall Fischgrätparkett. Einen schönen Platz für die Lübecker Bücherschränke haben wir auch. Im Garten ist ein Pool, siehst du? Wir werden –«

»Die Besuchszeit ischt auch für Sie abgelaufen, Frau von Scanzoni.«

Der Zürichsee. Ein Nobelhotel. Angestellte in Livree empfangen Gäste in Luxuskarossen, weswegen ich mich unbemerkt an ihnen vorbeistehlen kann in das spiegelglänzende Foyer mit den schweren Lederfauteuils. Zu meiner Linken speisen in einem Separee an einer nicht ganz besetzten Tafel schwarzgekleidete Menschen. Ist das nicht Therese Giehse in der Mitte? Könnte die winzige, aber energisch wirkende Frau neben ihr Erika Manns Mutter sein? Der Herr zu ihrer Seite hat Erikas vorspringende Nase und dunkle Augen. Wohl ihr Bruder Golo. Ganz außen, abseits, stochert Signe in ihrem Essen. Sie spricht mit niemandem. Kurz schaut sie in meine Richtung, doch gleiten ihre Augen an mir ab.

Rechts an der Bar unterhalten sich zwei durchsichtige Gestalten. Ja, man kann tatsächlich durch sie hindurchsehen. Sie wirken auch ein bisschen schwarz-weiß, oder täuscht das? Man hört die beiden leise lachen, mit verrauchten, alterstiefen Stimmen.

»Also bist du jetzt dabei gewesen?«

»Natürlich nicht. Ich weiß aber trotzdem alles. Es war schrecklich. Goethe hatte recht, nie an einer Beerdigung teilzunehmen.« Goethe? Das muss Marlene Dietrich sein. »Am offenen Grab blickt la pauvre maman auf den schon herabgelassenen Sarg und sagt laut und deutlich: ›Jetzt hast du es geschafft, du liegst dazwischen.‹ Das gehört sich doch nicht!«

»Sich zwischen Mutter und Vater zu drängen oder laut zu sagen, dass dem so war?«

»Was ist das nur für eine Familie? Hab ich mich immer schon gefragt.« Marlene schüttelt den Kopf.

»Ich werde irgendwann später ihr Grab besuchen. Ich komme ja jedes Jahr in die Schweiz. Salka, du weißt.« Dann ist das Greta Garbo.

»Ja, ja. Erikas letzte Geliebte hat ihr übrigens ein kleines Häuschen ins Grab geworfen. Kennst du die?«

»Erikas letzte Geliebte? Nein.«

»Ich hab sie mal in Mexiko kennengelernt. War Assistentin von so einem Nazi-Dirigenten.«

Greta zündet sich eine Zigarette an. Der Rauch macht sie noch durchsichtiger. »Salka kennt sie bestimmt. Sie hat für Erika letzten Winter eine Wohnung in Klosters gefunden. Die wird sie jetzt nicht mehr beziehen. – Ach du liebe Zeit, da ist wieder diese Frau mit der Tapirnase!«

»Die mit den kurzen Haaren und der Brille da drüben?«

Sie sehen beide zu mir herüber.

»Ja. Hat die sich auch schon bei dir hineinimaginiert?«

»Oh ja!«

»Sie stand schon vor meinem Elternhaus in Stockholm und meinem Apartmentbuilding in New York, ist meine Häuser in Los Angeles abgefahren und hat meine Mietwohnung in Klosters ausfindig gemacht. Sie war sogar am Silver Lake! Aber sie hat mich nie erwischt.«

»So glücklich war ich nicht. Sie ist in meine Wohnung in Paris eingedrungen. Erst fand ich sie ganz amüsant, aber dann wurde sie mir lästig. Ich hatte den Eindruck, dass sie mir gar nicht zuhört. Oder mich falsch versteht. Sie ist ganz besessen davon, ob wir zwei uns kennen.«

Sie lachen.

Greta behält mich im Auge. »Sie erinnert mich irgendwie an Mercedes. Malt sich aus, ich käme im Winter nach Klosters, und schenkt mir ganz viel Schnee, dabei besuche ich Salka doch immer im Sommer. Sie lässt draußen Tennis spielen, man hört ›plop‹ – ›plop‹, dabei soll alles ganz verschneit sein –«

»Klassischer Regiefehler.«

»Die und Regie? Mehr so Platzanweiserin.«

»Mir hat sie untergeschoben, ich hätte die Originalmusik bei *Panzerkreuzer Potemkin* mitgespielt. – Aber vielleicht stimmt's sogar, könnte hinkommen.«

»Hat sie da eigentlich eine Kamera?«

»Nein, nein, keine Sorge, die schreibt nur.«

»Danke übrigens, dass du mich in deinem Buch nicht erwähnt hast. Im Gegensatz zur Lisl, dem Tratschweib. Sollte ich der noch einmal in einem Badezimmer –«

»Du meinst in *Nehmt nur mein Leben?*« Marlene stutzt und sieht mir ins Gesicht. Dann wirft sie den Kopf in den Nacken und fängt ungeheuer an zu lachen. Greta will wissen, warum. Musik legt sich über ihr Gespräch. Der Tango mit der Ziehharmonika. Beide rutschen von den Barhockern. Kurz kabbeln sie sich, wer führt, dann tanzen sie gemächlich, während eine rauchige Stimme singt.

Just a gigolo, everywhere I go
People know the part I'm playing.
Paid for every dance, selling each romance
Every night some heart betraying.

Allmählich gehen die Lichter wieder an.

There will come a day, youth will pass away
Then what will they say about me?
When the end comes, I know they'll say: Just a gigolo!
And life goes on without me!

Dank

»Ikonen sind Oberfläche«, warnte mich meine Agentin Elisabeth Ruge, als ich ihr erstmals meine Romanidee schilderte. Beim Widersprechen fand ich meine Erzählhaltung. Durch die Welt der Zweitürer, Nippelspanner und der Muppets reiste mit mir meine Frau, Susette Pia Schuster, die mich, wie immer, in allen Stadien dieser Produktion beriet. Wertvolle Kommentare zum Rohschnitt verdanke ich dem leidenschaftlichen Cineasten Martin Füg, Köln. Janina Wurbs, Heidelberg, korrigierte die jiddischen Passagen. Unterstützt von ihrer Assistentin Yoko Hamann, half mir Martina Wunderer mit ihrem überaus umsichtigen Lektorat, den Roman zu schreiben, den ich vor mir auf der Leinwand sah.

Danke euch allen, sowie

für ein Arbeitsstipendium der

Kunststiftung
NRW